Guidance to
Professional Master's
Dissertation

●●●

第3版

专业学位硕士论文写作指南

丁斌◎著

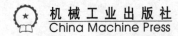

机械工业出版社
China Machine Press

图书在版编目（CIP）数据

专业学位硕士论文写作指南 / 丁斌著 . —3 版 . —北京：机械工业出版社，2019.3（2022.3 重印）

ISBN 978-7-111-62023-5

I. 专… II. 丁… III. 硕士学位论文 – 写作 – 指南 IV. G642.477-62

中国版本图书馆 CIP 数据核字（2019）第 031665 号

    在研究生教育中，论文写作，尤其是专业学位研究生的论文写作具有十分重要的地位。本书作为一本论文写作指南，条理清晰地阐释了论文写作的基本问题，可以使学生通过自学解决论文写作过程中的大部分基本问题，也可以使教师在论文选题、结构设计、观点提炼等更高层面上对学生进行引导，提高指导的效率和效果。

    本书适合作为 MBA、MPA、EMBA、MLE、MPM 等专业学位研究生的教材。

出版发行：机械工业出版社（北京市西城区百万庄大街 22 号　邮政编码：100037）
责任编辑：董凤凤　鲜梦思　　　　　　　　　责任校对：殷　虹
印　　刷：河北宝昌佳彩印刷有限公司　　　　版　　次：2022 年 3 月第 3 版第 8 次印刷
开　　本：185mm×260mm　1/16　　　　　　　印　　张：14.5
书　　号：ISBN 978-7-111-62023-5　　　　　　定　　价：45.00 元

凡购本书，如有缺页、倒页、脱页，由本社发行部调换
客服热线：(010) 88379210　88379833　　　　投稿热线：(010) 88379007
购书热线：(010) 68326294　　　　　　　　　读者信箱：hzjsg@hzbook.com

版权所有・侵权必究
封底无防伪标均为盗版

当你打开本书，
说明你已经完成了
专业学位研究生课程的学习，
祝贺你！

从今天开始，
让我来陪伴你，
一步步写好毕业论文，
顺利完成你的学业。

翻开下一页，
留下研究生学习过程的珍贵记忆。

研究生课程档案

姓　名：　　　　学号：　　　　入学时间：　　年　　月　　日

班主任：　　　班长：　　　班委：　　　　　　　　班级：

序号	课程名称	老师	上课时间	成绩	点评
1.					
2.					
3.					
4.					
5.					
6.					
7.					
8.					
9.					
10.					
11.					
12.					
13.					
14.					
15.					
16.					
17.					
18.					
19.					
20.					
21.					
22.					
23.					
24.					
25.					

研究生阶段最值得回忆的几件事

(时间、地点、事项)

硕士学位论文进展记录

论文题目			
研究方向			
研究对象			
指导老师		电话／邮件	
和老师交流的记录			
开题时间		初稿完成时间	
写作过程记事			
答辩时间		答辩地点	
答辩委员会			
论文写作体会			

写论文就像盖房子

当大学老师,尤其是当MBA、MPA等专业学位学生的老师,是很快乐的事情,因为学生来自各行各业,有丰富的社会经验。老师可以经常听他们讲社会上的奇闻逸事,分享他们在工作、生活中的快乐,帮他们出主意、想办法,每当这时老师就会感到自己和社会发展是相通的,会产生被别人需要的满足感。

课程结束后,学生就会面临论文关,而且有的学校(比如中国科学技术大学)对于论文的要求特别严格。平常工作忙,没有接受过学位论文写作方面的训练,即使你是董事长,也不敢说会写论文。提起论文,学生脸上的笑容消失了,取而代之的是迷茫、困惑、力不从心。有的同学说,经营中再难的关我们都可以去攻,但拿起笔写论文,往往会无从下手。

学校有集中的论文指导,但只有很短的一两天时间;导师总是很忙,讲课、科研、指导研究生,甚至还有行政事务;同学几乎都不会写论文,相互之间也无法彼此帮助;问起毕业的校友,一般都不愿回忆写论文的痛苦经历。再大的困难,还得靠自己解决。

学生经常问我:到底该怎样写学位论文?

如果从学术的角度来说,论文是研究的记载和提升,没有研究的支撑,是写不出好文章的。做研究需要有好的选题、查阅文献、调查分析、发现问题,再提出解决方案,最后在实际中验证方案。但是,专业学位研究生往往听不懂,因为他们没有接受过做研究的训练,没有从事研究的经历。

换一种方式说,写论文就像盖房子,或者更准确一点,写论文就像修房子。

随着经济的发展，村庄里不少人家都盖起了小楼，乡里要求推进新农村建设，对危旧平房进行改造（外部环境变化）；家里生了一个小孩，人口增加了（内部需求），原来的平房面积不够用了，并且屋顶经常漏水，墙体开裂，墙面装修脱落。总之，这座老房子肯定要改建。

此时有两种可行的方案：拆掉重建或维修。两者在投资、工期等方面各有优劣。因此在做决策前，我们需要论证到底是重建还是维修。

如果决策是重建，我们就需要考虑投资预算、场地限制、材料取得难易等条件，选择占地大小、楼层高度、建筑风格等，这些构成了重建方案；如果决策是维修，我们就需要针对屋顶漏水、墙体开裂等主要问题，设计更换部分房顶、拆换外墙、对全部房屋重新粉刷的方案。方案就是描述你心目中未来房子的理想形式。

方案确定后，我们需要制订施工方案：是请专业公司、亲朋好友做，还是自己来做？什么时候施工？施工期间，材料如何堆放？如何控制施工质量？如何保证施工中的安全？施工期间，家里人住在哪儿？只有将这些细节设计好了，你心目中理想的房子才能最终盖成。

我们所在的企业就是一座广义的房子，面临外部环境和内部需求变化时，就需要变革。那么，在变革之前，我们需要论证变革的程度。这往往要经过调查分析、发现问题、设计变革方案并组织实施等几个阶段。这是管理者需要经常从事的工作。把这个过程记录下来，并按照学位论文的要求进行规范，学位论文就自然完成了。此外，经过这样的训练，你的知识面扩大了，组织能力一定也会大大提升。

记得以前听过一个讲座，演说者把职业规划比作盖房子，说有心人总是先设定目标，随时留心收集盖房所需的一砖一瓦，不知不觉中备齐了材料，房子盖起来了，看来以房子举例大家更容易理解。衷心期望同学们能盖好"论文"这座房子，在盖房子的过程中提升自己的能力，实现企业与人生更多的价值增值。

前言

在研究生教育中，论文指导工作最具挑战性，也最让人有成就感，尤其是指导专业学位研究生的论文。这些学生往往具有丰富的管理实践经验，充满活力，敢于创新，从他们身上可以学到很多东西。但是，由于在职学习，工作繁忙，没有经过专业的研究训练，因此他们在论文写作过程中往往感到很困难。作为指导老师，我很想帮他们在写好论文的同时，尽量少花时间，但仅靠目前师傅带徒弟式的方法，双方一起讨论的时间很有限，因此很难指导好论文写作。这就需要一本论文写作指南，把论文写作的基本问题讲清楚，使学生通过自学解决论文写作过程中大部分的基本问题，从而让老师在论文选题、结构设计、观点提炼等更高层面上对学生进行引导，提高指导的效率，优化指导的效果。

经过长时间的资料积累和分析整理，本书形成了初稿，但我对此感到很不满意。于是，我决定重写，要用自己的、专业学位研究生易于理解的语言来组织内容。本书不是学术研究，因此不需要有任何学术价值，不需要严密考证，只需要实用，能够明确地告诉学生怎么做研究，怎么写论文即可。在高校同行、同事和机械工业出版社华章公司编辑的支持下，本书第1版于2010年5月出版发行。随后获得了很好的反响，不少高校将本书选为MBA、MPA论文写作教材，师生人手一本。与此同时，也有一些老师和学生反映了本书需要改进的地方：一是书名中没有用MBA、MPA等具体学位名称，"专业学位硕士"的概念容易使人（特别是MBA、MPA学生）产生误解，以为是工程硕士论文；二是结构上过早地进入论文正文写作，对于论文选题、谋篇布局讨论得不够；三是后面几章对非MBA学位（如MPA、EMBA、MLE、MPM等）的讲述，前后断裂，使学生难以把前后思想联系到一起。故此，我启动修订改版工作，并于2015年年初出版了第2版。第2版出版后，在机械工业出版社华章公司的大力宣传和推广下，越来越多的高校将本书选为MBA等专业学位研究生的论文写作教材。一些MBA、MPA培养院校的学院领导和老师给我发来信息，希望获得该书配套的PPT等教辅材料。

近年来，随着互联网应用的深入，基于互联网的教育快速发展，MOOC课程将成为未来互联网教育的重要趋势。为此，我以本书为基础，在中国科学技术大学的支持下，开发了MOOC课程——"MBA论文写作指导"。该课程已先后在好大学在线（www.cnmooc.org）、美国Coursera（www.coursera.org）等平台上线，一批批读者纷纷上网学习，分享MBA等专业学位硕士论文写作的经验。为适应网络教学的需要，MOOC课程分为12讲，每一讲之后有测试题，而本书设计的章节暂时还不能很好地与之对应。同时，在最近几年的论文指导、交流中，我也认识到本书仍有待改进的地方，为此决定推出第3版。第3版的主要改进有以下几个方面。

第一，按照MOOC课程的体系，调整章节布局，以便网上学习和线下看书相结合。

第二，增加了对论文主题的论述（见第6.3节）。很多学生对论文主题认识不清，在研究设计、论文结构等方面往往不能聚焦主题甚至偏离主题。

第三，增加了"附录D 管理类专业学位硕士论文规范性问题自查表"，便于学生在完成论文初稿后自查，对照检查论文中存在的规范性等主要问题，使得指导老师不必纠结于格式、用语等细节问题，而是更有效地指导学生修改、完善论文。

另外，根据这几年论文指导实践，我还对书中的部分内容进行了调整和充实。

在本书写作和修订再版的过程中，我得到了广大高校师生的帮助和支持，在此一并表示感谢。首先，要感谢中国科学技术大学管理学院的同事，他们是：梁樑、赵定涛、华中生、黄攸立、张圣亮、张增田、方世建等，书中的很多观点都是在与他们的讨论和交流中形成的。其次，要感谢我的研究生袁海涛、陈丽、蒋丽、臧晓宁、李伟、谈先求、周林冲、孙政晓、周礼胜、王鹏、徐俊、桂斌、陈锦锦、雷秀、杜元、刘松林、孙连禄、甘茂汝、邹月月等，以及MBA学生朱文川、胡韶山等，他们参与了本书最初资料的收集和初稿写作。最后，要感谢机械工业出版社华章公司对本书出版提供的支持，特别是吴亚军编辑等人花费了大量时间，对本书提出了很多宝贵的修改意见和建议。

由于水平有限，书中不当之处在所难免，恳请读者批评指正。本书的出版，只是探索专业学位硕士论文写作的开始，期望读者提出宝贵意见和建议，以便今后不断改进和完善。

丁斌

2019年1月于中国科学技术大学

如何阅读本书

本书是管理类专业学位研究生论文写作的指导书,适合MBA、EMBA、MPA、MLE、MPM等专业学生使用。这些专业的学位论文写作,既有共性,又有个性。在选题阶段(第2章),我们需要重点考虑各专业的特点;在结构布局上(第4章),我们则需要针对每种体裁的特点安排论文结构。其他各章都是共性问题,全书总体结构如下:

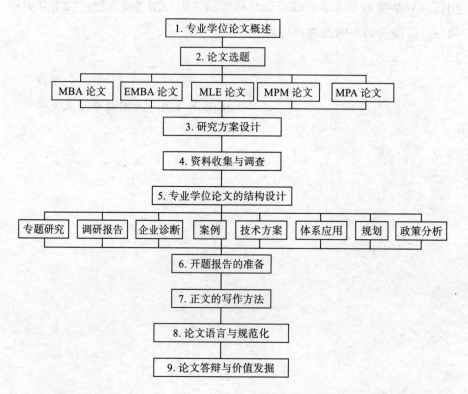

读者在阅读本书时,对于第2章,可跳过与自己不同的专业,对于第5章,可只阅读自己要写作的体裁,跳过与自己所要写的论文不同的体裁。在准备论文开题报告、写作过程中,自己可以查询相应部分的写法。论文初稿完成后,自己可以对照本书的有关章节,检查初稿是否符合论文写作的要求。当然,本书只是一家之言,所提观点仅供参考。

序言

前言

第1章 专业学位论文概述 ……………… 1

本章导读 ……………………………………… 1

1.1 专业学位论文的基本要求 ……………… 1

    1.1.1 专业学位论文从何处下手 …… 1

    1.1.2 国务院学位办对专业学位

          论文的要求 ……………………… 2

    1.1.3 撰写专业学位论文的目的 …… 3

    1.1.4 专业学位论文的特点 ………… 4

1.2 专业学位论文的四大关键要素 ……… 5

    1.2.1 研究主体的确定 ……………… 5

    1.2.2 研究目的 ……………………… 6

    1.2.3 论文研究的时间点 …………… 6

    1.2.4 研究视点 ……………………… 8

1.3 专业学位优秀论文的标准 ……………… 9

1.4 专业学位论文的类型 ………………… 10

    1.4.1 八种体裁论文的界定 ……… 11

    1.4.2 八种体裁论文的比较 ……… 12

1.5 论文写作的准备工作 ………………… 13

    1.5.1 论文写作的知识储备 ……… 14

    1.5.2 选论文导师 ………………… 15

    1.5.3 查阅资料 …………………… 17

    1.5.4 论文研究工作的可行性

          论证 …………………………… 19

第2章 论文选题 ……………………… 21

本章导读 ……………………………………… 21

2.1 如何确定需要研究的问题 …………… 21

    2.1.1 小王选题的例子 …………… 21

    2.1.2 选题原则 …………………… 24

2.2 为论文取个好标题 …………………… 25

    2.2.1 选择标题的原则 …………… 25

    2.2.2 标题中经常出现的问题 …… 26

2.3 MBA 论文的选题 …………………… 29

    2.3.1 MBA 论文的特点 …………… 29

    2.3.2 MBA 论文的分类 …………… 29

    2.3.3 MBA 论文选题原则 ………… 30

    2.3.4 MBA 论文选题实例点评 …… 30

2.4 EMBA 论文的选题 …………………… 31

    2.4.1 EMBA 论文的特点 ………… 31

    2.4.2 EMBA 论文的分类 ………… 32

    2.4.3 EMBA 论文选题原则 ……… 32

2.5 MLE 论文的选题 …………………… 34

    2.5.1 MLE 论文的分类 …………… 34

    2.5.2 MLE 论文的特点 …………… 35

    2.5.3 MLE 论文的选题范围与

          原则 …………………………… 35

2.6 MPM 论文的选题 …………………… 36

    2.6.1 MPM 论文的分类 …………… 36

    2.6.2 MPM 论文的特点 …………… 37

2.6.3　MPM 论文选题原则 ………38
　　　2.6.4　选题举例 ………………39
　　　2.6.5　MPM 论文题目中的
　　　　　　一些问题 ………………40
2.7　MPA 论文的选题 ………………42
　　　2.7.1　MPA 论文的特点 …………42
　　　2.7.2　MPA 论文的分类 …………43
　　　2.7.3　MPA 论文的选题方法 ……44

第3章　研究方案设计 ………………46

本章导读 ………………………………46
3.1　研究内容 …………………………46
3.2　进度计划 …………………………48
3.3　研究方案的可行性 ………………49

第4章　资料收集与调查 ……………50

本章导读 ………………………………50
4.1　如何收集论文所需资料 …………50
　　　资料收集的渠道 …………………51
4.2　调查的设计与实施 ………………51
　　　4.2.1　调查的必要性 ……………52
　　　4.2.2　调查的设计 ………………52
　　　4.2.3　调查过程中经常出现的
　　　　　　问题 ……………………54
4.3　内部调查和外部调查 ……………55
　　　4.3.1　内部调查 …………………55
　　　4.3.2　外部调查 …………………57
4.4　论文中调查部分的写法 …………57

第5章　专业学位论文的结构设计 …60

本章导读 ………………………………60
5.1　专业学位论文的论证逻辑 ………60
　　　5.1.1　专业学位论文的核心
　　　　　　逻辑结构 ………………60

　　　5.1.2　专业学位论文的
　　　　　　论证逻辑 ………………62
5.2　专业学位论文结构的一般
　　　要求 ………………………………63
　　　5.2.1　专业学位论文的
　　　　　　基本结构 ………………63
　　　5.2.2　篇幅的控制 ………………64
5.3　专题研究型论文的结构 …………65
　　　5.3.1　专题研究型论文的特点 …65
　　　5.3.2　专题研究型论文的结构 …66
5.4　调研报告型论文的结构 …………68
　　　5.4.1　调研报告型论文的要求 …68
　　　5.4.2　调研报告型论文的主要
　　　　　　内容 ……………………69
　　　5.4.3　调研报告型论文的特别
　　　　　　要求 ……………………70
5.5　企业诊断型论文的结构 …………71
　　　5.5.1　诊断的类型和要求 ………71
　　　5.5.2　企业诊断的过程 …………73
　　　5.5.3　企业诊断型论文的
　　　　　　参考结构 ………………73
5.6　案例型论文的结构 ………………74
　　　5.6.1　案例的分类 ………………74
　　　5.6.2　案例型论文的写作要求 …75
　　　5.6.3　案例型论文的撰写思路 …75
　　　5.6.4　案例型论文的特别要求 …79
5.7　技术方案型论文的结构 …………79
　　　5.7.1　技术方案型论文的
　　　　　　写作原则 ………………80
　　　5.7.2　技术方案型论文的
　　　　　　一般结构 ………………80
　　　5.7.3　技术方案型论文主要
　　　　　　内容的写作 ……………81

5.8 体系应用型论文的结构 …………… 84
   5.8.1 企业 ISO9001：2000 质量体系认证的例子 ……… 84
   5.8.2 常见的体系应用 ………… 85
   5.8.3 体系应用的特点分析 ……… 87
   5.8.4 体系应用型论文通常存在的问题 ……………… 88
   5.8.5 体系应用型论文的写作思路 …………………… 88
   5.8.6 体系应用型论文的结构安排 …………………… 90
   5.8.7 体系应用型论文的内容写作要点 ……………… 91
5.9 规划型论文的结构 ……………… 92
   5.9.1 区域规划、产业规划和园区规划 ……………… 92
   5.9.2 规划型论文的写作思路 …………………… 94
   5.9.3 规划型论文的结构安排 …………………… 95
5.10 政策分析型论文的结构 ………… 97
   5.10.1 政策分析的方法和过程 …………………… 97
   5.10.2 政策分析型论文的结构安排 ………………… 99

第6章 开题报告的准备 …………… 101
本章导读 ……………………… 101
6.1 为什么要写开题报告 …………… 101
6.2 开题报告主要内容的写法 ……… 102
6.3 论文主题 ………………………… 109

第7章 正文的写作方法 …………… 112
本章导读 ……………………… 112
7.1 绪论的写作 ……………………… 112
   7.1.1 绪论的概念与结构 ……… 112
   7.1.2 绪论中各节的写作方法 … 113
7.2 理论概述的写作 ………………… 116
   7.2.1 理论概述的主要内容 …… 116
   7.2.2 理论概述写作经常出现的问题 ……………… 119
7.3 环境分析与行业分析 …………… 120
   7.3.1 外部一般环境分析 ……… 120
   7.3.2 行业分析 ………………… 121
   7.3.3 竞争对手分析 …………… 123
   7.3.4 企业内部因素分析 ……… 124
7.4 企业现状分析 …………………… 125
   7.4.1 历史沿革和企业概况 …… 125
   7.4.2 组织结构 ………………… 126
   7.4.3 主要产品分析 …………… 127
   7.4.4 市场与供应状况分析 …… 129
   7.4.5 主要经营指标 …………… 130
7.5 存在问题分析 …………………… 131
   7.5.1 问题及其分类 …………… 131
   7.5.2 问题界定 ………………… 133
   7.5.3 分析问题产生的原因 …… 136
7.6 解决方案设计 …………………… 138
   7.6.1 什么是解决方案 ………… 138
   7.6.2 解决方案设计中的目标、原则及整体思路 ……… 139
   7.6.3 方案要点的写作 ………… 140
7.7 实施方案设计 …………………… 146
   7.7.1 实施目标和进度计划 …… 146
   7.7.2 重点与难点分析 ………… 149

7.7.3 保障措施 … 149
7.7.4 风险分析与控制 … 150
7.7.5 实施效果评价 … 152
7.8 结论的写法 … 155
7.8.1 完整的结论的写法 … 156
7.8.2 结束语的写法 … 157

第 8 章 论文语言与规范化 … 159

本章导读 … 159
8.1 专业学位论文的语言风格 … 159
8.1.1 学位论文的语言与风格 … 159
8.1.2 用数据和图表说话 … 162
8.1.3 专业学位论文中经常误用的一些概念 … 168
8.1.4 语言官僚化 … 171
8.1.5 内容空洞化 … 172
8.2 专业学位论文的规范要求 … 173
8.2.1 内容与字数要求 … 173
8.2.2 格式要求 … 173
8.3 主要内容的规范 … 174
8.3.1 摘要和关键词 … 174
8.3.2 目录的编排 … 174
8.3.3 图表 … 175
8.3.4 引文 … 178
8.3.5 参考文献 … 178
8.3.6 个人简介和致谢 … 180
8.4 善用 Word、Excel 提高写作效率 … 180
8.4.1 长篇文章的写作控制 … 180
8.4.2 目录的自动生成 … 180
8.4.3 页码的编排 … 182
8.4.4 用 Excel 协助处理图表 … 183
8.4.5 用 Word 绘图 … 184
8.4.6 汇集成文 … 184

第 9 章 论文答辩与价值发掘 … 186

本章导读 … 186
9.1 论文的答辩 … 186
9.1.1 论文答辩的特点 … 186
9.1.2 论文答辩的目的 … 187
9.1.3 论文答辩的一般程序 … 187
9.1.4 答辩幻灯片的制作技巧 … 188
9.1.5 答辩技巧 … 190
9.2 专业学位论文的价值发掘 … 193
9.2.1 专业学位论文成果应用于企事业单位实际 … 193
9.2.2 将专业学位论文改编成案例 … 194
9.2.3 专业学位论文中的问题引发科学研究 … 197

附录 A 专业学位论文最常见的十大问题 … 199

附录 B 导师和学生之间相互感到郁闷的十大问题 … 201

附录 C 学术论文简介 … 205

附录 D 管理类专业学位硕士论文规范性问题自查表 … 209

参考文献 … 214

第1章

专业学位论文概述

> **本章导读**
>
> 本书提及的专业学位，主要是指管理类专业学位，包括 MBA、MPA、EMBA、物流工程硕士（Master of Logistics Engineering，MLE）、项目管理工程硕士（Master of Science in Project Management，MPM）等，管理类是专业学位中人数最多的一个专业。完成学位论文是专业学位培养的重要环节。撰写专业学位论文，往往需要研究企业或公共部门管理改进的过程，而不仅仅是写文章这么简单。本章从论文基本要求开始，介绍论文的四大关键要素、八种类型和写作之前的准备。通过本章的学习，读者可以对专业学位论文有一个基本的认识。

1.1 专业学位论文的基本要求

撰写专业学位论文，是国务院学位办规定的研究生培养环节。通过论文写作，学生可以综合运用所学知识，提高分析问题和解决问题的能力。

1.1.1 专业学位论文从何处下手

说到学位论文，第一要求是篇幅不能少于 3 万字（有的要求至少 2 万字），还有很多具体的规定。很多学生没有写过这么长的文章，感到无从下手。其实，你开始时不必想着如何完成这 3 万字，而要想着你是领导、管理者，而且是高层管理者，当面临管理问题需要解决时，你该怎么办？

例如，产品卖不出去，你该怎么办？经过 MBA 等课程教学和案例训练，你一般都会按照以下思路来分析、解决面临的问题。

首先，你要大致确定需要解决的 问题：提高产品销售量。

接着，你要想一想，市场营销中涉及产品销售的理论，有哪些可以参考?

你要从行业角度进行分析：整个行业是在上升，还是在下滑？竞争对手是怎么做的？

要对你所在企业的整体情况进行介绍，这是因为销售不是孤立的，而是牵涉企业的方方面面。

详细描述你现在的销售是怎么做的。

再分析目前的做法存在哪些问题，以及产生问题的原因有哪些。

然后提出系统化的改进方案，针对存在的问题，提出改进目标、原则、思路以及主要需要改进的几个方面，比如产品结构、定价、渠道、促销、客户服务，等等。

最后组织实施：进度计划、重点难点、营销之外的配套改革措施、实施风险分析。

这样下来，你就形成了一个有理有据的方案。把整个过程写出来，再按照学位论文的规范要求进行完善，就能完成一篇专业学位论文了。MPA 等其他专业的学位论文，大致也需要这样思考。

以上只是一个粗略的过程，具体落实到文字、句子、段落，每个环节都需要你认真分析研究，都需要你不断地鼓励自己，以严肃、认真、负责的态度完成论文。

1.1.2 国务院学位办对专业学位论文的要求

1. 专业学位学员培养过程

MBA、MPA、工程硕士等专业学位，基本上都起源于美国，最早的专业 MBA 已有百年历史，培养了为数众多的优秀管理人才，成为经济发展的重要推动力。我国 1992 年开始 MBA 教育，2001 年开始 MPA 教育，2004 年开始工程硕士（项目管理硕士、物流工程硕士等）教育，虽然起步较晚，但随着中国经济的发展和国际化程度的提升，社会对专业学位人才的需求量大大增加，因此高校对专业学位的招生规模大幅扩大，新增院校逐年增加。

为了加强对专业学位学生培养过程的管理，以利于提高培养质量，专业学位培养过程一般包括课程学习、社会实践、学位论文三个必修环节。

（1）课程学习。这是 MBA 等专业学位培养过程的第一个环节，一般包括基础课、必修课、选修课和专题讲座四个部分。其中基础课、必修课按照学位办规定开设，选修课和专题讲座各学校根据学生构成、师资情况自主开设。

（2）社会实践。为保证学生理论水平和实践经验的双重提高，学生在参加理论课程学习的过程中，学校需要组织学生参加各类社会实践活动，如暑期社会实践活动、寒假社会实践活动、到企业参观学习等。为培养具有国际化视野的企业家、政府管理者，部分高校也会组织学生到海外参观学习。

（3）学位论文。学位论文是培养过程的必要组成部分，学生在申请硕士学位之前，必须完成一篇学位论文，并要顺利通过答辩。专业学位论文与学术型硕士学位论文有所不同，学术型硕士学位论文追求学术上（包括理论上、方法上和技术上）的创新，而专业学位论文更强调综合运用所学的理论与方法解决实际管理问题，锻炼学生发现问题、分析问题、解决问题的能力，同时能给学生的写作能力带来质的提高。

2. 专业学位论文写作的要求

为了提高专业学位论文的质量，国务院学位办对专业学位论文写作提出了一些要求，主要内容包括以下几点。

（1）学位论文写作所用的时间应不少于半年（工程硕士不少于一年），MBA学位论文的字数一般要求在3万字以上（MPA、工程硕士一般要求在2万字以上）。

（2）论文选题要在学生自己调查研究的基础上紧密结合我国改革与建设、企业管理或原工作单位的实际需要，在导师的指导下确定选题。

（3）论文形式可以是专题研究，或高质量的调研报告或企业诊断报告，也可以是编写的高质量案例等。

3. 专业学位论文考查重点

（1）选题：主要考查其前瞻性、实用性、新颖性、重要性。

（2）理论与方法：主要考查其理论应用是否有一定的深度，有独立见解，能否正确运用研究方法。

（3）应用价值：主要考查其参考价值和借鉴意义、直接或间接的经济效益与社会效益、可操作性。

（4）综合能力：主要考查其综合运用知识、调查研究、分析问题和解决问题的能力。

（5）文字表达能力：主要考查其逻辑性是否强，结构是否严谨，文字是否通顺流畅，引注、参考文献（中外文）标注是否规范等。

以上这些是专业学位论文的主要考查点。

1.1.3 撰写专业学位论文的目的

欧美专业学位教育经过了百年的发展，理论与实践的结合已经很完善了，因此不要求学生写论文。而中国的 MBA、MPA 等专业学位教育还很"年轻",案例教学、实地考察等实践性和综合应用性环节还不成熟、未普及、不充分。实践证明,"强制"学生写学位论文,对于保证教学质量是极其重要的,甚至是无可替代的。那么,从学生的立场来看,撰写学位论文的目的是什么呢?

(1) 综合实践。专业学位教学要求学生能综合运用课堂所学的理论知识,了解企业或公共管理部门的实际运作,发现管理中存在的问题,并能解决这些问题。这就要求学生亲自动手、独立作战或合作研究,做文献检索和社会调查,收集数据并进行分析整理,提出并解决问题。这个过程能磨炼学生的伦理道德和社会责任,历练自己系统地分析、处理、解决实际问题的能力。

(2) 接受导师的言传身教。绝大部分导师都经过了多年的知识熏陶并具有很高的人格修养,对论文的指导能起到言传身教的作用。在撰写论文期间,通过与导师的沟通和交流,学生不仅能获得学术上的知识指导,还能学会很多做人的道理。

(3) 教学相长。导师在指导学生写论文时,可以从学生那里了解到社会实际情况,这样可以弥补自身在实践和经验方面的不足,丰富教学内容,有助于提高导师的教学质量。

(4) 训练实战能力。我在对学生的跟踪和回访调查中发现,许多学生都深感撰写论文让自己受益匪浅,自身的综合能力得到了很大的提高。

(5) 培养挑战精神。撰写学位论文的过程就是一个发现问题、解决问题、不断挑战自我的过程。撰写学位论文只是一种手段,更重要的是,在今后的职业生涯中,这种勇于挑战的精神将永远伴随着你们。以认真、负责的态度来对待专业学位论文,主动选择挑战,是专业学位研究生必备的精神。

1.1.4 专业学位论文的特点

专业学位论文的写作需要学生运用所学的知识解决现实问题,以一个具体企业(或政府部门、事业单位)的现实环境、出现的问题为研究对象,运用管理学原理对问题进行深入分析,提出一套有针对性的解决方案,并用管理学语言和方法组织完成一篇完整的论文。

专业学位论文特别强调针对性,所提出的方案必须切实可行,能解决实际存在的问题,而不是泛泛而谈。专业学位论文有以下几个特点。

(1) 实践性。实践性教学是课堂教学的重要环节。为了不断提高专业学位教学质量,培养德、智、体全面发展的实用型人才,必须加强实践性教学,专业学位论文也必须对实际问题的解决有指导意义。

（2）先进性。专业学位学生一般都拥有较广的知识面，对国内外著名的管理模式都较为了解，因此论文要能体现国内外较新领域先进的管理思想，把现代管理应用于企业实际。

（3）创新性。专业学位教学采用理论与实践相结合的教学方式，注重对学生创新能力和发散性思维的培养。因此，论文在分析问题、解决问题等过程中，都必须体现创造性解决问题的思路。

（4）不追求理论意义。由于专业学位论文的目的是提供解决实际问题的可行方案，对理论意义方面没有做特别的要求，这和普通研究生追求理论意义有较大的不同。

1.2 专业学位论文的四大关键要素

要完成一篇完整的专业学位论文，学生需要运用调查等手段，通过分析现状、发现问题、提出解决方案等一系列过程，解决某个单位的具体问题。其中，论文一开始就需要明确四大关键要素：研究主体、研究目的、论文研究的时间点、研究视点。

1.2.1 研究主体的确定

研究主体，也称研究对象，是指论文研究围绕的一个组织。专业学位论文强调实践性，需要以一个具体的单位为研究主体，针对这个单位（企业、事业单位、政府部门、非政府组织等）具体存在的问题，运用管理理论分析、解决问题。

研究主体应该和作者有密切联系（作者在其中工作或是其业务单位）。此外，作者所研究的问题，要和其身份基本适合，并且论文所提出的解决方案在本单位有较大可能被采用，这样论文中的研究才能用于实际，才有价值。因此，太大的主体如"中国""我国""安徽省"等，不大可能采用你的方案；如果你只是一个部门领导或者基层骨干，你应该避免研究整个单位的全局性问题。

如果你在某个单位的一个部门甚至更低层次工作，研究主体应该还是这个单位，研究的具体问题可以是所在部门（见第 2 章），但是，你也应该站在单位的高度，看待部门的问题，从单位的整体利益出发，分析、解决部门的问题。

对于有些问题，我们从不同的角度看，会有不同的观点。例如，食品安全涉及生产企业、行业协会、政府等不同的组织。研究主体不同，需要解决的问题就不同。企业需要规范采购、生产、销售过程，保障食品安全；行业协会需要从行业管理角度制定若干规范，监督企业执行；政府则需要制定法规，通过政策引导或制约企业行为来保障食品安全。有些学生的学位论文研究主体不明确或不断切换研究主体，这样的学位论文很难深入，也没有很大的实用价值。

还有些单位出于保密考虑，不愿意使用真实名称，在这种情况下，我们可以虚拟一个名称，但要在绪论中说明研究主体的名称是虚拟的。

1.2.2 研究目的

从最终层面来看，专业学位论文的研究目的主要有两个：经济效益或社会公益性。

经济效益是企业等以利益为导向的组织追求的目标。提高经济效益，通常有增加销售额、降低成本、提高利润率、剥离不盈利资产等手段。MBA、EMBA、MLE、MPM等专业学位论文大多以企业为研究对象，因此其最终目的都是提高经济效益。

社会公益性，也称公益性，是指最大限度地满足社会公众利益的性质，从广义上说，是社会福利，是政府、公益组织的追求目标。我国的事业单位提供公共服务、自收自支，也应以社会公益性作为追求目标。MPA的大部分学生和其他专业的部分学生，在政府和非营利组织中工作，其研究应体现社会公益性。

公共管理部门是服务人民群众的机构，所从事的一切工作，都是为了全体民众的利益，不应存在自身的利益。对于公共管理部门工作的好坏，我们不应该用经济指标来判断。社会公益性指标没有严格的定义，一般来说，包括就业、资源节约、环境影响、社会保障等方面。

西方经济学强调公共产品的社会福利性，涵盖的范围更加广泛。社会福利包含政治、经济、社会及文化等活动。例如，经济福利属于经济活动的范畴，意指在经济活动所创造的经济成果中，可以增进国民经济并提升生活品质的部分。衡量社会福利的指标主要有个人发展、生活环境、卫生保健、经济情况、社会均等、教育与文化、社会安全与福利等。

1.2.3 论文研究的时间点

论文研究的时间点，是指论文所研究的问题发生在某一个时间点。企业

（或其他组织）面临的环境在不断变化，每天面临的问题都不相同，专业学位论文强调运用所学知识解决实际问题，所以如果问题变了，解决方案必然也要变。因此，在写作之前，我们要选择好时间点，从这个时间点出发，展开研究。

| 案例 |

某公司成立于2001年，生产一种消毒药品，前几年规模一直很小。2003年，随着"非典"的出现，企业销量猛增，赚得了第一桶金。于是公司领导盲目扩大规模，新建了很多新产品生产项目，但市场反应一般。由于工作重点分散，导致质量大幅度下滑、订单逐步减少，公司陷入困境。2007年，新领导大胆改革，只保留少数销售良好的产品，集中提高产品质量，加大销售推广力度。经过两年的努力，该公司的产品质量达到了国内先进水平，销售量连创佳绩，企业利润大幅度上升。

小李是公司的质量主管，如果他要写论文，应如何选择时间点呢？

方案一：以2003年为时间点。当时公司资金充足，如果将资金用于提高产品质量，可以一举达到国内先进水平，成为国内单品龙头企业，但是领导没有这样做，非常可惜。如果我们把这个过程写成案例，当作深刻的教训，对公司以后的发展有好处。但是，如果我们把它写成专业学位论文，就会出现以下状况：作者提出的计划没有得到实施，不能检验其合理性；公司当时实际实施的计划是非常失败的，而对于失败者别人是不会同情的；2003年离现在，时间稍远，写作时所用到的很多资料会显得较为陈旧。

方案二：以2007年为时间点。当时公司面临一系列困难，要做出保留少数产品的决策，意味着要放弃很多投资，是很痛苦的。决策一旦确定后，公司在资金不足的情况下提高产品质量，难度很大，这正是小李能发挥作用、创造性地解决问题的地方。小李在深入分析公司质量波动大、资金不足等问题的基础上，提出了全面提高产品质量的方案，得到了领导的认可，付诸实践，取得了良好的成果。选择这个时间点非常好。

方案三：以2009年为时间点。这时，公司主要的质量问题已经解决，如果我们要以此写论文，只能对前期工作进行总结，对以后进行持续改进，也就是只能写案例、调查报告，不能写专题研究。

图1-1给出了论文研究的时间点。

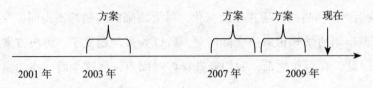

图 1-1　论文写作中的时间点

概括起来，论文写作中时间点的选择要符合以下条件。

（1）论文开始研究时，问题没有得到解决。通过你的努力，问题解决了，这样的论文才有价值。

（2）论文提出的方案被采用了，并且实施之后取得了正面的成果。论文跨越的时间不能太长，一年左右为宜。

（3）论文所要研究的时间点离现在不能太久，一般在两三年内为宜，是在你读 MBA、MPA 之后发生的。因为如果再往前，你没有读 MBA、MPA 就能解决这样的问题，上学的价值就要打折扣了。

（4）体现你个人的工作。在企业中，很多工作是大家一起做的。但专业学位论文需要体现作者个人的工作，因此应区分领导决策、别人的工作和自己的研究，要让读者看出你个人的工作量在哪里、你的贡献是什么。

1.2.4　研究视点

一些学生在上学以前，所处的岗位层级较低，视野不够开阔、视点不高，在分析、解决问题时，往往局限于本部门、本职岗位，就事论事。我们说，专业学位培养的是未来的企业家、专家，因此，研究问题应该站在企业领导的角度，通观全局。

企业领导的想法和一般员工的想法有什么不同呢？例如，某企业有三个销售部门，分别销售 A、B、C 三种产品，且都要制订明年的销售计划。从部门角度看，每个部门都从自身出发，分别提出了 10%、20%、30% 的增长目标，当然也提出了保障目标实现的资源需求。

从部门角度看，上述目标以及提出的需求都是必要的、合理的。但是到了企业领导那里，他思考的是让企业整体利益最大化。A 产品是企业的传统核心项目，规模已经很大了，增长潜力小一些，当然投入也会比较少；B 产品是前两年刚推出的，利润率较高，上升空间很大；C 产品是新产品，刚刚推向市场，未来前景较好，但前期投入较大。这样看来，三种产品都有发展的理由。领导当然不能按增长速度来做决策。从领导本人的角度来看，也许按利润贡献最大或者投入产出比最大做决策最好。但是，领导上面还有董事会，董事会的意见是，在经济危机恢复时期，稳健发展渡过难关是第一位的，其次要准备好危机恢复后快速占领市场的产品。因此，领导的决策是，把 A 产品的增长速度控制在 5% 以内；加大 B 产品的促销力度，增长率不低于 50%；延缓 C 产品的市场推进速度，将年度增长速度控制在 10% 左右。

对于这样的决策，你能理解并坚决执行吗？

同理，你所做的管理方案设计也好，技术方案设计也好，都不能局限在自己的部门。不妨事先想想，假如你是领导，你应该如何来做这件事？如果你有机会可以和领导交流，听听他的想法，对你的专业学位论文写作一定很有帮助。

要站在高视点写论文，除了思想方法如上面那样改进之外，你还需要在论文中体现以下内容。

（1）分析企业的内外部环境。领导为什么比你站得高？因为他除了关心企业内部的事之外，更要关注环境变化，因此比你看得远。

（2）现状和问题分析要从企业整体角度来写，不能局限于所研究的部门。例如，运输管理主要由运输部负责，但也牵涉市场部、财务部、信息部、仓储部等相关部门。运输部做得好坏对于企业其他部门会有很大的影响。

（3）方案设计也要从企业整体角度来写。除了本部门的改进外，其他相关部门、制度等进行改革也是必要的。

1.3 专业学位优秀论文的标准

各类专业学位论文无论是在体裁、内容还是在形式上都有一定的差别，但一篇优秀的专业学位论文都应该具备下列特点。

1. 选题新颖

好的选题是专业学位论文写作的关键，论文的成败与否，在很大程度上取决于题目的选择。对于专业学位论文选题，学生要在自己调查研究的基础上，紧密结合管理领域前沿的课题、热点问题、中国特色的管理问题，紧密结合自身所在单位的实际需要，在导师的指导下选择一个既能联系实际又能体现该专业学位教育特色的新颖题目。例如，MBA 的联合库存管理、供应商管理库存等是近期库存管理领域的热点，这样的选题就很新颖。如果我们还用 ABC 分析法等传统的管理方法，难免显得过时。同样，MPA 的危机管理、食品安全等课题比较新颖，工程硕士领域也有很多前沿的课题值得研究。

2. 资料丰富

专业学位论文要围绕需要说明的观点，从各方面收集丰富的材料，这些材料是分析提炼主题的基础。主题确立之后，我们还需要用大量翔实的材料来证明。最近几年行业发展数据、主要竞争对手的比较数据、所在单位近几年主要的财务指标等，都是必不可少的。专业学位论文在使用材料上，必须紧扣论文的主题，选择真实、新颖、典型的资料对论点进行有效的论证。有些论文通篇不见数据、图表，泛泛而谈，让人乏味。

3. 论述严密

一篇优秀的论文，其表达观点和材料的语言必须严密、准确、流畅、精练。在论述中，我们应当用准确、规范、易懂的语言进行富有逻辑性的论述和推理，不能泛泛而谈，必须体现出逻辑思维能力。例如，某篇论文在问题分析部分得出的结论是企业缺乏有效激励，导致员工积极性不高，后面的对策就应该是建立科学的激励机制，调动员工积极性。

4. 方法先进

在管理学领域中，前人总结了很多先进的方法，如战略管理工具——PEST分析、五力模型分析、价值链分析、SWOT分析法、平衡计分卡等，MPA和工程硕士也有很多类似的分析工具。我们将这些工具用于问题分析、方案制订，不仅符合管理学原理，也更具说服力。例如，某论文的题目是"××企业的战略制定"，这样的题目就很平淡，但是如果我们适当引入工具，把题目改成"基于价值链的××企业战略制定"，就好多了。

5. 成果丰富

论文成果表现为解决方案、经验总结或决策建议，是一系列观点。如果论文源于实际调查，有独到见解，能解决企业的实际问题，具有可行性，就是一篇好论文。当然，研究成果不是凭空编造的，需要大量的调查、分析和创造性思考。

1.4 专业学位论文的类型

MBA、MPA、工程硕士（MLE、MPM等）研究的领域不同，其专业学位论文既有共性，也有差异。从论文体裁来看，学位论文可以分成专题研究型、调研报告型、企业诊断型、案例型、体系应用型、规划型、政策分析型和技术方案型八种。

1.4.1 八种体裁论文的界定

这里只介绍各类论文的概念，关于各类论文的研究重点、文章结构等问题，我们将在第 4 章中具体介绍。

1. 专题研究型论文

专题研究是针对一个或若干单位的某种具体问题（专题），运用管理学、经济学理论进行深入、系统的分析，提出系统的解决方案和实施计划，使问题得到解决。以专题研究为核心的论文，就是专题研究型论文。专题研究型论文应主要着眼于实际应用，对所要研究的实际管理问题有清晰的阐述，论证解决此问题的意义、方法和推广价值，并对国内外本领域中的研究动态有较好的了解和评价，提出的解决方案要有很强的针对性。

2. 调研报告型论文

调查研究报告（简称调研报告）是运用科学的调查研究方法，通过对某行业、企业或其他组织进行调查研究，提出有关决策建议，并形成相应的研究报告。其特点应是调查方法正确，调查资料翔实，结论有普遍性和说服力。

作为学位论文的调研报告，不同于企事业单位一般的调研报告，而要按照学位论文的要求，运用科学的调查分析方法，针对调查对象进行充分的调查、分析，了解对象的现状、性质、特点以及存在的问题，提供有效的决策建议。在此基础上，学生可撰写调研报告型论文。

3. 企业诊断型论文

企业诊断就是分析、调查企业经营的实际状态，发现其性质、特点及存在的问题，并以建设性报告分析方式，提供一系列的改善建议。学生需要根据所学的有关知识，运用科学、有效的方法，在充分调查、研究、分析、计算的基础上，找出企业在经营过程中的各个环节或某几个环节存在的问题，并着重找出造成这些问题的内因与外因，最后提出改进建议。

4. 案例型论文

案例是对企业特定管理情境真实、客观的描述和介绍，是企业管理情境的真实再现。按照论文的要求编写案例，就是案例型论文。

在实际工作中，经常会出现很多成功或失败的事例，以案例的形式将宝贵的经验或教训总结出来，在更大的范围内交流，用于课堂学习和讨论，无论是对案例编写者本人，还是对所涉及的单位，都具有十分重要的意义。因此，专业学位教育非常鼓励学生编写高质量的案例型论文。

案例型论文主要包括描述型和问题型两大类。从专业学位论文的要求来看，描述型案例适合作为专业学位论文。

5. 体系应用型论文

自 20 世纪 80 年代以来，西方发达国家逐步推出了一系列认证和标准化的管理方法。这些认证和管理方法是在总结管理科学理论和实践的基础上，形成的完整的理论体系和可以实际操作的程序、规范，我们称之为体系应用。例如，政府部门推行 ISO 9000 质量体系认证，公司实施企业资源计划（ERP）项目、应用全员生产维护（TPM）、推广目标管理等。围绕某单位某项体系应用写出的论文，就是体系应用型论文。

6. 规划型论文

规划是组织制订的比较全面、长远的发展计划，是从未来整体性、长期性、基本性问题出发，设计未来整套行动的方案。以某单位的规划作为核心写出的学位论文，就是规划型论文。

7. 政策分析型论文

政策是指国家政权机关、政党组织和其他社会政治集团为了实现自己所代表的阶级、阶层的利益与意志，以权威形式标准化地规定在一定的历史时期内，应该达到的奋斗目标、遵循的行动原则、完成的明确任务、实行的工作方式、采取的一般步骤和具体措施。政策分析型论文，是指通过对现行政策的分析，提出改进方案（政策修订方案）。

8. 技术方案型论文

技术方案是为研究、解决各类技术问题，有针对性、系统性地提出的方法、应对措施及相关对策。其内容可包括科研方案、设计方案、施工方案、技术路线、技术改革方案等。工程硕士中很多学员偏重于技术性岗位，其主要工作是和各种技术方案打交道。以技术方案设计为主要内容的论文，就是技术方案型论文。例如，MLE 的技术是广义的工程技术，包括物流作业方法、物流设备设施设计、物流选址布局、运输线路规划等。

1.4.2 八种体裁论文的比较

1. 共性

从上面对于八种类型论文的介绍中可以看出，专业学位论文的要求有一些共同特点。

（1）选题对象都是企业、政府或事业单位存在的问题。大部分情况是研究具体某个企业的问题，少数情况是研究某一地区或行业的问题。

（2）核心内容不可缺少。调查、分析问题、提出方案等核心内容，对于各种体裁的论文而言都是不可缺少的，这是解决实际问题所必需的内容。

（3）突出学位论文的要求。研究性、管理思想性和实践性，是学位论文区别于一般的工作报告、调查报告、企业诊断等管理报告的要求。因此，写作时，我们要按照学位论文的要求，对实际调查、诊断工作的质量进行大幅度提升。

2. 区别

由于研究目的和方式的不同，因此上述八种体裁的论文在写作重点、内容上存在一定的差别。表1-1列出了各体裁论文的研究目的和主要研究工作的比较。

表1-1 论文研究目的和主要研究工作

序号	论文体裁	研究目的	主要研究工作
1	专题研究型	通过系统分析、研究所在单位某一个方面的问题，提出系统的解决方案	理论概述、行业分析、现状和问题分析、解决方案及其实施
2	调研报告型	通过调查，发现企业经营中的现象、规律或者经验，提出有关决策建议	调查方法的选择、调查的设计和实施、数据分析、改进建议
3	企业诊断型	通过调查，发现问题并诊断其产生的原因，提出解决思路或方案	调查方法的选择、调查过程和问题诊断、解决方案建议
4	案例型	通过对一个企业或者具体事件的描述，揭示管理原理或发现规律	描述事件的来龙去脉、归纳问题、管理原理或规律
5	体系应用型	针对本单位的具体需求，设计某一体系的应用方案	体系介绍、需求分析、体系应用方案设计、实施过程
6	规划型	运用科学方法，为组织制定未来一段时间的发展规划	规划背景、规划方法的选择、规划目标和主要内容、实施保障
7	政策分析型	根据环境变化，分析现有政策存在的问题和不足，提出政策修订建议	环境变化分析、政策分析、问题界定、政策修订依据和效果评估
8	技术方案型	针对现有的某项技术的不足提出改进方案，或设计一项新的技术、工程方案	文献回顾、需求分析、整体架构设计、子系统设计、技术实现、技术方案评价

从表1-1中可以看出，专题研究型论文的重点在于解决问题，调研报告型论文在于调查过程，企业诊断型论文在于问题及其原因分析，案例型论文在于经验总结和决策建议，体系应用型论文在于应用方案设计，规划型论文在于方法，政策分析型论文在于问题甄别和修订建议，技术方案型论文则在于实用性。这些大的原则决定了专业学位论文的写作思路。

1.5 论文写作的准备工作

学生在进行论文写作之前，不仅需要具备扎实的管理学知识基础，这是课程学习和社会实践过程解决的问题，还需要选择合适的导师，学习文献资料查阅方法，对论文的可行性进行论证。

1.5.1 论文写作的知识储备

虽然我们常说"写"论文，但是论文不是生硬地"写"出来的，而是在知识、实践积累的基础上，思考出来的，"写"只是最后的一个环节。脑子空空，是写不出像样的论文的。因此，我们建议在"写"之前要阅读 10 本书、100 多篇文章，然后再动手写论文。

1. 阅读 10 本书

专业学位申请进入论文写作阶段时，主要的课程都结束了。学生在大致思考清楚写哪个方面的论文之后，还需要有针对性地阅读 10 本书。读书的目的是获得、温习系统性知识。

（1）业务方面的书籍。如果你要写战略管理方面的论文，就要看 3～5 本战略管理方面的教材，其中要有一本最经典的教材，比如波特的《战略管理》；你要写政策分析方面的论文，就要看几本与政策相关的教材。

（2）关联的教材。管理的各个领域是相互关联的，即使你只研究其中一个领域（如营销），也需要了解其他领域的知识，如战略管理、生产管理、财务管理等。

（3）数理基础知识。数理基础知识包括概率论与数理统计、运筹学原理等。数理知识是调查、分析、解决问题中经常要用到的知识。

（4）调查方法。论文所需数据需要通过调查的方式获得。因此，论文写作要求学生掌握各种调查方案的设计、组织和实施，了解各种方法的适用性及其局限性。常见的调查方法包括问卷调查、现场考察、专访、电话调查、网络调查等。

此外，有些专业可能还需要阅读学习《计算机仿真技术》等技术性较强的教材。

2. 阅读 100 多篇文章

阅读文章的目的是快速了解国内外专家、同行的观点，以便于借鉴。

（1）学术期刊的文章。学术期刊具有一定的权威性，尤其是核心期刊，代表了那个领域专家公认的观点。学生可以通过中国知网、万方数据等渠道获得这些期刊的文章，并且大部分学校内网都可以提供文章查询、下载服务。如果学生不能到学校的内网中查询、下载，通过付费的方式也可以获得。

（2）网络文章。很多专业网站上有很多新颖、时效性强的文章，虽然从学术的角度看不一定严密，但实践性较强。

此外，有些定量分析性的论文，还需要算法，用于预测、优化等，如常见的层次分析法（Analytic Hierarchy Process，AHP）、遗传算法（Genetic Algorithm，GA）、神经网络等。

在进行大量阅读之后，你再来分析问题，相信你的眼界一定会更加开阔。

1.5.2 选论文导师

论文需要在导师的指导下完成，在写论文前，还有一项重要的工作是找导师。管理类导师所从事的不仅仅是教学和论文指导工作，有时还会与企业、政府合作完成一些科研项目，有的导师甚至还在政府或企业挂职。导师的知识储备丰富、知识结构完整、视野开阔、写作经验丰富，可以指导你如何选题，如何找资料、做调查、写论文等。更重要的是，导师能够以自身经验帮助你少走弯路，有效防止犯错误，这对你来说是非常有益的。得到导师的言传身教后，你将受益终生。

1. 导师的分类

（1）按所从事工作的侧重点，导师一般分为两种类型：一种是理论型，另一种是实战型。理论型导师主要从事理论性的研究，即针对本学科专业范围内的某一课题，通过严密的理论推导和理论分析，将感性认识上升为理性认识，对研究成果进行理论概括和总结，提出自己正面的思想、主张、观点和见解。例如，通过建立数学模型，并采用某种算法来求解模型，得出解决某一科研问题的方案，则属于理论研究的范畴。实战型导师一般倾向于做企业项目，如企业战略制定、企业流程重组、优化改进等项目。

（2）按指导方式的不同，导师可分为命令式导师、启发式导师和放手式导师。命令式导师一般比较强势，在自己的课题领域中很有造诣，他们希望学生听从他的安排。启发式导师，一般知识面较广，不会替学生选题或写作，常常会教学生一些方法和工具，让学生在不断学习的过程中，独立、创新地完成论文。放手式导师一般工作比较忙，没有时间指导学生，或者是相信学生的自制力和自学能力，让他们独立完成论文，选择此类导师的学生遇到问题时要主动与导师联系，获得导师的帮助。

2. 选择合适的导师

学生总是喜欢选名气较大的、自己熟悉的、对自己课题有研究的教授作为论文指导老师，不管怎么选都有其合理性，没有唯一标准。根据学生自身的状况和导师的特点，我们建议学生在选导师时参考以下原则。

（1）选择与自己的研究领域和课题相吻合的导师。当你在论文写作过程中遇到困难的时候，导师可以从方法论的角度指导你，帮助你顺利完成论文，少走弯路。例如，如果你的研究方向是物流与供应链管理，你最好选择做物流研究的导师；如果你是研究人力资源方向的，最好选一个做人力资源研究的导师，而不要选择做财务或者做市场营销研究的老师来做论文导师。

（2）根据个人兴趣来选择导师。如上所述，有的导师属于理论型的，有的导师属于实战型的，在选择导师之前，学生需要考虑自身的专业背景和兴趣爱好，是倾向于做理论型研究还是实战型的课题。如果学生是理工科背景出身，数学功底好，可以考虑选择理论型导师；如果学生是文科背景出身，最好选择实战型导师。

（3）根据个人性格来选择导师。性格决定命运，性格也会决定你应该选什么样的导师。如果你在工作中常常属于被动型的，那么最好选命令式导师，他的强势威慑力会迫使你完成论文。如果你是勤于思考、善于沟通的人，那么最好选择启发式导师，在你遇到困难时可以获得方法上的指导。在频繁的沟通交流中，你会得到导师的言传身教，学会很多做人和做事的方法。如果你是自控力比较强的、独立思考型的学生，可以选择放手式导师，这样的导师由于平时工作很忙，你不主动找他，他一般不会找你，这样你可以自由发挥，根据个人情况，合理安排学位论文的写作进度。

3. 如何与导师沟通

（1）沟通时机。在论文撰写过程中，学生需要在选题阶段、讨论研究方案阶段、拟定提纲阶段、写作初稿阶段、论文完善阶段与导师沟通、讨论。

第一，选题阶段。如果你在论文选题上自作主张，没有听取导师的意见就确定了选题，那么当你真正仔细写论文时，就会发现有很多问题，那时再去改选题，会造成很多时间和精力的浪费。因此，在选题阶段，学生应多花时间和导师沟通，尽量使论文选题体现出自己的优势，同时让导师有信心指导你的论文。

第二，讨论研究方案阶段。在此阶段，学生要与导师沟通，确定研究的工作过程以及采用的技术手段或方法。研究计划是否完善，很大程度上会影响你的研究质量。

第三，拟定提纲阶段。在确定研究方案后，学生要先拟定一个初步的提纲，再与导师沟通，对提纲进行修改，使论文结构基本合理，避免走弯路。

第四，写作初稿阶段。论文初稿由学生独立完成，遇到困难需主动与导师沟通，确定解决方案。在论文撰写阶段，学生需要定期将论文写作进度向导师汇报，以便导师能随时了解你的论文进度。

第五，论文完善阶段。论文初稿完成以后，学生应系统地与导师进行讨论，确定论文所需修改的部分和修改方法，再按修改意见进行修改，如此反复，直到导师认可，论文才能定稿。

（2）沟通方式。学生在撰写论文的过程中，需要频繁地与导师沟通。常用的沟通方式包括面谈、邮件、电话、QQ、微信等。这里有几点建议。第一，在与导师沟通时，应尽量选择导师喜欢的方式。如果你的导师喜欢面谈，那么你要尽量抽出时间找导师交流，导师的大门是为你敞开的。如果受地域的限制，不能采用面谈的方式，那么你再考虑电话交流或者邮件等导师相对比较喜欢的沟通方式。有的导师不喜欢用QQ、微信，你就不要在上面留言。第二，至少要安排三次面谈：选题和研究方案讨论、论文提纲讨论、初稿讨论和完善。有些学生和导师不在同一个城市，基本不见面，在邮件、电话、QQ中又说不清楚，很难达到好的指导效果。第三，在拜访导师之前，学生自己要做充分的准备，不要两手空空就去见导师。

学生还需要注意沟通方式，有些导师很忙，中午有睡午觉的习惯，尽量不要在导师不方便的时候打扰。如果你能发现导师的活动规律，可以发个短信并提前到他的办公室门口等候。曾经有位同学见导师，提前一个星期预约，其间联系了三四次，见面那天出发前还在打电话，到了楼下仍打电话问房间号，这样的联系太麻烦，不如先查到老师的办公室电话，在准备来的时候再约定时间和地点，约好后马上见面。

附录B列有学生和导师联系过程中让彼此感到郁闷的十大问题，供大家参考。

1.5.3 查阅资料

资料在研究中占有非常重要的地位，查资料是重要的能力。有的学校开有"文献检索"课程，有的人不了解，只从互联网上搜索，自然得不到权威的资料。

1. 搜集、查阅资料的必要性和范围

收集与研究内容相关的资料是写学位论文非常重要的一步，更是必需的一步。做理论概述，对论文进行构思，确定研究方向和研究内容、体系结构等，都需要资料的支撑。同时，所参考的书籍、论文等都要作为参考文献列在论文最后，文献来源必须在文章中标注。

现在互联网非常发达，网络资料多如牛毛。如何选择论文研究所需要的相关资料呢？

管理学一般按照学科、领域来划分范围。管理学一级学科有四个，分别是管理科学与工程、工商管理、公共管理、农业经济管理。每个一级学科下面又分若干二级学科，比如工商管理下面分人力资源管理、市场营销、财务管理、运营管理、供应链管理、物流管理等。二级学科下面又分若干领域，例如，物流管理下面有运输、仓储、配送、物流信息等领域，有些领域是相互关联、相互交叉的。

我们在查找资料时，要先大致判断学科和领域，以研究的领域为关键词进行查找。这样可以缩小范围，容易找出需要的资料。

2. 主要文献的收集渠道

网络、书店、图书馆是获得资料的主要渠道。

（1）网络电子资源。网络电子资源的好处是资料非常丰富、基本没有成本，缺点是资料鱼龙混杂，权威性不足。我们可以将网络作为初期查询资料、获得基本概念、寻找资料线索的渠道，以后再通过其他渠道验证。常用的搜索引擎有 www.baidu.com、scholar.google.com 等。搜索时，我们可以输入多个关键词，缩小查询范围。

但利用这些搜索引擎检索出来的资料非常庞杂，多是新闻性的文章或是一般性的论文，并非专业的学术论文，此时学生需要甄别资料的可靠性，可以将其当一般的概念理解，不要轻易作为证据引用。

（2）书店。书店的好处是直观，可以很方便地翻阅图书，而且教科书或参考书也是最新出版的。其不足之处也很明显：专业期刊少，书籍出版周期一般较长，书中的内容和数据都不是最新的。但我们可以从中学习有关理论，并在撰写论文理论部分时引用书上的部分内容，界定概念，进行理论综述的撰写。现在我们在网上书店买书很方便，超星数字图书馆里有很多电子图书，也是很好的渠道。

（3）图书馆。学校图书馆资源多，除了书籍、期刊外，还有电子资源，我们通过它可以浏览全国大部分公开发行的电子期刊。城市图书馆提供的大部分资料是大众阅读的书刊，专业书籍和期刊相对较少。其中，电子期刊中的全文数据库，有博硕士论文库、各种学术期刊、专业报纸，还有国外数据库，如 INFORMS（美国运筹学和管理学研究协会）、*PNAS*（《美国科学院院报》）、

Science Online 等，值得深入挖掘。我们要学会正确利用"关键词"来检索。比如，某学生的论文题目是"旅游景区门票价格形成机制研究"，那么他在检索参考资料时，应当使用"旅游价格""旅游景区价格""价格机制""门票价格"等多个关键词进行检索，这样才能有所收获，不能直接输入论文题目进行检索。学校图书馆的不足之处在于，网络限于校内使用，一般不对外开放，需要学生到校使用。

1.5.4 论文研究工作的可行性论证

可行性论证有两层含义：第一是论文中提出的方案是否可行；第二是论文研究这件事本身是否可行。

1. 研究成果的可行性

研究成果主要体现在所设计的解决方案、技术方案、诊断结论、决策建议等方面。经过调查、分析之后得出的结论，如果在单位实施，是否能达到改进管理的目的，学生需要对此进行论证。论证的主要内容包括：目标是否合理、主要改革措施是否符合单位实际、需要的资源能否得到保证、是否考虑了风险等。从可行性研究的角度来看，学生还需要论证研究成果的经济可行性、技术可行性和应用可行性。

（1）经济可行性。学生对论文中所提出方案的经济效益进行评价，即论证经济可行性。学生可以采用统计学、数学等具体方法，分析投资、成本、收益等经济指标。

（2）技术可行性。有些方案除了涉及管理上的改进外，还需要房屋和设施建设、软硬件采购、工艺路线设计等，因此需要从技术上分析、判断主要技术指标能否顺利实现。

（3）应用可行性。应用可行性主要是分析新方案的实施对原方案的扰动有多大，实施的难度如何，新方案的实施引起的各工作岗位流程的变化大小是否能被大多数员工所接受，有哪些障碍以及如何克服它们等。

2. 论文研究本身的可行性

学位论文的写作是一项研究工作，本身也是一个小的项目，需要进行可行性分析。按照项目管理的思想，论文可行性包括如下几个方面。

（1）研究方案的可行性。研究方案包括文献综述、调查、诊断、分析、方案设计等一系列内容。学生应按照论文要求，论证其是否围绕管理问题，是否具有科学性、研究性、实践性，逻辑是否通顺，每一步是否可行。

（2）主要研究的工作量。论文是研究的结果，而研究工作需要花费时间。主要工作一般集中在资料收集、调查、方案设计、方案实施环节，特别是调查，往往需要大量时间甚至资金。在开始研究之前，学生需要大致估计各阶段工作的难度和所需时间。如果难度太大或者所需时间太长，不能在规定的时间内完成论文，就需要调整论文写作方案，缩小研究范围或者改变调查方法等。

第 2 章

论文选题

本章导读

第 1 章讨论了论文的四大要素：研究主体、研究目的、时间点和研究视点。本章讨论的论文选题，包括选择研究领域、需要解决的问题，拟定论文题目，分别对 MBA、EMBA、MLE、MPM、MPA 等专业学位选题进行深入探讨。

建议先读完第 2.1 节、第 2.2 节，再跳到你所在的专业，阅读详细内容。

2.1 如何确定需要研究的问题

2.1.1 小王选题的例子

举例：小王担任一家中型企业的生产主管半年了，同时承担协作厂家的选择和协调工作，他以前还做过较长时间的技术开发和销售工作。他该如何选题？

1. 选择研究领域

我们分析以下几种可能的方案，看看各有哪些利弊。

（1）选择生产管理。如果小王以生产管理作为自己的研究领域，不利之处是他从事生产方面的工作时间不是很长，在生产方面积累的经验尚不足，自己拥有的关于生产领域的可利用资料也不是很丰富，而写出一篇好的 MBA 论文是要建立在掌握丰富资料的基础上的；有利之处是，小王在生产管理岗位上刚起步，而选择将此领域作为研究对象，有助于小王从理论方面进行深入的学习，以迅速提升他对生产管理的认识，对以后的工作有比较大的帮助。这也符合 MBA 学习用于指导工作实践、提升工作能力的宗旨。从公司的角度出发，生产管理改进也是公司最需要的。

（2）选择研发问题。如果小王选择研发问题来研究，有利之处在于他从事过较长时间的研发工作，对企业研发的认识比较深入，了解企业在研发方面存在的问题，掌握了研发方面丰富的资料，容易找到论文写作的切入点。不利之处在于技术开发方面的论文写作需要大量的专业知识，学术性要求较高，而MBA论文的写作则更注重实践，一般不会从研发方面展开研究；从对公司价值的角度出发，研发问题也不是亟待解决的问题。

（3）选择市场营销。选择市场营销作为研究领域，不管是从实践性还是从小王自身的经验来看，都是可行的，营销具有很强的实践性，而小王在营销方面也有丰富的经验，对该领域的研究有很好的现实意义，对公司也有一定的价值，但是从论文对于小王能力的锻炼以及今后工作的帮助作用来看，市场营销对于小王的意义不如生产管理。

综上所述，小王应该选择生产管理作为研究对象，这样有利于他改进目前负责的工作，并且也是公司最需要的。虽然这样做挑战性大一点，但对小王在工作中的锻炼有好处。

点评： 论文选题最好结合你的工作实际，因为自己的工作自己最熟悉，资料掌握得多，写起来相对容易一些；同时，通过论文写作，你会对自己的工作有进一步的认识，使自己的能力得到进一步提高；设计的方案有利于改进工作，得到领导赏识。同时，这也是专业学位教育希望的结果。

你在工作中往往是多面手，承担很多相干或不相干的工作。你把工作都写进去，是不可能写出很好的论文的，而需要选择你主要负责的工作，从中提炼出需要研究的问题。

2. 选择需要解决的问题

以上只是确定了研究领域，再前进一步，我们需要确定生产管理中需要解决什么问题。

小王所在的企业是一家按订单生产的制造企业，通过初步分析，该企业目前的主要问题是对客户交货不及时，经常被罚款，客户抱怨不断。另外，该企业还存在生产效率低、成本高等问题。

以上是从企业实际出发，暴露出来的生产管理方面的问题，但是这些问题都是我们看到的表象。我们要找到产生这些问题的根源，就要结合所学的MBA知识，深入分析，找到问题的本质。

那么，如何找到问题的本质呢？小王所在的企业现在面临生产成本高的问题，因此我们就要深入分析，是什么原因导致了成本高。企业生产成本主要由三个方面构成：直接材料、直接人工和制造费用，我们分析生产成本高的原因就要从这三个方面展开。例如，我们经过分析发现是直接材料的费用过高导致成本高，就要进一步寻找：是采购原材料的成本过高，还是生产过程中用料不合理？如果进一步查找原因，我们发现是原材料采购问题造成的成本过高，则还要更深入地分析，是由市场原材料价格波动较大，企业缺乏防范材料价格波动的机制造成的，企业同供应商的合作出现了问题，比如供应商管理成本较高、供应商货物质量经常出现问题，还是由于企业没有建立基于供应链思想的采购机制？找到的最终原因，就是我们要研究、解决的问题，例如最终原因是原材料市场价格波动较大导致生产成本高，那么我们就可以选择将"供应链合作采购"作为论文所要解决的问题（研究对象），深入研究如何通过供应链合作，规避原材料市场价格波动的风险，这样论文的选题就会既结合企业实际，满足实践性的要求，又具体可行，易于写作。

点评：很多人把研究领域和问题混淆起来，把诸如"营销管理""生产管理""人力资源管理"等领域作为研究对象，殊不知每个领域下面还有很多具体问题，一篇学位论文是不可能研究、解决所有问题的。也有人担心研究具体问题，是否范围小了？其实，我们大可不必担心。老师看论文，不是以范围大小判断论文的价值，而是看具体内容。你要是写一篇"国际金融问题研究"，相信没有人认为你能写得好。

上面的例子还有一点启示：追根溯源，小王本来准备研究生产管理，最后发现问题出现在采购上，写成了名为《供应链合作采购》的论文。这虽然不是他工作的领域，但确实值得研究。MBA的同学应站在公司领导的角度看问题，不要局限于本部门，要选择对公司最有利的问题进行研究。

3. 选择主要的解决方案

例如，我们要解决交货不及时的问题，有很多可选方案，比如延长合同交货期、增加设备、增加人员、加班等，究竟该用什么方法呢？如果没有读MBA，我们可能会局限在一些基本的方法上，就事论事地解决问题。

读了MBA、MPA等专业学位，我们有了国际化视野，也学会了站在企业高层领导的角度思考问题。要解决交货不及时的问题，我们就会想到，交货是生产系统的最后一个环节，交货不及时是结果，虽然还没有来得及调查原因，但可能是生产系统存在不足，也可能是销售、采购、设备管理等环节不能很好地协调。因此，要解决交货不及时问题，我们需要从改善企业的整个生产系统入手。

国内外有很多先进的生产方式，比如准时制生产（JIT）、企业资源计划（ERP）、全员生产维护（TPM）、精益生产（LP），以及一些时间稍久远的方法，如目标管理、承包等，这些方法虽然有些过时，但容易实施，若能解决问题，可以纳入考虑范围。我们的任务，就是从这些先进的管理方法中，寻找主要的解决方案。

每种先进的管理方式都不是万能的，都有其优势和不足，比如有些需要高素质员工，有些需要高投入，也就是说每种方式都是有一定的前提条件的，不是拿来就可以用的。我们需要根据企业自身的条件，选择先进、实用、可行的方法。当然，我们需要事先看很多资料，才知道这些好的方法。

例如，通过初步分析，小王认为采用准时制生产是解决交货不及时问题的可行方案，那么，以准时制生产解决交货不及时的问题，成为小王所在企业改进生产系统的主要方案。

点评：领导布置工作给你的时候，你只要提出解决方案就可以了，不必说明方案的来源。但是要写学位论文，你必须比较各种可能的方案，选择最好的方案，这就是论文的"论"。同时，在方案选择的过程中，你要尽量采用国内外最先进的管理方法，比如准时制生产、供应链管理等，使你的解决方案处于先进水平。

2.1.2 选题原则

从上面小王选题的例子中，我们归纳出 MBA 论文选题的原则如下。

（1）与实践结合，富有现实性和实用价值。对于学位论文，我们不是为了写论文而写论文，而是要通过论文写作切实解决实际存在的某些问题，并带来看得见的成效。

（2）有一定的理论指导。作为专业学位研究生，完全独自创新一种方法解决企业实际问题，是非常困难的，在绝大部分情况下，需要借鉴国内外先进的理论、方法，而不能仅仅依靠本人有限的经验。选题的先进性也是评价论文的重要指标。

（3）有丰富的资料来源。"巧妇难为无米之炊"，在缺少资料的情况下，我们是很难写出高质量的论文的。选择一个具有丰富资料来源的课题，对于进一步深入研究课题很有帮助。我们需要查阅图书馆、资料室的资料，更需要通过访谈和做实地调查研究等来收集资料。我们收集的资料越具体、细致越好，最好把想要收集的资料的文献目录、详细计划都列出来。因此，我们选择自己所从事的工作，至少是熟悉的工作作为论文选题，获取资料就容易得多。

（4）有研究或经验积累。每个人都有自己的长处和短处，在选题时应该扬长避短。所谓扬长就是要选择自己熟悉的、有过相关研究或经验的课题；所谓避短就是避免选择自己不熟悉或题目过大而自己又无法完成的课题，例如，一个在某机场营销部门工作的学生，就可以写"某某机场营销策略改进研究"的论文。

（5）个人有兴趣。个人的研究兴趣是论文研究工作的动力，更可以焕发出潜在的创造力。有了研究兴趣，我们往往就会知难而进，以苦为乐，把写论文看作一件令人高兴的事情。因此，一定要选择自己感兴趣的课题，调动自己的主动性和积极性，以积极的心态完成论文写作。

2.2 为论文取个好标题

论文题目又称为标题、题名，是浓缩文章最精华的部分。很多人不重视题目，文章写得差不多了，再"安"一个题目，这是不合适的。好的题目具有画龙点睛之效，让人眼睛一亮，自然会产生好感。论文答辩时，有的老师经常质疑论文的题目，对文章的内容更持怀疑态度。因此，在一开始为文章取一个好题目是非常必要的。

2.2.1 选择标题的原则

（1）符合学位论文的形式要求。一般来说，学位论文要求题目不超过20个汉字，包括副标题和标点符号不超过36个汉字，各个高校可能会有自己更详细的要求，一定要按照要求选题目。

（2）充分表达文章内容。题目应以最恰当、最简明的词语，反映论文中最重要内容的逻辑组合，能概括整篇论文最重要的内容，对全篇论文有统领作用。若简略的标题不足以显示论文内容或反映出属于系列研究的性质，则可利用正标题、副标题的方法解决。

（3）概念不多不少。论文题目如果按照语意分析，一般包括三四个概念。例如，"基于平衡计分卡的宏信公司绩效评估研究"，这个题目就很贴切，让人一看就知道论文要研究的是什么：该文章是运用"平衡计分卡"，对"宏信公司"进行"绩效评估"，对象、目的、方法都很清晰、准确，没有多余的字眼，而且研究的问题也具有实际意义，符合专业学位论文的要求。

（4）避免使用不常见的缩略语、字符代号和公式等。一些行业内部用语容易产生歧义，我们要尽量避免使用。我们应使用社会上公认的术语。例如，邮政系统把"通过邮政网络销售农资"称为"网络配送"，即一种集销售、送货于一体的营销模式，但如果我们使用"网络配送"，容易使人误认为是物流配送问题。

2.2.2 标题中经常出现的问题

论文标题（包括主标题和下面章、节、目及以下的小标题）会对阅读者的第一印象产生影响。我们从大量论文中总结出以下一些常见的问题。

（1）以研究领域为题。例如，"某某企业市场营销研究""某某企业项目管理""某某市社会保障管理研究"等题目过于宽泛，从这些题目中看不出作者要研究什么问题，也缺少研究方法的表述。

（2）文不对题。文章的内容和题目不一致，也就是说论文题目没有很好地反映论文的内容。题目是内容的概括，内容是对题目的展开，一篇好的论文，必须要文题一致。例如，一篇题目为"某某市政务综合楼工程项目管理实践研究"的文章，内容就应该包括政务综合楼工程项目简介、项目管理策略和项目实施的结果评价，其中项目管理策略应该作为论文的重点。如果文章通篇都是在介绍项目管理的理论，缺乏问题分析和解决方案，就属于文不对题的情况。

（3）题目太大。很多学生认为，论文的题目一定要大，涉及的范围要宽，这样才有在全国推广的价值，其实不然。专业学位论文的写作时间有限，一般是半年到一年，学生的精力和学识都是有限的，不可能对一个大的问题分析得很透彻。比如一篇论文的题目是"我国证券业市场分析"，这样的题目就取得过大。证券市场的结构很复杂，而且影响因素又很多，不是一篇论文能讲清楚的。此外，诸如"管理层收购（MBO）若干问题""我国企业筹资决策研究"等，这些问题都不是一篇专业学位研究生论文所能解决或研究透彻的，学生硬性撰写这类论文，最后很可能就沦为空中楼阁、无源之水。

（4）题目太小。论文的题目不能过大，那是不是越小越好呢？我们主张论文的题目要大小适中,以容易写作、与实践相结合为原则。论文题目如果过小,就会对文章内容限制得过死,从而产生难于收集资料、在写作过程中无话可说、观点实用性狭窄和对现实的指导意义不大等问题。一篇题目为"财务软件开发企业中开发团队管理的效果评估"的论文就犯了题目过小的错误,"财务""软件开发企业""开发团队管理"限定词过多,不易于写作,得到的结论也不具有一般意义。我们可以将其修改为"某某软件公司开发团队的效果评估研究",这个题目更好。

(5)过难。过难的选题对学生来说在有限的时间内无法完成或成果难以令人满意,比如有的学生选这样的题目"中小型企业融资难以及成因分析",涉及企业、银行、政府等多个方面。这是世界性的难题,一篇专业学位论文是很难说清楚的。

(6)偏向理论研究。专业学位教育重在理论联系实际,重在培养学生解决实际问题的能力,学生在拟定论文题目时应该更多地考虑解决实际问题,而不是空泛的理论探索。例如,一篇论文题为"基于模糊集的员工绩效评估方法研究",该论文适合研究型硕士,不适合专业学位硕士。此外,如"某企业组织绩效因素分析"用的是复杂的调查方法,这样的题目偏重于调查方法的改进,可能适合统计专业研究生,不适合专业学位研究生进行论文写作。

(7)过多的修饰语。有的论文题目很长,修饰语过多,重点不突出,虽然反映出了文章的研究内容,但是给人拖沓冗长的感觉。比如一篇题为"中国银行江西省分行股份制改制时期人力资源绩效考评系统的研究"的论文,没有明确反映文章的研究重点是"人力资源绩效考评系统"。我们可以把"股份制改制时期"删去,将其改成"中国银行江西省分行人力资源绩效考评系统研究",把"股份制改制时期"作为背景放在绪论中介绍。

(8)用词不当。标题是章节目的核心,应使用规范化、意义准确、精练的词组,不能用主谓宾齐全的句子。用词不当也是专业学位论文标题中普遍存在的问题,以下是一些常见的用词不当的例子(有关名词的含义,见第7.3节)。

××调查与对策研究:所有的研究通常需要事先进行调查分析,所以"调查与"三个字多余。

××问题对策研究:"问题对策研究"本身就有歧义,是一个问题对应一个对策呢,还是"问题与对策"?

××现状与存在问题分析:一篇专业学位论文是要在对现状与存在的问题进行分析的基础上,提出解决方案的,因此,只停留在"现状与存在问题分析"层面是不够的。

××现状分析与对策建议：二者是并列关系还是因果关系？该标题没有体现出来。任何研究都需要进行"现状分析"，因此标题中不需要出现"现状分析"。"对策建议"也不是论文的写法，建议改成"××对策研究"。

××可行性研究：可行性研究之类的名词有特定含义，需要遵循国际、国内很多标准（见第6章）。学位论文不可能按照那些标准来写，因此不能用有特定含义的名词。

××规划：规划编制有一套程序、规范，和论文要求不一样。如果要写论文，可以用"规划研究"，重点是规划方法、规划内容。

还有些同学为了表示谦虚，标题中使用"浅析""初探""思考""探索"等词汇，这也是不合适的。学位论文就是要分析问题、解决问题，导师不会因为你谦虚而降低要求。

（9）各级标题中间和结尾使用冒号、句号、问号、破折号等标点符号，或用括号补充说明。错误的例子有："第1章：×××""第1章.×××""第1章、×××""第1节——×××"。

（10）使用工作报告的标题。例如"全员参与管理，提高市场竞争力""根据纳税人选择不同的申报征收方式，体现以人为本""申报征收与银行、邮政缺乏进一步沟通"。

（11）不要重复单位名称，例如有一篇论文中，第4.2节的标题如下。

4.2 安徽烟草商业公司物流网络建设发展概况

4.2.1 安徽烟草商业公司物流网络建设背景

4.2.2 安徽烟草商业公司物流网络建设发展历程

4.2.3 安徽烟草商业公司物流网络建设现状

4.2.4 安徽烟草商业公司现代物流建设意义

（12）不要过于简化，让人不得要领，例如：

2.2 发展概况

2.2.1 建设背景

2.2.2 历程

2.2.3 现状

2.2.4 必要性

……

4.1 实证研究

4.1.1 背景

4.1.2 问题

4.1.3 方案

4.1.4 效果

以上这些用词中出现的问题，反映了作者基本的文学修养和管理论理功底一般，需要充实标题，完整表达各章节的内容。

2.3 MBA 论文的选题

2.3.1 MBA 论文的特点

MBA 是最早开设的专业学位，其培养对象是企业中高层领导，主要定位是企业中层，侧重于管理技能的培养，也就是培养合格的中层职能管理者，比如营销经理、生产总监、财务部长、人力资源经理等。部分中小企业的领导也在读 MBA，他们可以从战略角度研究企业发展。

专业学位论文的一般特点包括实践性、先进性、创新性。其中，MBA 论文更加侧重于实践性。

（1）研究对象源于所在企事业单位的实际。以所在单位为研究对象，在完成论文的同时，对单位、个人工作都有很大的帮助。

（2）研究过程重视对具体问题的发现。发现问题是解决问题的首要条件，需要通过深入调查，诊断问题，找到产生问题的真实原因，再提出针对性的解决方案。

（3）研究成果能得到实际应用。很多学生的研究课题就是企业希望解决的课题。我们可以把论文写作当作契机，把二者结合起来，在完成论文的同时，在论文中为自己的单位存在的问题提出解决方案，让研究成果得到应用。

（4）大部分论文以提高经济效益为目标。大部分 MBA 学生来自企业，所写论文的核心是提高企业经济效益。少数学生来自政府部门、事业单位，从事公共事务管理工作，则可以将提高效率和顾客满意度等作为目标。

2.3.2 MBA 论文的分类

MBA 论文的体裁，包括专题研究、调研报告、企业诊断、案例、体系应用、规划、政策分析、技术方案等。从研究领域来看，MBA 论文可以分为以下几类。

（1）集团或公司层面的管理，包括战略管理、集团管控等。

（2）职能管理，即从企业整体利益出发，研究企业营销、生产、采购、财务、人力资源等职能管理问题。

（3）专项管理，包括体系应用、技术方案、发展规划、文化建设、品牌管理等。

2.3.3 MBA论文选题原则

针对MBA职能管理的特点，我们认为论文选题有以下几个原则。

（1）个人擅长的。本人对自己长期从事的岗位会很熟悉，容易收集资料，容易进行深入调查，并且对国内外情况十分了解，在此基础上再花时间研究，容易取得成果。

（2）企业需要的。每个时期企业面临不同的问题，以这些问题为研究对象，能获得高层的支持，研究过程比较顺畅，研究成果也能为企业所用。

（3）大小可控的。研究范围太大，会带来工作量大、耗费时间长等问题，使你往往顾此失彼，不能在一定时间内完成。而研究范围过小，则往往意味着研究意义不大。

2.3.4 MBA论文选题实例点评

|案例|

陈同学所在单位为民营图书发行公司，主要业务是教材的编写、出版、发行。由于市场竞争激烈，民营公司和新华书店、出版社相比，没有多少优势，20多年来，公司业绩时好时坏。两年前，针对网络营销火热的市场，公司策划发行了一本名为《淘宝开店》的教程，主要销售对象是电子商务专业的在校学生、网络营销公司的职员，结果这本书的销量很好，每年销售几十万册，公司效益也非常可观。因此，陈同学想，能不能以这本书为基础，组织编写网络营销系列教材，在网络营销领域取得优势，保障公司未来若干年的持续发展。

陈同学面临的问题是：如何把网络营销系列教材开发这件事做好？

陈同学该如何选题呢？

这个问题比较模糊。第一，图书发行公司不是简单地"发行"图书，而是要负责从图书选题、组织编写、合作出版到销售、服务的整个过程。第二，"网络营销系列教材开发"是公司的一个项目，但这个项目范围不定、截止时间不明确。

首先，研究对象，是公司整体、图书策划部，还是"网络营销系列教材开发"这个项目？其次，研究领域，是图书营销、网络营销、项目管理，还是其他的？再次，研究目标，总体目标是公司业务持续稳定、取得良好的效益，具体目标是发行量，还是什么？最后，研究时间点，是从两年前《淘宝开店》编写开始，还是从现在开始？

经过和导师的多次交流，综合考虑各种因素，陈同学确定研究对象为"网络营销系列教材"开发项目；研究领域为项目管理，也就是整个项目的策划、组织、实施计划；研究目标为项目收益最大化；研究时间点从现在开始，面向未来，把论文写作和公司项目计划结合起来。论文题目最后确定为："某某公司网络营销系列教材开发策略研究"。

按照这个选题，陈同学需要从"网络营销系列教材"这个产品的市场需求分析、目标客户定位出发，确定产品选型和产品定位；选择合作方式编写（产品开发）；选择出版社合作出版（产品生产）；选择网上销售渠道和经销商渠道（销售）。上述各环节的策略，构成了该系列教材的开发策略。

2.4 EMBA 论文的选题

EMBA 的学生主要是企业、政府管理部门的高层领导。EMBA 的教学目标是培养学生具备领导力、国际化视野、战略思维、决策能力和社会责任等。如果说 MBA 教学培养学生正确做事的能力，那么 EMBA 教学则培养学生做正确事情的能力。

EMBA 论文和 MBA 论文有很大的相似性（请先阅读第 2.3 节）。不同之处在于，EMBA 论文选题的角度更高、更宏观、更能体现软实力。

2.4.1 EMBA 论文的特点

EMBA 学生大多都是企业高层领导，研究的问题涉及企业全局的高度，侧重战略性、整体性、长远性，而不能是操作性的。EMBA 论文的特点主要有以下几个方面。

（1）战略性。EMBA 论文研究、解决的不是当前的具体问题，而是关乎企业长远发展、面向市场竞争的问题。即使 EMBA 论文研究某一管理职能中的问题，也应该从长远角度谋划，体现战略性。例如，企业的营销部门主要关注产品、销售渠道、定价等问题，目标是提高销售量。而公司领导要从战略营销的角度，着力解决公司战略、市场竞争、持续发展等问题。

（2）整体性。企业各部门是一个有机整体，高层领导一定要有系统的思想，从整体出发寻求最优方案。

（3）实践性。EMBA 论文同样强调应用性，论文研究的对象必须源于实际，最好是学生自己所在单位的问题。

从学位办的要求来看，EMBA 论文的篇幅为 2 万字以上，比 MBA 论文要短。因此，论文应该更加精练，不需要长篇大论。理论回顾等部分，可以适当压缩。

2.4.2 EMBA 论文的分类

具体细分，EMBA 学生主要包括三类：企业高层领导、企业中层部门领导、政府经济管理部门领导。根据研究问题的性质，我们可以把 EMBA 论文分为以下四类。

（1）企业战略管理。高层领导的首要任务是抓战略，通过论文研究战略问题，这样不但可以完成论文，还可以对企业战略改进有很大的帮助。

（2）基于战略视野的职能管理。高层领导看职能管理，需要基于战略角度，如战略运营、人力资源战略、营销战略等。另外，很多企业每年以某一两项职能为重点，推出"营销管理年""生产管理年"等主题，逐步消除管理方面的薄弱环节。

（3）政府部门对企业的宏观管理。我国是政府主导的经济，政府部门在政策制定、资金支持、行业发展等方面发挥着重要作用。如何吸引更多的投资、提供良好的企业发展环境（如工业园、开发区建设）、促进企业发展，这些问题是政府的重要工作，也可以作为 EMBA 论文研究的问题。

（4）软实力问题。企业软实力包括文化建设、品牌管理、危机管理、资本运作、兼并重组、团队管理、信息管理等。和发达国家相比，我国企业软实力很弱，很多企业主要靠加工贸易、低价竞争生存，在产业链中处于很被动的地位。把提升软实力作为 EMBA 论文研究的主题，对于提高企业核心竞争力，很有意义。

2.4.3 EMBA 论文选题原则

论文选题就是确定研究的问题，按照 EMBA 培养目标，论文选题应遵循一定的原则，选择需要解决的主要问题。

EMBA 论文选题时，要把握三个原则。

第一，选择高层领导应该研究的问题。不论你是不是董事长、总经理，都应该站在高层领导的角度，运用战略思维，研究全局性、整体性、长远性的问题。

第二，选题中体现主题。例如，论文标题"某公司创新文化建设研究"中的"创新文化建设"是主题，如果标题是"某公司企业文化建设研究"，就显得很平淡。

第三，选题体现方法应用。例如，"某公司基于 KPI 的人力资源考评体系研究"中的"KPI"是一套先进的方法工具。

战略管理、文化建设、品牌管理、危机管理等都是研究领域，不能作为标题，标题应该突出研究问题的性质。

第四，要体现新的管理思想。企业管理理论在不断发展，学位论文应体现新的思想、方法和工具。例如，"基于客户导向的战略营销管理研究"中的"客户导向"是一种新的管理思想，该标题体现了一个"新"字。再例如，"某公司基于资源整合的战略研发体系构建"，也体现了第四代研发的新思想。

下面我们以一组例子来说明 EMBA 论文如何选题。

| 案例 |

例1：陈总是某制造企业的董事长。随着国家拉动内需政策的实施，公司的产品供不应求。但是受制于生产场地小、制造周期长、配套厂家远，产品交货期经常得不到保证，他为此感到很苦恼。对公司来说，缩短产品交货期不仅迫在眉睫，而且是公司竞争力的重要体现。陈总可以针对这一问题开展研究，以敏捷制造为主线，整合外部资源，增强生产能力，加快产品交货速度。论文题目可以为"敏捷制造在某公司的应用研究"。

例2：王总是某进出口公司的总经理。2008 年金融危机爆发后，进出口业务直线下降，而国内房地产市场一片红火。公司领导班子开始商议，不能只做进出口业务，应该走多元化之路。但是房地产市场的未来前景如何，大家难于预料。除了房地产之外，他们还有进入制造业、开办酒店等机会。因此，王总开始思考如何进行多元化发展，才能保证公司长远发展。其学位论文可以选择"××公司以外贸为核心的多元化策略"。

例3：孙总是某家高新技术企业的总经理。公司产品处于国内领先水平，近几年增长很快，但由于自有资金有限，生产规模难以扩大，不能很快占领市场。为了获得资金，孙总想了很多办法，但到银行贷款缺乏担保，民间借贷利息太高，上市融资过程很烦琐。在这种背景下，孙总可以选择以融资为研究对象，题目可以是"某公司融资方案设计"。

例4：吴总是某家小额贷款公司的总经理。随着国家对民间借贷政策的放宽，小额贷款公司如雨后春笋般涌现，贷款业务也很兴旺。但是，借款人的资金往往规模小、缺乏抵押，使得还款风险日益增加。如何控制贷款风险，成为吴总首要考虑的问题。其论文题目可以确定为"某小额贷款公司的风险控制研究"。

例5：龙先生是国资委的副主任。近年来，大型国有企业领导的薪酬问题引起了社会的关注，也引起了很多非议。龙主任可以就这一问题进行深入研究，找出能更好地解决大型国有企业领导薪酬问题的方案，其论文题目可以确定为"××省大型国有企业领导薪酬体系研究"。

2.5　MLE 论文的选题

MLE 的目标是培养应用型、复合型的现代物流管理和物流技术的高级人才，以及具备本领域坚实的理论基础和广泛的知识，了解国内外物流设施应用、系统规划设计与评价及物流管理的先进技术和方法，具有国际物流工程战略理念和总揽全局的决策能力，适应国际竞争需要的物流工程企业家和高级职业经理人。MLE 论文应围绕培养目标，进行选题和写作，体现物流工程的特点。

2.5.1　MLE 论文的分类

物流工程是管理与技术的交叉学科，与交通运输工程、管理科学与工程、工业工程、计算机技术、机械工程、环境工程、建筑与土木工程等领域密切相关。物流的分类方法有很多：按照区域，可以分成城市物流、区域物流、全国物流、国际物流；按照对象，可以分成企业物流、物流企业和社会物流；按照物流活动，可以分成运输、仓储、配送、信息等。因此，MLE 学生的论文选题范围非常广泛。

物流工程硕士论文按照主要运用的理论方法，可以分为物流管理和物流技术两大类。

物流管理，是指对物流活动的管理或者物流企业的管理。其核心是运用管理思想解决物流企业、企业物流、社会物流等方面的问题。这和 MBA 论文运用管理思想解决企业问题基本一样，只是在选题范围上，必须和物流相关。主要选题领域包括：企业物流管理、物流企业管理、区域物流规划、物流项目规划。管理类 MLE 的论文和 MBA 的论文大同小异，只是在选题领域上集中于物流相关领域，所用理论侧重于物流管理，因此完全可以按照 MBA 论文的方法来写，这里不再过多讨论。

物流技术，是指物流中所采用的各种技术，包括物流设备、设施的设计、物流作业方法、物流工艺流程等。论文写作方法侧重于技术论证或应用。对于技术类的 MLE，其学位论文应该是一个技术方案设计，如物流装备、物流系统、物流作业方法的设计，技术性较强，类似于"机械工程""电子工程""软件工程"等工程类论文的写作。论文选题主要包括：物流技术的开发和应用、物流设备的设计与开发。

2.5.2 MLE 论文的特点

MLE 论文具有如下特点。

（1）选题紧密结合物流。研究的问题可以是物流企业、物流设备制造企业的各种问题，也可以是政府、工业与商贸企业的物流问题。由于本专业招生时间短，很多同学所从事的工作和物流关系不大，如果以自身工作为选题，和物流无关，是不行的。

（2）深入运用物流相关理论。物流是供应链管理的一个组成部分，是企业管理思想在物流领域的应用。物流的核心思想是通过合理组织，提高物流系统的效率，降低企业和社会的物流成本。在运输、仓储、配送等领域中，还有很多具体的理论和方法，论文中应该根据需要，选择至少一种以上的物流理论和方法。

（3）应用可行性。工程硕士的教学目标就是培养应用型人才，使其具有良好的解决实际问题的能力。因此，论文通过问题分析、设计得出的管理方案或技术方案，应具有很强的可操作性。

（4）先进性。近年来，物流领域新的管理思想、方法和技术不断出现，这些应在论文中得到体现，比如供应链管理、物流仿真、射频技术（RFID）的应用等。在进行论文选题和解决问题时，我们应充分借鉴、运用新的理论和方法。

2.5.3 MLE 论文的选题范围与原则

1. 选题范围

选题范围通常可以从三个层面考虑：宏观层面的物流规划、企业层面的物流管理、操作层面的物流技术。

（1）宏观层面的物流规划。物流是社会性的，各级政府高度重视物流产业的发展，纷纷制定物流产业发展规划，建立物流园区，由此产生了一系列选题，如政府物流产业发展规划、区域（如工业园区）物流发展规划、港口（铁路枢纽、公路枢纽）物流规划、物流园区发展规划、物流产业政策、物流产业法律法规修订等。

（2）企业层面的物流管理。例如，物流企业（如第三方物流公司、运输公司、仓储公司）的战略、营销、生产作业、财务、人力资源、运输、仓储、配送、信息等管理；制造或商贸企业的物流系统设计、采购物流、生产物流、销售物流、仓储、运输、配送管理等管理。这些选题有的和管理相关（战略、营销、生产等），有的和物流活动相关（运输、仓储、配送、信息等）。

（3）操作层面的物流技术。这包括物流作业方法、物流设备设施设计、物流选址布局、运输线路规划等。

2. 选题原则

由于学生来自不同的单位和部门，各自的工作不同，他们具体选择哪个题目，需要根据自身工作性质、兴趣和熟悉程度来决定。

一般来说，从事物流管理工作的学生，可以以自身工作为基础来选题，这样对业务熟悉且资料容易获得；从事物流规划工作的学生，可以从宏观层面选择合适的题目；从事物流技术工作的学生，可以选择操作性较强的技术类选题；有些学生从事的工作和物流关系不大，需要选择一个合适的合作单位，深入实际分析问题，选择与物流相关的题目，否则难以取得物流工程硕士学位。

2.6 MPM 论文的选题

项目管理工程硕士（MPM）的培养目标是：为企事业单位和工程管理部门培养从事项目决策、计划、实施与控制、评估等项目全生命周期管理工作的应用型、复合型的高层次工程管理人才。项目管理工程硕士要求具备本领域坚实的理论基础和广泛的知识，了解项目管理在国内外的发展趋势；能独立从事项目策划与评估、项目融资、项目组织、项目采购、项目计划、项目实施与控制、项目风险管理、项目人力资源与沟通管理等工作；具有较好的外语水平，能顺利阅读相关外文文献并能进行一定的口头和书面沟通。

2.6.1 MPM 论文的分类

MPM 学生主要来自三类部门：项目建设企业、工商企业项目管理部门、政府项目管理部门。按照项目管理学科体系的层次，MPM 论文可以分为以下三类。

（1）项目职能管理。项目职能管理即项目某项职能的管理，包括范围、进度、成本、质量、人力资源、沟通、风险与采购等管理职能。每个管理职能都有一套成熟的方法、工具，论文应围绕项目职能管理体系的应用，分析具体单位的应用环境和面临的主要问题，提出针对性较强的应用方案（解决方案），也可以改进其中的管理工具和管理方法，比如改进成本管理，重点是挣值法。

（2）项目整体管理。工商企业、政府部门有很多基建、技改项目，作为业主，需要论证项目的可行性，对项目建设过程进行监督控制，评价项目是否达到预期目标。这类论文应把项目当成一个整体，侧重于从经济、技术、进度等相对宏观的指标上对项目进行控制，实现项目的预期目标。

（3）项目宏观管理（项目群管理）。政府（或行业协会、集团公司）对项目的管理，更加宏观，主要工作包括审查可行性报告，监督检查项目进展，评估项目实施效果。这类论文的重点是围绕宏观管理工作，设计管理制度，改进控制手段和方法。

学生因所在单位的性质不同，可以根据实际，选择研究领域。例如，在工程项目建设单位（施工企业）中，其任务就是把一个个项目建好，保证进度、成本、质量等指标达到预期要求，所以可以选择研究"项目职能管理"；作为项目的投资方（业主），可以选择研究"项目整体管理"。一般来说，研究范围越小，问题越集中，越容易在深度上取得突破；题目越大，越难以把握，越容易出现无法深入论述等问题。

2.6.2 MPM 论文的特点

从大的方面来说，MPM 论文都涉及管理体系的应用。其中"项目职能管理"需要遵守的规则多一些，"项目整体管理""项目宏观管理"更侧重专题研究。当然，我们也可以解剖一个具体项目，写成案例型论文。

MPM 论文的特点主要有以下几点。

（1）选题的集中性。MPM 属于工程硕士的一种，必须围绕项目管理的问题进行选题、研究。除了工程建设等以项目为主的企业外，很多工商企业、政府部门、事业单位也都有很多项目值得研究。

（2）实践性。工程硕士培养的是应用型人才，强调论文的实践性，论文研究的对象必须源于实际，最好是学生自己从事的工作、所在单位的项目、所管理对象的项目。学生不能停留在所谓的理论研究上，或者杜撰项目。

（3）遵从性。在长期的社会实践中，前人已经总结了很多成熟的项目管理方法、工具、流程和规则。论文应在遵守项目管理这些基本规则的前提下开展研究。一些学生阅读量不够，对成熟的方法知之甚少，论文中很少提及成熟的方法，只是按照自己的理解，就事论事，这样的论文不能体现 MPM 学位的专业特色。

（4）针对性。如果都按照项目管理中的九大知识领域、三大管理框架等内容来写，不结合所在企业的实际，那么论文的针对性不强，不能体现分析问题、解决问题的能力，这样的论文是空洞的。我们应在项目管理知识框架的指导下，深入分析具体项目面临的问题，提出有针对性的解决方案。

2.6.3 MPM 论文选题原则

论文选题，不仅仅是选一个题目，而是选择需要研究、解决的问题。MPM 学生在项目管理部门工作，就要将项目管理中需要解决的问题作为研究对象。

在论文选题时，我们要把握以下四个原则。

首先，不能把领域作为选题。项目管理、进度管理、成本管理等都是研究领域，不能作为题目。加快进度、降低成本、保证质量等是其中需要解决的问题，因此和其他专业学位论文一样，MPM 论文一定不能把管理领域当成研究对象，而应该突出研究问题的性质。

其次，要体现新的管理思想。项目管理在不断发展，新的方法、技术不断涌现，因此，在学位论文中，应运用新的思想、方法和工具。例如，进度管理有甘特图、关键路线法和计划评审技术等工具，这些工具已经存在 50 多年了。如果选题为"关键路线法在进度管理中的应用"，则显得太老旧了。"基于关键链的项目管理"是最近提出控制进度的新方法，用于进度控制，能体现一个"新"字。

再次，结合具体项目或单位实际。专业学位强调解决具体问题而不是一般问题，因此，选题要紧密结合所在单位的实际，不能空谈。诸如"我国项目风险管理研究""项目成本控制方法""发挥监理作用，保证项目质量""完善招标管理，降低工程造价"等，这些都不适合作为学位论文的题目。

最后，要站在高层的角度看问题。很多学生从事具体的工作，容易局限在自己的工作范围内，就事论事。管理的各方面是相互关联的，应追求整体效益最大，而不是局部最优。工程硕士培养的是未来的高层领导，他们应有国际化视野、战略思维，即使研究的是自己管理领域的小问题，也要站在高层的角度来看，从单位整体利益角度寻求最优方案。

2.6.4 选题举例

下面我们以一组例子，说明如何选择研究领域、发现问题并最终确定选题。

| 案例 | 小王在一家建筑公司担任项目副经理，分管现场施工

项目经理对一个项目的建设全权负责，副经理则协助经理完成项目建设目标，因此，副经理也应该从项目经理的角度看问题、解决问题。建筑施工项目往往面临工期紧、成本高、不确定性、风险大等问题。小王可以初步分析所在项目面临的主要问题，再探索解决问题的方法。例如，小王发现这个项目的最大问题是工期紧，就可以选择类似"计划评审技术在某项目进度控制中的应用研究"的题目，分析项目进度管理现状和存在的问题，提出运用计划评审技术加强进度管理的方案，并借助计算机信息系统实现现代化的进度控制，确保工期按时完成。

当然，小王也可以站在整个项目的角度，提出系统的建设项目管理方案，但那样做很可能不深入，难以体现论文的针对性。

| 案例 | 小李在汽车厂担任基建办主任

汽车厂是一家制造企业，基建办一般负责企业的新建、技改建设项目的统筹管理，涉及从立项、可行性研究、项目设计、招标、施工管理、验收直至交付使用的全过程。近年来，我国汽车行业蓬勃发展，企业建设项目很多，而基建办人员少，压力很大。

经过初步分析，基建办面临三大问题：一是项目协调困难，因为每个项目都涉及厂内10多个部门、厂外几十家单位，协调沟通花费了大量时间；二是进度压力大，项目开工前，迟迟不能决策，一旦做出决策后，上级领导恨不得一天建好；三是费用难以控制，这些年物价不断上涨，材料费不断攀升，想把成本降下来，太难了。小李的选题范围很宽，但是，为了写得更深入，他选择以"基于信息共享的企业基本建设项目沟通协调系统建设研究"为题，准备在研究目前沟通协调方式的基础上，分析问题，提出以信息共享为中心、基于项目管理信息系统的沟通协调方案，提高协调效率，以利于进度管理、费用控制。

| 案例 | **小何在财政厅负责国外贷款项目管理**

在国外贷款过程中，财政部门代表政府，履行贷款资金转移支付、项目监督管理等职能，如果项目未能按期完成就收回贷款，这会给政府造成重大损失。自从我国加入 WTO 以后，国外银行、政府、组织给我国企业、地方政府的贷款越来越多。小何经过初步分析发现我国各省对国外贷款项目管理方法基本差不多，还是 20 多年前设计的流程，前期立项、评估主要是领导说了算；项目建设期信息反馈每半年上报一次，信息不仅滞后，还有许多虚假信息；一些贷款项目由政府先还款，但后面很难收回来。之所以造成这些问题，除了体制上的原因外，不了解现场信息也是重要的原因。现在是信息社会，何不将信息系统建设用于国外贷款项目的监控？因此，小何选择以"某省国外贷款项目管理信息系统建设研究"为题，准备在分析管理现状、系统需求的基础上，进行系统设计，并委托软件公司开发系统，再在全省推广应用。

| 案例 | **小丁担任软件工程公司总经理**

该公司有通信软件开发、电力软件开发、网络集成三大业务，软件开发的基本经营模式为：在较成熟软件的基础上，根据用户需要进行二次开发。公司面临的主要问题是：项目周期长，从接洽、签合同、调研、设计、开发、试运行到最终交付，往往要一年多的时间，由此带来资金回笼慢、人员忙闲不均、费用高等问题；软件开发人员难于管理，一些大学毕业生刚来公司时很勤奋、肯钻研，但开发一两个项目、技术提高之后，就开始谈条件、跳槽。小丁作为总经理，可以研究公司存在的任何问题，但是让他感到最迫切的还是项目过程管理，希望建立一套流程化的软件开发项目管理制度。因此，他选择以"某公司软件开发项目流程管理制度建设"为题。

2.6.5　MPM 论文题目中的一些问题

本书第 2.2 节专门讨论了标题问题，要点是需要突出研究对象和研究方法，并且最好运用三四个概念。以下题目遵循 MPM 论文选题原则，适合作为 MPM 论文标题。

1. 项目职能管理类

挣值法在蓝天公司的应用研究

基于关键链的项目管理方法在地铁四号线进度控制中的应用

蓝天公司推行 ISO9000 体系认证的研究

蓝天公司基于 Risk IT 的风险控制体系设计

价值工程理论在某某房地产项目设计管理中的应用研究

山岚大学数字图书馆信息资源建设项目的成本管理研究

宁汉高速公路建设项目的工程变更管理

兰特污水处理厂 BOT 项目后评估

2. 项目整体管理类

蓝天公司保险杠生产项目可行性研究

蓝天汽车公司建设项目招标管理改进

蓝天公司项目经理部管理改进

蓝天汽车公司研发项目管理体系研究

蓝天公司 P3 系统应用研究

四海公司软件工程项目管理关键管控点研究

3. 项目宏观管理类

四川省国外银行贷款项目可行性报告评价方法的改进研究

安徽省国外贷款项目管理体系的改进研究

基于 BarryBoehm 模型的安徽省国外贷款项目风险控制研究

合肥市市政工程资金管理方法研究

城南垃圾处理厂建设社会效果评价

表 2-1 中的题目不适合作为 MPM 论文的标题。

表 2-1

不适合作为 MPM 论文的题目	问题分析
蓝天公司项目进度管理研究	成本管理、风险管理、质量管理等属于职能管理领域，都不可以作为标题
国际工程项目人力资源管理	研究主体不明；研究领域不能作为标题
国际工程 EPC 项目总承包的进度计划管理	同上
蓝天公司项目管理研究	太笼统
国外银行贷款项目可行性研究	范围太大
某项目信息管理	缺乏研究的问题
兰特污水处理厂 BOT 项目建设	标题像一个报告
泵站施工项目管理的四大控制	标题像是介绍措施
凝聚各种力量　做好项目管理	标题中不能有空格、分隔符号、公式；口号式标题不可取
电网工程建设项目进度管理中的问题及解决办法	解决办法必然包括问题分析，用词累赘

(续)

不适合作为 MPM 论文的题目	问题分析
小议公路施工项目管理	学位论文不能用"小议""浅析""探讨""浅谈"等词
如何强化油田企业的项目运行管理	"如何强化"太口语化
220kV 变电站工程项目管理重点与控制点	只是介绍"管理重点与控制点",看不出解决什么问题
"国家大学生创新性实验计划"项目的实施与管理研究——以青海大学为例	学位论文不要用主副标题

2.7　MPA 论文的选题

公共管理硕士（MPA）培养从事公共事务、公共管理和公共政策研究与分析等方面工作的高级管理人才,为政府部门和非政府公共机构培养具备现代公共管理理论和公共政策素养、掌握先进分析方法及技术、精通某一具体政策领域的专业化管理者和政策分析者。MPA 论文应围绕培养目标,进行选题和写作,体现公共管理的特点。

2.7.1　MPA 论文的特点

MPA 论文的一个基本要求,就是用公共管理理论分析、解决公共管理部门的问题。MPA 论文的主要特点如下所述。

1. 社会公益性

MPA 面向公共事务、公共管理和公共政策研究；MPA 论文就是关于这些领域的研究成果,因此,具有很明显的社会公益性,从广义上说,其目的是增进社会福利。

2. 实践性

MPA 是为了培养公共管理方面的高级管理人才,人才培养离不开社会实践。因此,论文的研究对象应该源于实际。研究对象可以是本单位的问题,也可以是本地、全国乃至世界上公共管理领域的问题。

和其他专业学位硕士一样,MPA 论文还需要体现一定的先进性和创新性,即运用先进的公共管理思想,创新性地分析、解决公共管理部门的问题。

从我多年指导、评审 MPA 论文的经验来看,MPA 论文的文字水平总体较高,这得益于 MPA 学生在机关工作的经历。但是,行政公文的写法习惯也往往容易被带入论文中。同时,大部分学生从事的是事务管理和行政管理工作,在论文中容易就事论事,忽视公共管理思想的指导作用,不能体现 MPA 论文公益性的特点。主要问题包括：公共管理特点体现不足，文章结构类似政府报告，语言官僚化，内容空洞化。此外，这类学生的学位论文的严谨性不足、格式不规范等问题也普遍存在。

有些学生在机关单位从事具体的内部事务或者行政管理工作，每天面临的是具体事务，他们感受不到公共管理理论在日常工作中的应用，因此在写论文时，也容易就事论事。有些学生从事信息化、财务、基建等技术性较强的工作，容易把论文写成技术方案，管理思想尤其是公共管理理论更加无从体现。

那么，如何在论文中体现公共管理理论？有如下几点建议。

（1）正确认识行政管理的性质。行政管理机关的根本目的是为人民群众服务，不管在其中从事什么工作，都是直接或间接地为人民服务。即使你从事的是内务工作，也要从整个单位的立场出发，想到以自身工作为一线人员服务、间接为民众服务的宗旨。这样，你对自己的工作定位就不会局限在事务的圈子里，而将其定位为公共管理的一个组成部分。

（2）论文中多处体现公共管理思想。理论回顾部分，可以溯源到公共管理理论。例如，信息管理理论可以包括一些西方信息时代公共管理思想的进展；对于现状和问题的分析，可以采用公共管理理论和工具；在解决方案设计中，需要从公共管理角度重新审视自己的工作，通过自身工作解决公共管理问题。

（3）适当减少技术性、事务性较强的内容。MPA是管理专业学位，其中涉及的技术是为管理服务的，因此，论文的主要脉络应该是管理而不是技术，围绕管理问题的分析、管理方案的提出，运用技术手段解决管理问题。其中，技术是手段，管理才是目的、主体。技术进展、技术选择、技术方案的设计，不要过于详细，尤其不要介绍技术的概念。

2.7.2 MPA 论文的分类

MPA 学生来自公共事务、公共管理和公共政策三大领域，因为其工作性质不同，目标也不同。简单来说，公共事务研究的是如何又快又好地完成公共部门的事务；公共管理研究的是提高公共部门管理的科学性和效率；公共政策研究则是分析、制定有利于经济社会发展的公共政策。相应地，MPA 论文也可以分成三类。表 2-2 分析了三类论文的关键要素。

表 2-2　MPA 论文的分类和要素

	公共事务类论文	公共管理类论文	公共政策类论文
研究对象	事务管理	管理的科学性	公共政策的制定

(续)

	公共事务类论文	公共管理类论文	公共政策类论文
研究目的	提供满意的服务,提高工作效率,降低工作成本	提高管理科学性,提高效率	针对现有政策存在的不足,提出修订方案
研究重点	管理方案的制订	管理方案的制订	政策修订(制定)
方案预期效果实现的难度	较容易	中等	很难
论文难点	公益性难以体现	科学管理难以体现	政策水平难以检验

概括来说,公共事务类、公共管理类论文主要运用了行政管理的思想,和 MBA 论文类似,但是不同于 MBA 论文追求经济效益的目标,它以效率、成本降低为目标;公共政策类论文主要运用政策科学知识,将管理和人文科学相结合,进行公共政策的制定、执行和评价,与前面两类论文有很大的不同。

2.7.3 MPA 论文的选题方法

MPA 论文的选题大致可以从三个角度进行:工作内容、管理对象、作者兴趣。

1. 工作内容选题

前面的章节讨论过,论文选题源于实际,最好是作者所从事的具体工作,因为他们对本领域熟悉,容易收集资料,在论文写作中更有内容可写。这样的选题有助于改善自身工作,提升本单位的管理水平,有很好的现实意义。

|案例|

例 1:某学生在机关单位负责信息化建设、信息系统的运行和维护,这是公共事务类工作。近年来,随着信息化的日益普及,从中央到地方各机关单位不断加大信息化投入,建设了众多信息系统,业务过程基本实现了信息化。但是,由于当初规划不足,各部门之间的信息系统缺乏衔接,形成了"信息孤岛"。该学生就以消除信息孤岛为主要目标,选择以"某某局信息系统整合方案设计"为题,完成了学位论文。他所提出的整合方案得到了上级领导的高度赞赏。

例 2:某学生担任某机关财务处长。近年来,国家推行"集中支付"的财务管理模式,和以前的财务收支预算管理有较大的不同。该学生的选题为"集中支付条件下某某市财务预算体系建设研究",该选题具有典型性,对自身工作有很好的指导意义。

例 3:某学生在工商局从事广告监管工作。近年来,网络广告日益兴起,监管难度变大。为此,他选择以"某某市网络广告监管模式研究"为题，通过对网络广告现状调查、问题的分析，从政府角度提出了若干加强网络广告监管的政策建议。

2. 管理对象选题

公共管理部门的工作有一定的管理对象范围。这些对象（企业、学校、医院、下属机构等）的运作模式不同，表现各异。如果我们站在公共管理部门的角度进行思考，找出其中的一些规律（有些因素可能是本部门造成的），则对于管理对象的经营管理提升有益，也有助于改善公共管理部门的管理方式，具有很好的研究意义。

例1：某学生在海关负责进出口货物监管工作，监管的很多企业是"两头在外"的加工贸易型企业。该学生以"海关视角中的某某市加工贸易企业供应链管理研究"为题，通过调查分析若干典型企业的供应链管理现状和存在的问题，提出了在符合海关监管规制的条件下，企业如何更好地发挥供应链管理职能，提高经济效益的建议。

例2：某学生担任某市的发改委副主任，分管物流工作。近年来，物流行业蓬勃兴起，该市是一个资源大市，物流流通量很大。为此，该学生以"某某市现代物流产业发展政策研究"为题，收集、整理、分析了各地促进物流产业发展的政策，针对本市实际，提出了促进现代物流产业发展的若干政策建议。

例3：某学生负责管理城市垃圾处理工作。最近，下属某县建设垃圾处理场，政府出资金，采取了将其承包给私营企业经营的模式，由于技术设计不足、企业追求效益，垃圾处理场在运行中臭气熏天、污染严重，引起了当地居民的强烈抗议，被迫关闭。该学生以此为例，通过剖析事件，分析政府在公共产品管理中的缺位、推脱、监管不力等尖锐问题，提出了一系列关于政策法规的建议。

3. 作者兴趣选题

我们每天接触大量的社会实际问题，由此引发思考，进而也可以提炼出选题。改革开放以来，我国经济社会高速发展，引发了很多新的问题，对公共管理的改革提出了强烈的要求。有些热点问题，引起了社会的广泛关注。例如，"非典"引发的公共危机管理、"三鹿奶粉事件"引发的公共安全问题等，折射出政府管理的缺位和诸多不足，都值得深入研究。再如，"中国足球俱乐部管理的得失分析""名人效应"等，但是这类问题有时候和作者自身的工作关系不大，写起来有一定的风险。

第3章 研究方案设计

本章导读

专业学位论文的研究方案,即整个研究计划,包括收集资料、调查、明确问题、提出解决方案以及方案的实施,这些都是在论文开始写作前需要做的工作、需要明确的计划。研究方案确定后,我们需要进行可行性分析。

3.1 研究内容

论文不是"写"出来的,是"研究"出来的。论文研究的问题选好了,并不是马上开始写,而是要先开始研究。研究工作就是围绕选定的问题,收集资料,进行调查分析,发现问题所在,寻找解决方案。这些工作完成了,才能开始写论文。研究方案一般包括 6 个步骤,如图 3-1 所示。

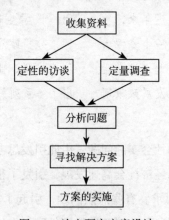

图 3-1 论文研究方案设计

(1)收集资料。收集资料的目的主要有三个:第一,学习知识,虽然课程教学有相关内容,但面宽、不深入,需要深入收集和学习更多的知识;第二,看看前人有哪些研究可以借鉴;第三,看看类似单位有没有成功或失败的案例可以借鉴。收集的资料包括理论资料、企业内部资料和外部资料三类。收集资料之前，我们要先列出需要收集的资料清单，有目的地收集，而不是盲目地找资料。

例如，一篇研究营销渠道的专业学位论文通常要收集以下资料。

理论资料

市场营销的教材：比如科特勒的《市场营销》。

市场营销的最新进展：理念、方法、代表人物。

营销渠道的相关论文：期刊论文、网络资料。

企业内部资料

企业概况：发展历史、组织结构、主要产品、近几年的主要经营指标等。

企业营销状况：营销组织、人员、市场、主要客户、营销政策、激励政策。

营销渠道：客户分布、渠道层级、主渠道、辅助渠道、渠道政策。

相关资料：和营销相关的生产制造、信息系统、物流系统等资料。

外部资料

和本企业相关的宏观环境：政治、经济、社会、技术。

行业状况：行业发展历程、整体规模、近几年的主要指标。

竞争对手：国内外主要竞争对手的基本资料、竞争对手在渠道方面的做法。

经验借鉴：国内外类似企业渠道建设的成功或失败的经验教训。

（2）定性的访谈。对于管理类问题，深入实际进行调查是非常必要的。访谈效率高，可以快速获得信息，但只能访谈少数人，获得的信息存在片面性。在进行访谈前，我们需要列出访谈对象、访谈提纲，以便有效利用访谈的机会。

（3）定量调查。问卷调查可以快速获得大量数据，用软件处理调查结果，获得的效果较好，但我们需要认真设计问卷，选择合适的调查对象。在很大程度上，调查能力是导师判断论文水平的重要指标。很多论文缺少调查环节，如果所有的信息都不可信，其解决方案的科学性就值得怀疑。

（4）分析问题。调查结束后，我们要结合人员访谈和定量调查获得的信息，找出存在的主要问题，因为研究工作、论文都是需要解决问题的。分析问题要从现象开始，对现象进行归类、提炼，按照问题的层次、重要程度，列出主要的三四个问题。这些问题是后面要解决的主要问题。

（5）寻找解决方案。分析问题、提出问题的最终目的还是为了解决问题，而解决问题所依靠的是系统化、科学化的解决方案。我们要针对分析问题的相关依据，设计解决问题的方案，力求做到"对症下药"。好的方案设计，不仅仅停留于解决问题层面，更多的是其可以优化相关运营流程，达到事半功倍的效果。针对主要问题，我们需要借鉴国内外先进的理论、方法和成功经验，创造性地提出解决方案。解决方案应包括目标、原则、整体思路、主要方面的改进措施以及方案的实施。这是反映作者智慧和水平最重要的内容。

（6）方案的实施。方案的实施，即应用方案解决问题的过程，也就是在当前现实（目前状况）和未来理想（解决方案提出的目标）之间建立实现路径。方案实施也是最为关键的阶段，无论是提出问题，还是分析问题，其是否具有现实意义，都完全依赖于方案能否真正实施。因此，这一环节也是论文的价值所在。再透彻的分析，再合理的方案设计，若没有好的实施与结果验收，则前期的工作只能是徒劳。

3.2 进度计划

对上述研究方案，我们需要做出时间进度安排，必要时还需要经费的支持。这里建议做一个进度表，按进度计划执行（见表 3-1、图 3-2）。

表 3-1　论文研究进度表

项目	工作内容	开始时间	结束时间	重点关注
论文选题				
理论资料收集				
初步调查				
开题报告提交				
单位内部调查				
外部调查				
论文初稿写作				
论文定稿、完善				
论文答辩				

注：详细列出每项具体事宜，一一执行。

进度（月） 活动	1	2	3	4	5	6
确定选题	▬					
收集资料	▬	▬				
访谈		▬				
问卷调查			▬			
发现问题			▬			
拟订解决方案				▬		
正文写作				▬	▬	
修改完善					▬	▬

图 3-2　论文研究进度表示例

3.3 研究方案的可行性

研究方案制订之后，是否合理、能否顺利执行，学生还需要和导师讨论，进行可行性论证。研究方案的可行性主要体现在以下方面。

第一，技术路线的可行性。从选题、调研、分析问题到提出解决方案，这个过程就是论文研究的技术路线。在这条路线上，有很多过程，每个过程是否都可行，需要论证。比如调研，计划要调研的行业协会，对全国的同类企业发问卷，但这件事的难度很大，除非行业协会的主要领导下决心来做，否则很难做到。

第二，研究内容的可行性。经过调研分析最后提出解决方案，这个方案是否可行，需要论证。有些方案提出，国家要改变政策，支持企业发展；企业领导层要进行重大调整等，但对于这样的方案，国家不可能执行，企业也很难执行，因此方案的可行性就很差。

第三，工作量与时间进度的可行性。从选题、调研、分析问题到提出解决方案，每个环节都需要时间，有些环节（比如问卷调查）可能还有反复，需要多次调查才能得到可靠的数据，而且后期数据处理也需要时间。研究结束之后，论文写作还需要相当长的时间。专业学位的学生大多属于在职学习，论文的写作大多是在业余时间完成的，很紧迫。因此，工作量与时间进度的可行性分析就很有必要了。

如何估计各环节的工作量，以及如何判断技术路线和内容的可行性呢？我建议做一个参考列表，列出所有需要完成的任务细节。这个表有助于直观判断论文研究的可行性，如表 3-2 所示。

表 3-2 论文可行性分析表

过程	具体任务	预估工作天数	难度	可行性
论文选题				
理论资料收集	1. 2. 3.			
初步调查	1. 2. 3.			
开题报告提交				
单位内部调查				
外部调查				
论文初稿写作				
论文定稿、完善				
论文答辩				

第4章

资料收集与调查

本章导读

专业学位论文需要收集的资料,包括论文研究与写作技能所需的资料、宏观经济资料、行业资料、企业整体资料与企业内论文研究领域的资料。收集资料的渠道,主要有网络期刊资源、书店、图书馆和企业有关部门。

调查工作包括调查的设计、企业内外部实施和数据处理,并将调查结果在论文中恰当地展现。

4.1 如何收集论文所需资料

要完成一篇高质量的专业学位论文,需要很多资料。按照论文结构的需求,所需要的资料可以分为以下几类。

(1)论文研究与写作技能所需的资料。这类资料包括:所研究领域的教材、别人写过的类似论文、相关的期刊论文、论文写作要求等。比如写市场营销方向的论文,你就要看经典的市场营销专著,读几十篇与市场营销相关的期刊论文,看几篇博士、硕士论文。这样你才具备了最基础的论文研究和写作的能力。

(2)宏观经济资料。论文中需要进行环境分析,因此需要收集宏观经济资料。除了国民经济整体发展资料之外,我们还需要收集政策、法规、发展趋势等资料。收集过去若干年的经济数据并制成表格,可以增加环境分析的可信度。

(3)行业资料。行业是企业直接竞争的战场,对行业了解越深入,制定的竞争策略就越有针对性,成功的可能性就越大。行业资料包括行业发展历史、行业整体状况、过去若干年行业发展的主要指标、主要竞争对手的状况、本企业在行业中的地位等。

(4)企业整体资料。企业是一个整体,不论研究其中的什么问题,都需要对企业整体有全面的了解。企业整体资料包括:企业概况、发展历史、组织机构、过去若干年的主要经营指标、公司主要业务发展状况、取得的重要成果或重要项目等。

（5）企业内论文研究领域的资料。根据论文选题确定的领域，定向深入收集相关资料。比如采购管理，就需要收集采购组织、采购流程、供应商管理政策（选择、考核、奖惩等）、供应商分布，甚至需要收集企业采购质量管理、原材料仓储相关的资料，这样才能完整分析采购管理的问题，提出针对性强、可操作的改进措施。

资料收集的渠道

本书第 1.5.3 节介绍了查阅资料的方法，其中上述论文研究与写作技能所需的资料、宏观经济资料、行业资料可以通过网站、书店、图书馆进行收集。

对于企业内部资料的收集，建议采用以下方法。

首先，列出所有需要收集的资料，如表 4-1 所示。

表 4-1　企业内部资料收集清单

资料名称	具体要求	来源部门	联系人	完成时间

然后，按照清单的项目，一一向有关部门收集。我们可以通过邮件、电话等形式和有关人员联系，必要时需登门拜访，取得所需资料。

最后，对收集的资料进行整理，发现资料不足的，再补充收集。

当然，企业内部资料收集也可以和下面的企业内部调查结合起来，在调查的同时收集相关资料。

4.2　调查的设计与实施

专业学位研究生要解决实际问题，首要工作就是调查。没有调查，就不可能获得真实的问题，解决问题也就无从谈起。由于现实情况很复杂，全面调查工作量太大，不可能实现，而随意的调查获得的信息难以保证真实性。"管理统计"等课程详细介绍了调查方法，建议同学们认真复习，按照科学的方法选择调查方法，设计调查表，处理调查结果。本节针对专业学位论文在调查中经常容易遇到的问题，提出改进调查的建议。

4.2.1 调查的必要性

科学研究的首要条件是调查。对于在部门工作的人来说，不管是改善管理还是制定政策，调查都是必不可少的。有些论文调查不足，从各种渠道找一些资料，谈一些所谓的观点，其论点、论证过程都是不可信的，因此，必须加强调查。

课程教学中已经有很多关于调查方法、数据处理的内容。但是，从以前的论文看，经常出现以下问题。

（1）缺少第一手资料的调查。很多论文从网上、日常的报告中摘取若干信息（包括数据），资料不系统、不完整、针对性不强。很多信息发布的时间久远，和论文要论述的主题无关，而必要的信息反而没有收集到。

（2）调查缺乏设计。这容易导致目的不明，过程不清，结果分析不科学。调查得到的信息可信度不够，不能很好地说明要论述的问题。

（3）论文中对调查部分的写作不完整。除了调查本身外，在论文中写好调查，也是很必要的。一些论文对调查的过程语焉不详，只是给出若干数据统计表，且对数据处理停留在简单的汇总统计阶段。

这里建议同学们在写学位论文的过程中要注意以下几个方面的问题。

（1）亲自调查。在研究中，依靠别人的调查，往往导致信息失真，亲自深入实际调查才能获得第一手信息，是非常必要的。亲临现场才能感受实际情况，这和道听途说获得的信息往往有本质的区别。

（2）使用权威信息。尽量使用政府公告、统计年鉴等官方公布的权威信息，并且要通过不同渠道，检验信息的真实性。

（3）不要轻易引用领导讲话。很多领导的讲话都是秘书写的，数据来源不清，观点未必正确。另外，你的论文是要长期存档的，使用领导讲话的风险较大。

4.2.2 调查的设计

精心设计的调查对论文研究是非常重要的。

1. 明确调查目的

在进行调查之前，我们必须明确调查目的。调查目的是指一次调查想要得到的结果、想要完成的任务。而调查的课题是调查目的与任务的明确化、具体化。

由于调查的目的不同，所以调查的对象、调查的方法、调查的设计和实施等方面的内容也有所不同。例如，我们对制造型企业的生产物流配送情况进行调查，如果调查的目的是了解生产物流配送状况对生产的保障和成本的控制程度，制订切实可行的生产物流配送方案，那么应该对企业的生产和配送等各方面进行全面的调查，且调查的对象应既包括中高层管理人员，也包括在一线工作的操作人员，调查方法包括访谈、问卷等形式，调查过程中要收集大量的数据；如果调查的目的是了解企业的生产物流的管理水平，那么只需进行局部的调查如重点调查、典型调查等即可，调查的对象或范围可能只是中高级管理人员，调查方法则主要以访谈法为主。

2. 调查方法的选择与评估

调查所研究的现象是复杂的，调查目的也是多种多样的，因此调查有多种方法。调查方法的选择直接影响调查的结果，因此我们在调查时要注意不同调查方法的使用和结合。

调查方法主要有观察法、访问法，访问调研按照访问时采用的具体方法可以分为面谈访问法、电话访问法、邮寄访问法和留置问卷访问法等类别，其特点和区别如表 4-2 所示。

表 4-2 几种访问法特性比较

项目\形式	面谈访问法	电话访问法	邮寄访问法	留置问卷访问法
调查范围	较窄	较窄	广	较广
调查对象	可以控制和选择	可以控制和选择	难以控制，难以估计代表性	较难控制和选择
影响回答的因素	能了解、控制和判断	无法了解、控制和判断	难以了解、控制和判断	基本能了解、控制和判断
回收率	高	较低	低	较高
答卷质量	高	较高	较低	较高
投入人力	较多	较少	少	较少
费用	高	低	较低	较高
时间	长	较短	较长	较长

我们应该根据调查目的，选择适合的调查方法和调查范围。

3. 调查表的设计

调查表（问卷）的设计是依据调查目的，列出所需了解的项目，并以一定的格式，将其有序地排列组合成调查表（问卷）的活动。问卷设计的根本目的是设计出符合调查需要，能获取足够、适用和准确的信息资料的调查问卷，以保证访问调查工作能正确、顺利、圆满地完成。

问卷设计需满足以下几个基本原则：与所需资料相适应，问卷必须保证获得调查所需的信息资料，并且所得资料和所需资料要相匹配；便于调查人员展开调查工作，便于调查人员顺利发问、记录，并确保所获得的信息资料正确、无偏差；便于被调查者回答；便于问卷结果的处理。

在问卷问题的设计中，我们需要对变量之间的相互关系进行分析。如果你认识到某些变量可能与另外一些变量有某种关系，你就会把相关变量设置在问卷中。例如，你在研究企业信息化对宏观政策的要求时，需要把有关政策全部罗列出来，请企业对有关政策的重要性表态。但是，企业的态度可能与其已经开展的信息化有关，因此我们应把企业开展信息化的有关情况（如信息化投资、收入等）纳入问卷。

4. 调查的实施过程

我们要根据调查的工作量，决定是自己调查还是委托别人调查。自己调查当然可靠，但由于时间有限，调查范围会受到限制。委托别人调查，可以扩大范围，但我们对于调查人员的行为难以控制。我们可以选择具有丰富人际交往能力的调查人员，可以先让他们小范围调查，观察效果，满意的话，再大范围调查，还可以设计多种调查渠道相互验证，保证调查实施的质量。

5. 调查结果的处理和检验

在全部调查结束后，我们要对来自各个方面的材料加以分类归纳，分析提炼，综合整理，并由此获得比较明确的结论。对调查结果的处理，是整个调查研究中最重要的环节，一般的处理方式有归纳法、对照法、计算法、图示法和编程处理法。随着计算机的普及，我们建议采用 SPSS 等专用的统计软件，快速、专业地处理调查结果。

4.2.3 调查过程中经常出现的问题

从以前的论文来看，调查中经常出现的问题有以下几种。

（1）调查目的不明。学生没有围绕论文研究的目的，设计相应的调查，往往是为了调查而调查。

（2）调查方法选择随意。论文缺乏对多种调查方法的比较，单刀直入地介绍某一种调查方法，对于是否合适缺乏讨论。

（3）调查表设计不足。这表现为调查范围随意，问题设计不完整。有些调查表全是定性问题，而且有些问题之间互相抵触，有些问题带有明显的倾向性，问题之间关系不明。

（4）调查过程混乱。这体现在样本数量少、代表性不足，遗漏重要的调查对象，收集的数据缺乏复核等。

（5）调查结果处理不足。这体现在缺少必要的检验，数据利用率低等方面。

（6）调查内容在论文中体现不充分。论文中往往缺少对于调查目的、过程、样本等的分析说明，问卷调查和访谈调查的结果无法相互印证，数据重复用图形和表格给出。

（7）罗列很多调查数据。有的论文一次性列出十几页的表格或图形，文字解释很少，让人不明白其用意。

这些问题，容易让导师怀疑调查的客观性、科学性，容易对论文中的研究结论产生怀疑。

4.3 内部调查和外部调查

论文研究过程的调查，是最费时间的工作。下面我们将介绍内部和外部调查的要点。

4.3.1 内部调查

内部调查是指在本单位内部进行的调查。由于论文主题不同，调查范围、方式也不同。一般来说，调查的内容主要有以下几个方面。

（1）单位概况。这包括单位的历史沿革、发展现状、未来规划等。对于这些信息，我们可以通过向有关部门索取资料的方式获得，必要时可以找相关领导访谈。

（2）业务状况。对于企业来说，业务状况就是某项业务的运作过程，从设计、采购、生产到销售、售后服务；业务运作的流程；涉及的内外组织和部门，如供应商、客户等；最近若干年的主要业绩指标（如销售额、利润等）。对于政府、事业单位来说，业务状况就是某项业务的流程、涉及部门、政策、效果等。对此，我们也需要收集定量的数据以说明问题。

（3）存在的问题。我们一般通过问卷的形式，了解相关人员对目前存在的问题的看法。每个人对问题的认识不同，有些人可能把一些不合理现象当成问题，但这并不要紧，关键是收集到第一手资料，为后续问题的提炼准备素材。

（4）改进建议。俗话说，人民群众最有创造力。管理人员对企业管理提出改进方案之前，听取尽可能多的建议、点子，有利于集思广益，让方案更加贴近实际，从而解决实际问题。

调查的范围一般分为高层、中层和基层三个层次。常用的方式有问卷调查和访谈。

（1）问卷调查。在单位内部进行问卷调查，过程一般包括明确调查目的、设计问卷、发放、回收、统计分析。问卷一般包括被访者的基本情况、选择性问题（单选或多选）、量表性问题（不同程度）、开放性问题。我们可以请人力资源部门帮助发放、回收，效率较高。如果我们只是通过熟人调查，结果可能是片面的。

（2）访谈。访谈过程中提出的问题比较开放，所以我们容易收获调查者期望之外的成果。因此，关于存在的问题、改进建议等不确定的问题，我们需要通过访谈获得重要信息。另外，访谈可以和问卷调查相互印证。

访谈之前，我们需要明确访谈目的，针对不同层次的对象，设计不同的访谈提纲。

下面是某工程公司开展企业文化建设课题研究时，设计的访谈提纲。

高层领导访谈提纲如下。

| 案例 | 访谈总经理、副总经理、三总师

1.您是否可以用一句话总结公司目前的企业文化？公司领导层信奉什么？职工信奉什么？

2.我们公司的经营理念是什么？精神是什么？

3.目前我们会对员工的哪些行为进行奖励，公司里的模范员工代表都有谁？他们的特点或者说他们被称为模范的原因是什么？您认为什么样的员工才是最理想的？

4.在您的心中，理想的企业文化应该是怎样的？

中层领导访谈提纲如下。

| 案例 | 访谈职能部门部长

1.您的部门的业务及职责是什么？您认为如何才能更好地发挥作用？

2.您认为您的部门的文化是什么？部门文化和公司文化是什么关系？

3.您认为哪些企业精神应该发扬，哪些应该摒弃？本企业要做大做强，仍需补充哪些精神？

4.请您总结一下本企业一贯倡导和坚持的工作与做事作风及风格。为什么？

5.请您概括您希望的企业文化是什么样的？

基层员工访谈提纲如下。

| 案例 | 访谈部分管理人员、一线员工

1.请您简要描述一下公司目前的企业文化。

2.您认为公司员工对目前的企业文化的认同及履行情况如何？

3.您感觉公司员工的凝聚力和向心力程度如何？

4.您对公司有归属感吗？您感觉您的工作是受人尊敬的吗？

5.您最想要的企业文化是什么样的？（用三句话概括。）

4.3.2　外部调查

外部调查的范围较广。如果按照业务性质，外部调查分为环境调查、市场调查、供应商调查、合作伙伴调查等；按隶属关系，外部调查分为上级单位调查、同级单位调查、下级单位调查等。为了取得较好的调查结果，有如下几条建议。

（1）善于利用行业协会等组织、统计局的年鉴等官方资料。这些资料都是公开的，准确、权威，比当面问要准确得多。很多同学忽视统计年鉴、行业报告的作用，喜欢利用网页搜索资料，这样得到的资料不一定经得起推敲。

（2）以问卷为主、访谈为辅。问卷可以发放的范围较大，而且是书面的，允许被调查者有充足的时间填写。而访谈难以约定，耗费时间，且能访谈的人数少。

（3）事先提供访谈提纲。为了让被访谈者有一定的准备，我们建议事先把研究背景、目的、访谈提纲发给对方。

4.4　论文中调查部分的写法

调查的目的是发现问题，调查本身又有很强的专业性，因此，在专业学位论文的写作中，对于调查部分的写法，我们可以考虑以下两种：一是写成一章，二是写两三节。

在专业学位论文写作中，我们不必非常完整地描述调查过程，那样所用篇幅太长，容易冲淡主题。我们应注意以下几点。

1. 适当交代调查的设计

这部分包括调查目的、方法选择、调查表设计原则、调查方法（问卷、访

谈等）、样本选择、实施过程（调查人员、时间）、数据处理方法等。这些信息是专家判断调查有效性的重要依据，一定要写，将篇幅控制在两页左右。有的论文只用寥寥数语说明调查，缺少样本、实施过程等必要信息，这样调查的可信度会大打折扣。

有些调查还要分阶段进行，其中前期要进行预调查，修正调查表、调查范围等。调查质量很大程度上取决于调查设计。特别需要注意的是，调查对象（样本）应能反映真实情况，避免只调查单一群体。例如，某"税务机关工作满意度调查"，只选取规模以上的工商企业作为调查对象，显然忽略了众多私营企业、合资企业、个体户、自然人（个税纳税者）等群体，因此是不科学的。

2. 调查过程及其描述

要获得真实的数据，我们需要保证调查过程的质量。实际调查情况如何，我们要详细记载。特别需要指出的是，论文中要用一定的篇幅，描述调查过程，包括调查时间、范围、调查样本统计等，增加可信度。

3. 数据处理

统计学方法、统计工具（如SPSS）的使用很有必要，调查数据分析汇总表，要能反映差异性、增加比较、增长比例之类的栏目，以方便读者阅读。同时，对一组数据，不需要同时用数据表和圆饼图（或折线图）重复写在论文里，因为二者包含的信息量是一样的。如果使用图形，要注意屏幕上看到的彩色信息，打印出来后（一般打印出来是黑白色）可能让人迷惑。对于数据处理过程中的很多原始数据、中间表，我们可以简化处理。

4. 调查结果分析

结果分析的目的主要有两个：一是找出问题，二是找出产生问题的原因。通过问卷调查获得的数据，我们可以发现问题，同时结合访谈调查，追寻原因，让数据在现实中得到印证。例如，问卷调查发现青年员工收入、满意度低于中年员工，而且在访谈调查中，青年员工的情绪普遍低落，由此可以得出"青年员工收入偏低"的结论，为后面提出改进绩效管理、奖励分配适当向青年员工倾斜的措施提供依据。

调查结果分析一般包括四个部分：一是对调查数据的信度、效度的简要分析；二是基本的统计汇总，暴露一些表面问题；三是深层的挖掘，从不同项目之间的关系发现问题；四是不同调查方式之间的相互印证，例如访谈和问卷调查之间的相互参照，从而提炼出需要解决的根本问题。有时调查之后得到的数据非常多，我们不需要全部罗列出来，可以选择最需要的数据，用表格或图形展示，同时配有文字说明，数据只起证明观点的作用。

5. 把问卷放入附录

调查问卷、中间结果等信息占用的篇幅较大，不能放在论文的正文中。我们可以将其作为附录，放在"参考文献"之后。"附录"不能叫"附件"，可以编号"附录1 ××调查表""附录2 ××访谈提纲""附录3 ××汇总表"等。论文目录中应包括附录，文中调查设计部分必须要引出附录，例如"调查表见附录1"。经常有人在论文后面列了附录，但前面没有引出。

总之，在专业学位论文写作中，对于调查部分我们一方面要精心设计，深入实际，取得第一手数据。同时，我们要把调查过程、分析结果展示在论文中。

第5章 专业学位论文的结构设计

本章导读

专家看论文,首先看摘要,再看结构,因为结构体现了作者的思路。论文的好坏,很大程度上取决于结构:是否合乎逻辑、内容是否完善,围绕主题,该写的要写,不该写的坚决不写。

本章在介绍专业学位论文的论证逻辑和一般要求之后,将分别讨论专题研究、调查报告、案例、体系应用、政策分析等7种论文的结构安排。如果你已经选定了某类论文体裁,可以在看完前两节之后,直接阅读具体体裁。

5.1 专业学位论文的论证逻辑

管理者要非常注重逻辑,这从入学考试中必考的逻辑学中可以体现出来。逻辑性也是论文中最关键的要素。论文按照一定的逻辑渐次展开,其关键点就组成了文章结构。

5.1.1 专业学位论文的核心逻辑结构

专业学位教育强调运用管理学理论解决实际问题,发现问题、分析问题、解决问题是最核心的逻辑结构,如图5-1所示。

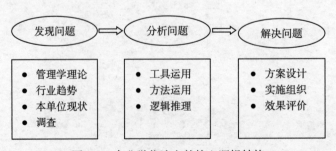

图 5-1 专业学位论文的核心逻辑结构

翻开一篇论文，如果没有贯穿全文的"问题"，这样的论文即使文采再好，也是空谈。

有一篇论文提纲如下：

第1章　绪论
第2章　项目管理理论概述
第3章　科西福公司项目管理概况
第4章　项目进度管理分析与改进
第5章　项目成本管理分析与改进
第6章　项目质量管理分析与改进
第7章　结论

从提纲来看，该论文没有分析需要解决的问题，对项目进度、成本、质量分别进行了分析与改进，缺乏针对性，也没有系统解决问题的科学方法。

基本逻辑确定之后，我们还需要进行一系列论证。

论文有三要素，即论点、论据和论证。专业学位论文也不例外。

（1）论点是作者在论文中提出的对某一个问题或某一类事件的看法、观点、主张，它要求要正确、鲜明、有针对性。作为论点，其基本要求是：所言有理，精练概括，有实际的意义，且进行阐述时需考虑使用合适的表达方式。例如，某篇论文浓缩起来，其论点是"以供应链管理思想解决企业交货期过长问题"，就很符合专业学位论文的特点。

（2）论据是证明论点正确性的证据。我们要证明论点的正确性，首先，使用的论据要真实、可信，能够充分证明论点；其次，论据要具有典型性，具有充分的代表性；最后，论据要新颖，尽可能寻找一些新鲜的、能给人耳目一新的感受和启示的论据。论据的使用十分重要，不能使用模棱两可、立场不明确的论据。因此，我们对于论据的基本要求是：真实、可靠、充分、典型。例如，对于论点"以供应链管理思想解决企业交货期过长问题"，可能有以下三个论据：理论分析证明，供应链管理具有上下游企业计划协同、缩短交货期的作用；实际调查证明，企业目前的上下游管理很不协调，如果改进，必将缩短交货期；企业内部供应链也不顺畅，改善内部供应链，也可以缩短交货期。

（3）论证是指运用证据诠释、证明论点正确性的过程。论证过程要求语言表达深刻，逻辑关系严密。论证过程是一项具有艺术性的活动，推理的逻辑性是论证过程的基本要求。对于上面的例子，我们需要按照逻辑顺序进行论证：分析现状，找出存在交货期过长的问题，把供应链管理作为可选方案之一，比较、选择后得出"以供应链管理思想解决企业交货期过长问题"的结论，这就是论证。

5.1.2 专业学位论文的论证逻辑

以 MBA 论文为例，论证逻辑流程可以分为：回顾相关理论，分析环境，描述现状，分析问题，提出解决方案，组织方案实施，最终使问题得到解决。在这一过程中，我们需要借鉴相关理论和别人的成功经验。

下面我们用一个简短的例子，说明如何论证。

全球化竞争迫使企业降低成本，专家研究认为，物流是企业"第三利润源泉"。随着我国经济的快速发展，物流业发展非常迅速，这给东方物流公司提供了良好的市场机会。

仓库是公司最主要的经营场地，随着业务增长，仓库周转加快。最近，东方物流公司接连收到客户投诉，货物包装经常破损，原因是房顶漏水。经过检查，发现屋面的防水层已破损。

要修复防水层，有重建仓库、拆除屋顶重修、局部修理三种方案。综合考虑经营状况、成本等因素，公司决定采用局部修理的方案，即需要拆除原有屋顶，加固房屋支撑，安装钢结构屋顶。

要实施房顶修理，存在由企业抽调人员、请路边临时工、请专业公司三种方案。经过比较分析，公司决定请专业公司来修理。在修理过程中，人员安全、材料质量是需要重点关注的问题。

房顶修理后，货物包装破损问题基本可以解决。

这个例子是一篇迷你型的 MBA 论文，虽然文字简短，但具备论证过程必需的各个要素，逻辑严密。从理论总结、环境分析（良好的市场机会）、现状（仓库周转加快）、问题和原因分析（投诉——包装破损——房顶漏水——防水层破损）、方案设计（局部修理、拆建）、实施组织（请专业公司、注意安全和质量），最后评估维修结果，解决了包装破损问题，相信客户投诉不会再发生。

论证过程各部分内容的具体写法见第 7 章。在长期的论文指导中，我发现很多同学只顾埋头写作，虽然资料很多，但看上去是一盘散沙，主要问题有以下几个。

（1）缺少必需的论证要素，在理论分析、环境分析、现状描述、问题分析、方案制订、实施组织等环节总是丢三落四，缺乏关键内容。

（2）各章节之间缺乏逻辑联系，往往前面分析发现的问题，在后面制订方案和实施组织时，根本没有得到解决。

（3）具体内容单薄。例如，在上面的例子中，问题分析只是罗列一些现象，缺乏归类和追根求源的过程；修复方案的决策没有经过多方案比较，也没有必要的经费、人员、技术等详细计划；实施组织只介绍实施过程等。这样的论文就像盖房子，支柱、墙体、砖瓦都不全，看上去千疮百孔，是不可以通过专家审核的。

因此，建议同学们在写论文之前，不妨把自己要研究的问题，写一篇如上面的例子一样简短的文章，把最主要的思想写出来，逻辑就自然通顺了。后面的工作就围绕这篇小论文展开，同时在写作中不断修改、完善这篇小论文，这样就不会偏离方向。

5.2 专业学位论文结构的一般要求

论文的结构也就是论文提纲，指的是文章部分与部分、部分与整体之间的内在联系和外部形式的统一。论文都是由中心思想、结构、材料三要素有机结合而成的。中心思想即文章的主旨（大脑），材料是文章的"血肉"，结构则是文章的"骨架"。

5.2.1 专业学位论文的基本结构

我们按照专业学位论文发现问题、分析问题、解决问题的基本逻辑，总结出了专业学位论文的基本结构，如图 5-2 所示。

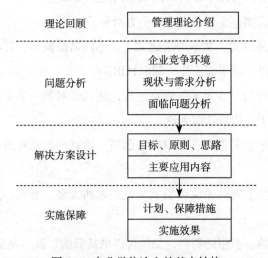

图 5-2 专业学位论文的基本结构

当然，不同的专业和问题其结构可能稍有不同，但以"问题"为线索的论述思路，都是相同的。

从技术层面来说，专业学位论文的基本结构还有以下一些要求。

（1）论文的目录，一般要列到三级，即章、节、目。少数可以列到"节"，但主要内容如问题分析、解决方案，必须列到"目"。目录从第1章开始，摘要等不要列入目录。

（2）一般来说，每章包含三四节，每节包含三四目，这样使得总体结构比较均匀。每章尽量不要少于3节，也不要超过5节。

（3）章节标题要用书面、专业性语言。

（4）节的标题要紧扣章的标题，是章标题的支撑，章的标题应能涵盖下属各节。千万不能出现章和节标题相同或者和论文标题一样的情况。

（5）千万不要在方案实施之后，再提出需要解决的问题。

5.2.2　篇幅的控制

专业学位论文一般要求3万字左右，少了不行，太多了也不好。文章的篇幅不宜过长，要进行适当的控制。除了篇幅外，更重要的还是章节布局和章节之间的衔接。好的文章前后呼应，一气呵成。有些文章洋洋万言，离题万里，章节之间的关联度不高，只是资料的堆砌。

篇幅的长短不能反映论文质量的高低。同一理论观点，论述得方，要言不烦，不一定要长篇大论；相反，如果用大量的篇幅去论述某一观点，给人的感觉通常是有赘余的，可以不要的东西切忌出现在文章里。

控制文章的篇幅，主要从以下几个方面着手。

（1）选题不易过大。文章的选题太大，不能面面俱到，在论证文章主题时也不深入，会使得文章华而不实、漏洞百出。

（2）取舍要得当。在对某一观点进行论述或者对某一事实进行说明时，只要讲明白就可以了，切忌长篇大论。

（3）创新。论文的创新一般有方法创新、论点创新几种形式。论文篇幅的长短不影响创新。

（4）言简意赅。有的论文前后重复性的东西太多，套话、空话太多，造成的都是负面影响。

（5）概括归纳。引用的资料，如果可以概括归纳，就不要全篇引用。

（6）文章的整体以5章左右为宜。

还有一个办法可以直观检查各章篇幅是否适当。如果我们把各章所占页码数换算成毫米，画出一个个正方形，再排列起来，合适的篇幅安排类似一个"睡美人"，如图5-3所示。

图5-3　章节长度合理的形象图

如果章节长度不合适，可能出现如图5-4所示的情况。

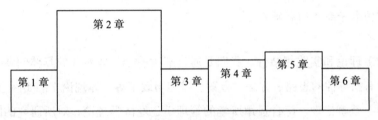

图5-4　章节长度不合理的形象图

下面我们将分析各种体裁的论文应该具有什么样的结构。

5.3　专题研究型论文的结构

专题研究型论文聚焦"专题"，需要对所要研究的实际管理问题有清晰的阐述，论证解决此问题的理论意义和推广价值，对国内外本领域的研究动态有较好的了解和评价，了解同行业先进企业的状况，然后分析自身问题，提出解决方案。

5.3.1　专题研究型论文的特点

（1）体现一个"专"字。论文针对现实、具体的企业管理、产业发展、区域经济等问题展开，不应过于宽泛。我们提倡"小题大做"或"小题深做"，切忌"大题小做"或"大题泛做"。

下面的题目就比较"专"。

××公司战略管理研究

供应链背景下××企业物流系统改进研究

××公司绩效考评系统设计

××公司ERP系统实施策略研究　　××县绩效管理体系设计
××公司营销系统的改进　　　　××市腐败预防体系的构建
××公司库存管理改进　　　　　××项目后评估

下列题目作为论文题目就显得过于宽泛，收集资料与写作难度较大。

中国国有企业产权制度研究　　　民营家族企业接班人问题研究
西部开发研究　　　　　　　　　建设领域拖欠农民工工资问题
中国证券市场研究　　　　　　　研究
中国中小企业发展研究　　　　　现代物流业发展展望
中国电子商务问题研究

（2）理论和实践相结合。我们要通过解决一个具体企业的具体问题，揭示若干具有指导性的思路、方法、方案、措施与政策等，体现论文的实际意义。

（3）就事论理。综合运用所学的管理学、经济学理论，对所研究的问题进行理论抽象与提炼，不要把面铺得太开。例如，有些同学在企业分管销售、采购工作，想把论文写成"××公司供销管理研究"，但是企业采购和销售管理的理论与方法都有较大的差异，这样的选题很难兼顾两个方面，不能深入，是需要避免的。

（4）创新性。学生应通过研究提出独立的见解，得出具有创新性的、有意义的研究成果，在应用方法上有所创新。例如，很多单位都实施ERP、ITIL等系统，且实施过程大致相同。你就需要针对本单位的实际情况，在应用需求、实施目标、实施方法上提出具有针对性、创新性的解决方案，而不能平淡地描述你的实施过程。

5.3.2　专题研究型论文的结构

对于专题研究型论文，我们推荐采用6章的结构，示例如下。

第1章　绪论
介绍研究背景、目的、意义、方法和内容。

第2章　理论概述
国内外相关理论的发展概况、发展趋势、先进经验借鉴。

第3章　外部环境分析
可以运用PEST方法、五力模型、价值链理论、SWOT分析方法等工具，对外部环境进行分析。

第4章　现状和存在问题分析

介绍单位概况和所在领域的运作现状，分析其存在的主要问题，并论证改进的必要性。

第5章　解决方案设计

设计针对性较强的解决方案。解决方案往往不只有一个，应该提出多个切合实际的解决方案，并运用评价方法对每个方案进行比较评价，得出最优方案。此部分应该作为论文的重点。

第6章　方案的实施组织

这部分主要论述方案的实施，即论文开头提出的问题如何得到解决。

结语

对整篇文章做出总结，点出文章的创新或有用之处，指明不足。

下面这篇专题研究型论文，结构比较完善。论文题目是"合肥美菱公司供应商管理优化研究"。

第1章　绪论
  1.1　选题背景及研究目的
    1.1.1　选题背景
    1.1.2　研究目的
    1.1.3　研究意义
  1.2　国内外研究动态
    1.2.1　国外供应商管理的研究动态
    1.2.2　国内供应商管理的研究动态
  1.3　研究方法、内容与技术路线
    1.3.1　研究方法
    1.3.2　研究的主要内容
    1.3.3　技术路线

第2章　供应商管理的相关理论
  2.1　供应商的选择
    2.1.1　供应商选择标准
    2.1.2　供应商选择方法
    2.1.3　供应商选择应注意的问题
  2.2　供应商的绩效考评
    2.2.1　供应商绩效考评的目的
    2.2.2　供应商绩效考评的评价体系
  2.3　供应商关系管理
    2.3.1　供应商关系管理的集中类型
    2.3.2　供应商关系管理的重要意义

第3章　合肥美菱公司供应商管理现状及存在的问题
  3.1　美菱公司概况
  3.2　供应商管理现状
  3.3　供应商管理存在的问题
    3.3.1　成本问题
    3.3.2　交货期问题
    3.3.3　产品质量问题
    3.3.4　服务问题

3.4 供应商管理问题的根源分析

第4章 合肥美菱公司供应商选择与评价

4.1 供应商选择评价原则、程序和内容
    4.1.1 供应商选择评价原则
    4.1.2 供应商选择评价程序
    4.1.3 供应商选择评价内容

4.2 供应商评价方法选择

4.3 供应商评价指标体系
    4.3.1 供应商评价指标体系的构建
    4.3.2 供应商评价指标体系的运用

4.4 合肥美菱公司供方分级评价管理制度
    4.4.1 评价项目及分值分配原则
    4.4.2 评价内容、评分标准及数据提供
    4.4.3 供方的等级划分管理
    4.4.4 供方分级结果应用
    4.4.5 合格供方目录

第5章 合肥美菱公司供应商管理方案重构

5.1 供应商分类管理
    5.1.1 供应商分类的基本步骤
    5.1.2 供应商管理的分类方法
    5.1.3 物流管理和信息流管理

5.2 供应商管理方案重构
    5.2.1 供应商沟通协调机制
    5.2.2 供应商激励机制
    5.2.3 供应商防范机制

5.3 供应商管理优化方案的实施
    5.3.1 实施计划
    5.3.2 保障措施
    5.3.3 风险控制

结语

5.4 调研报告型论文的结构

以调研报告作为专业学位论文，应体现学位论文"论证"的特点，突出调查方法、调查过程，以此保证调查结论的客观公正性。

5.4.1 调研报告型论文的要求

作为论文的调研报告，主要有介绍经验的调研报告和反映现象的调研报告

两种。介绍经验的调研报告主要反映具体企业或单位典型的、具备示范效果的经验，可以为同类单位提供借鉴，如《关于××厂采购管理经验的调研报告》。反映现象的调研报告需要客观、真实地反映经济生活中出现的各种现象，以供企业领导或政府部门参考，如《上海市传统产业转移现状调查》。

为了使调研报告有价值，我们需要做好以下工作。

（1）深入调查，占有材料。调查是报告的基础和依据。调研报告不是总结自己经历过的事情，一切材料只能来自调查所得，因而首要的功夫在于调查。调查方法、过程设计非常重要。调查时，我们要扎扎实实地深入下去，采用多种方法听取意见，收集材料。

（2）分析研究，确立观点。对调查获得的材料，我们要进行科学的分析研究，去粗取精、去伪存真，由感性认识上升到理性认识，从现象中抓住本质，揭示规律，确立正确的观点。

（3）事实说话，据事言理。调研报告是用客观的事实、确凿的数字来说明自己的观点，如果只有观点，没有事实和数据，就失去了说服力，所以调研报告要求据事言理，材料和观点之间有机统一。

（4）夹叙夹议，表达生动。调研报告要用事实说话，但事实不是简单地罗列，而是要由观点统帅的。对于调研取得的各种素材，我们要事先整理归类、划分层次。写作时，我们要以一系列观点统领，夹叙夹议，注意引用有说服力的数据、事例以及富有形象性的群众语言和名言警句等增强论文的表现力。

5.4.2 调研报告型论文的主要内容

调研报告通常由标题、前言、正文主体和结语四部分组成（其中，正文主体又包括所在领域的概况、调查方法、调查实施、调查结果分析与讨论），具体内容如下。

（1）标题。调研报告的标题一般由调研对象、事由、文种三要素组成，常用"关于"开头，例如"关于××产品客户消费行为的调查报告"。还有一种新闻式标题，如"希望的火花——中关村电子一条街调查"，这种标题方式不符合学位论文规范，建议不要采用。

（2）前言（或绪论）。这是调研报告的开头部分，从论文角度来看，应说明调研工作的背景、目的、方法等。

（3）所在领域的概况。例如，我们要对农民工欠薪问题进行调查，就要事先介绍欠薪较严重的若干行业（建筑、制造业等）的行业规模、结构、经营状况等，使读者了解事件发生的社会背景。

（4）调查方法。我们可以介绍若干种相关的调查方法，并论证、选择适合本调查的方法。调查方法可以是定性与定量相结合的。此外，我们需要确定调查地点、时间、调查对象（抽样方法），并进行样本量的估计、质量控制。

（5）调查实施。这包括调查问卷设计，访谈提纲设计，实施过程，实施后的样本、时间、范围等。

（6）调查结果分析与讨论。我们一般采用描述、分析、讨论等来写调查结果，描述事情的发生、发展过程，描述所要调查对象的人口社会学特征，描述所要调查事物的特征。在对比的基础上进行统计推断，以此反映作者学术思想的深度和广度。我们要紧紧围绕结果以及可能有争议的主要问题进行讨论。讨论时，我们应注意：把调查结果上升到理论，去粗取精，去伪存真，由表及里，揭示内在联系。

（7）结语。我们要综合调查报告，提炼发现的主要经验或主要现象，用简明扼要的语言把论文的主要内容概括出来，切忌重复文章内容，最后为企事业单位、政府决策提出科学的建议，或者为进一步深入研究提出建议。

下面是一篇关于调研报告结构的例子，比较完整。

1. 前言
1.1 调研的背景
1.2 调研问题的提出
1.3 调研的目的
1.4 调研的假设
1.5 调研的意义
2. 调研方法
2.1 调研的对象及其取样
2.2 调查方法的选取
2.3 调研程序与方法
2.4 操作性概念的界定

2.5 调研结果的统计方法
3. 调研结果及其分析
3.1 调研结果
3.2 统计的显著性水平差异
3.3 结果分析
4. 调查结果与讨论
4.1 调研方法的科学性
4.2 调研结果的可靠性
4.3 调研成果的价值
4.4 调研的局限性
4.5 进一步研究的建议

5.4.3 调研报告型论文的特别要求

作为学位论文的调研报告，除了需要满足调研报告的一般要求外，还有以下特别的要求。

（1）研究性。这要求调研报告要符合学位论文规范，体现学位论文描述现状、分析问题、提出对策的思想，不能仅仅停留在描述现象阶段。

（2）调查方法的选择。调查方法有很多种，作为学位论文，需要论述为什么要选择某种调查方法，分析、比较各种方法的优缺点和适应性，根据调查对象的特点，合理选择调查方法。很多论文只是交代了采用何种方法，缺乏多种方法的分析比较。

（3）调查过程。论文特别强调严密性，调查过程是否科学、合理，对于取得的数据资料的真实性、客观性、全面性影响很大。调研报告应具体介绍调查范围的选择、调查表的设计思路、预备调查和正式调查的过程、样本选取及其依据，这样才能体现学位论文的学术价值。一般的调研报告也许不需要介绍上述详细内容，但学位论文不能缺少这个环节。调查表等内容可作为附录放在论文后，从而保证正文的简洁。

（4）数据处理方法。作为学术论文的调研报告要介绍不同数据处理方法（例如 SPSS 软件）的特点，分析比较之后选取某种方法，这和一般调研报告的要求不同。

5.5　企业诊断型论文的结构

企业诊断就是分析、调查企业经营的实际状态，发现其性质、特点及存在的问题，并以建设性报告分析的方式，提供一系列的改善建议。我们需要根据所学的有关知识，运用科学、有效的方法，在充分的调查、研究、分析、计算的基础上，找出企业在经营过程中的各个环节或某几个环节上存在的问题，并着重找出造成这些问题的内因与外因，最后提出改进建议。

5.5.1　诊断的类型和要求

以企业诊断为例，一般分成综合诊断和功能诊断，如表 5-1 所示。每种类型有不同的要求，一般来说，高层领导适合综合诊断，中层或基层领导适合功能诊断。

企业诊断型论文的写作，就是按照学位论文写作的要求，把上述过程完整地记录并整理成文。除了诊断报告本身的要求外，我们还要注意学位论文的研究性、管理思想性和实践性。企业诊断型论文写作应符合以下几点要求。

表 5-1 企业诊断的分类

序号	诊断类型	具体类型	对诊断人的要求
1	综合诊断	战略诊断	较强的综合知识 较强的企业运作经验 时间较长
1	综合诊断	竞争力诊断	较强的综合知识 较强的企业运作经验 时间较长
1	综合诊断	商业模式诊断	较强的综合知识 较强的企业运作经验 时间较长
1	综合诊断	成长力诊断	较强的综合知识 较强的企业运作经验 时间较长
1	综合诊断	创新力诊断	较强的综合知识 较强的企业运作经验 时间较长
2	功能诊断	经营者诊断	较强的专业知识 一定的相关经验 时间较短
2	功能诊断	组织诊断	较强的专业知识 一定的相关经验 时间较短
2	功能诊断	营销诊断	较强的专业知识 一定的相关经验 时间较短
2	功能诊断	生产诊断	较强的专业知识 一定的相关经验 时间较短
2	功能诊断	采购诊断	较强的专业知识 一定的相关经验 时间较短
2	功能诊断	财务诊断	较强的专业知识 一定的相关经验 时间较短
2	功能诊断	人事诊断	较强的专业知识 一定的相关经验 时间较短
2	功能诊断	流程诊断	较强的专业知识 一定的相关经验 时间较短

1. 诊断是在企业中找出问题，并能为企业解决问题

对企业进行诊断，我们必须到企业中找原因，坐在资料室里，永远找不出问题的关键原因。企业是鲜活的，企业环境是变化的，每个企业都有个体差异。地域不同、产品不同，企业各不相同。因此，要做企业诊断，我们应经常密切关注企业，随时走进企业。企业一旦出现了经营难题，我们就要进行分析诊断，找出这个难题的病因。

2. 深入企业内部诊断病因

企业的许多难题是由企业内部原因造成的，错综复杂，涉及面广，蜻蜓点水式的诊断只能找到表面的病因，欲求真正病因，只有深入企业内部才能发现。此外，大多数经营管理实践中出现的问题没有现成的解决方法可以借鉴，不可能套用某个现成的方法进行诊断。我们应该深入到企业、各级领导和员工中，做深层次、细致入微的定性访谈和定量问卷诊断，反复论证以找出病因和解决方案。

3. 提出解决方法

仅仅诊断出企业经营过程中的一些问题，无解决问题的方法，也于事无补，于人无益。我们做企业诊断更需要注重解决问题，注重实效，不是为了诊断而诊断，而应根据诊断发现的问题，提出系统的改进方案，使问题得到解决。

4. 诊断的科学性

企业诊断要客观，不带任何主观意识、个人成见。我们应科学调查、分析问题，并提出科学的解决方案。我们应借鉴专家经过长期实践摸索出来、行之有效的定性与定量诊断方法，确保诊断作业的质量与效果。例如，企业战略诊断使用 SWOT 分析工具，可以很快地建立分析问题的框架。

5.5.2 企业诊断的过程

在撰写企业诊断型论文时，我们应当尽量选择本企业或实习过的企业作为对象，在对目标企业基本情况、运作流程有一定了解的基础上，进行深入诊断。企业诊断一般按以下程序进行。

（1）预调研。在正式诊断之前，我们需要与企业领导、有关部门交流，了解企业的基本情况和大致存在的管理现象或问题。根据预调研情况，我们应制订详细的诊断计划。

（2）调查。它包括资料收集、实情调查、巡视企业等。调查形式有问卷、面谈、资料统计等，不同的形式相互印证，才能确定问题所在。调查往往不能一次性得到结果，需要多次往返。

（3）调查信息的分析。我们应进行资料整理、统计分析，并且与经营者研讨，逐渐明晰问题所在，形成问题-原因链，为后面的方案提供事实依据。

（4）问题的提出。根据国内外先进企业的状况建立目标标准，对本企业相关问题做出评价，确定问题的重要程度。由于企业可能存在很多问题需要解决，而一次诊断不可能解决所有问题，因此我们应根据企业的资源条件和工作重点，明确本次诊断需要解决的主要问题。

（5）建议方案的提出。我们应围绕问题，提出改进目标、原则和思路，设计系统、科学的改进方案，并提出方案实施的方法。这一阶段的工作和专题研究类似。

5.5.3 企业诊断型论文的参考结构

企业诊断型论文，重在"诊断""论证"两项。所谓诊断，需要和标杆单位进行比较；所谓论证，需要阐明所采用的方法、工具、过程的科学性，使读者相信诊断结论。基于诊断结论的改进建议一般是需要的，但不是重点。

一篇企业诊断型论文的结构如下。

××公司组织结构诊断报告　　　　　1.1　研究背景和目的
第 1 章　绪论　　　　　　　　　　　1.2　研究方法

1.3 研究内容和文章结构	3.4 诊断过程
第2章 组织相关理论概述	第4章 ××公司组织结构诊断结论与建议
2.1 组织理论的发展	
2.2 几种主要组织结构形式	4.1 组织结构诊断结论
2.3 组织理论发展趋势	4.1.1 组织战略目标
2.4 标杆企业(××公司)组织分析	4.1.2 组织环境
	4.1.3 人员与文化
第3章 ××公司组织结构诊断方案设计	4.1.4 组织规模
	4.1.5 技术手段
3.1 ××公司概况	4.2 组织结构改进建议
3.2 ××公司主要业务分析	结语
3.3 诊断方法选择	

5.6 案例型论文的结构

案例是对企业或政府部门特定管理情境真实、客观的描述和介绍，是情境的真实再现。按照论文的要求编写案例，就是案例型论文。在实际工作中，经常会出现很多成功或失败的事例，我们以案例的形式将其宝贵的经验或教训总结出来，在更大范围内交流，用于课堂学习和讨论，无论是对案例编写者本人，还是对所涉及的单位，都具有十分重要的意义。因此，专业学位教育鼓励学生编写高质量的案例型论文。

5.6.1 案例的分类

案例有很多种，有些用于企业之间的交流，是经验介绍性的，需要把前因后果都交代清楚。有些用于课堂讨论，只有问题没有答案。案例型论文主要包括描述型和问题型两大类。

（1）描述型（或称实例型）。它是指在案例中描写了某一段管理工作的全过程，或介绍了某一事件从引发、演变一直到解决的全过程。它要求学生通过该案例的学习与讨论，能运用相关的理论对其加以论述及评价，指出该管理工作或事件解决方案的成功经验、失败教训及其借鉴意义。

（2）问题型（或称决策型）。这类案例只是介绍了有关的（有时甚至是一团乱麻式的）管理情景，提供了一些必要的数据，有时最多只提出一些问题；要求学生通过该案例的学习与讨论，能从所介绍的现象中分析原因、理出头绪、发现症结并运用相关的理论提出解决问题的满意方案或思路。

从学位论文的要求来看，描述型案例适合作为学位论文。

5.6.2 案例型论文的写作要求

案例型学位论文，重要的是体现其学术价值，因此不能停留在介绍和引导问题阶段，而应该通过案例分析，提炼管理精髓，体现作者分析问题、解决问题的能力。

（1）目的性。案例的写作应体现理论与实践的有机结合，展现学生运用所学的理论分析实际问题、解决实际问题的能力。

（2）客观性。案例是对实际发生的事情的记录和描述，要做到真实、客观，不要编造故事，不能受作者个人偏好左右。

（3）相关性。尽管案例是对管理情境的描述，但不是随意地描述，我们应该选取某一两门管理课程所涉及的相关理论。也就是说，案例必须能说明某个具体的管理问题，不能单纯地描述环境。

5.6.3 案例型论文的撰写思路

完整的案例型论文的基本结构包括收集案例素材、确定案例标题、介绍案例背景、描述案例事件与过程以及对案例的反思五个部分。

（1）收集案例素材。收集案例素材是撰写论文的前提，一篇优秀的案例型论文必须具有好的案例素材。案例的素材必须真实可靠，至少一半源于学生的亲身经历或本单位的管理实践，相关数据必须征得所在单位的同意才能使用，必要时需将有关单位名称、有关人物的真实身份、相关数据等做掩饰性处理。

（2）确定案例标题。标题最好能够突出案例中的典型情境或反映案例中事件的主题。一般而言，案例的标题有两种形式：一种形式可以用案例中的事件作为案例的标题，如"明珠公司流程重组前后""三鹿奶粉事件中的危机管理"等；另一种形式是将案例事件所反映的主题作为案例的标题，如"某某家族企业的管理成败"，这就需要将案例所反映的主题加以明确和归纳。

（3）介绍案例背景。所有的事件都发生在特定的时空框架与背景之中。案例背景一般简要介绍案例中事件发生的时间、地点、原因和条件等方面的基本情况，这些介绍对读者完整地理解案例的过程，评判案例中问题解决的策略是否合适等都非常重要。实际上,案例背景就是案例事件和过程的"前因",有此"前因",才能有案例的发生过程这一"后果"。不同的背景,常常会导致不同的问题解决后果。我们对案例背景的叙述要简明、清楚。

(4)描述案例事件与过程。案例的主体就是对案例事件以及案例发生过程进行详略得当的客观描述。在描述的时候,我们要围绕着案例的主题,说明事件是如何发生的,如何发展的,产生了哪些突出的问题,原因有哪些,怎样解决这些问题,问题解决过程中出现了哪些反复、挫折和困难,问题解决的效果等。总之,我们要对事件发生、发展以至结局有较为完整的描述。

(5)对案例的反思。对案例事件进行分析与反思是一个完整案例的必要组成部分。撰写教学案例的过程,其实是对自己解决问题过程的一种回顾与再分析的过程,也是对自己在解决问题的过程中的经验和教训的总结过程。反思部分一般主要包括:案例事件的发生和问题的解决过程中有哪些经验与教训;自己对案例事件发生过程的感想。

随着城市的快速扩张,垃圾处理问题日益突出。某县以前采取垃圾填埋的处理方法,占用耕地多,财政花费巨大。2007年,某开发商找到县政府,要求采取垃圾焚烧工艺,彻底解决垃圾处理问题。县政府很快决定与该开发商合作,征地建立了垃圾焚烧厂,并商定每年对开发商进行补贴。由于工艺不成熟,焚烧厂旁边的堆场垃圾满天飞,焚烧产生的气味让周边居民苦不堪言。有一天,一家农户办婚宴,上百人就餐期间恰逢起大风,垃圾场的废塑料袋等疯狂地袭击婚宴。于是几百人集体到县政府上访,强烈要求关闭焚烧厂,这件事引起《焦点访谈》等节目的报道。某MPA同学分管城市环境,以此为背景,引申出城市生活垃圾处理公共服务问题,写出了很好的案例型论文。论文参考结构如下。

基于市政公用服务视角的××县垃圾处理场建设运营案例分析

第1章 绪论
 1.1 研究背景
 1.2 国内外研究概况
 1.3 研究目的和意义
 1.4 文章结构安排
第2章 相关理论概述
 2.1 市政公用事业
  2.1.1 市政公用事业的定义
  2.1.2 市政公用事业的基本特征
 2.2 公共产品理论
  2.2.1 公共产品
  2.2.2 准公共产品

2.3 公共选择理论
    2.3.1 公共选择理论的概述
    2.3.2 公共选择学派的市场化改革
2.4 政府监管理论
    2.4.1 公共利益理论
    2.4.2 监管俘获理论
2.5 特许经营和服务外包
    2.5.1 特许经营
    2.5.2 PPP（Public Private Partnership）
    2.5.3 政府服务外包
2.6 项目管理和BOT
    2.6.1 项目管理
    2.6.2 基本建设程序
    2.6.3 BOT（Build Operate Transfer）

第3章 ××县垃圾处理场建设案例分析
3.1 案例背景
    3.1.1 项目环境
    3.1.2 所在地的垃圾处理体系结构
3.2 问题案例的发生过程
    3.2.1 引商投资
    3.2.2 建设运营
    3.2.3 关闭处理
3.3 项目建设中存在的问题
    3.3.1 案例中存在的特许经营、BOT方面的问题
    3.3.2 建设过程中的监管问题
    3.3.3 运营中的监管问题
    3.3.4 政府接管的问题
3.4 项目失败的原因分析
    3.4.1 体制机制原因
    3.4.2 技术原因
    3.4.3 经济原因
    3.4.4 社会原因和其他原因

第4章 完善HH省城市生活垃圾处理公共服务的若干政策建议
4.1 科学预测、规划先行
    4.1.1 HH省城市生活垃圾处理设施建设目标预测
    4.1.2 科学制定专业规划
4.2 分类指导，全面加快建设
    4.2.1 根据不同经济地理条件选择处理适用工艺
    4.2.2 努力创造良好的政府环境
    4.2.3 努力提供良好的政策环境和技术支持
4.3 强化政府的公共服务责任意识
    4.3.1 "市场化"是转

　　　　　变政府角色而非放弃政府责任
4.3.2　政府可以采取不同的方式提供垃圾处理服务
4.4　切实履行政府的监管责任
　4.4.1　市场准入与退出监管
　4.4.2　产品和服务价格监管
　4.4.3　产品与服务质量监管
　4.4.4　产品与服务标准监管
　4.4.5　普遍服务义务监管
　4.4.6　运行安全监管
　4.4.7　竞争秩序监管
4.5　规范实施特许经营制度
　4.5.1　必须通过竞争，选择优秀经营者
　4.5.2　必须签订相关协议
　4.5.3　明确监管责任，接受公众监督
4.6　构建公共财政与市场化融资相结合的资金保障制度
4.7　完善市政公用事业合同关系，建立特殊情况下的接管制度
4.8　绩效考核政府所提供的市政公用服务
结论

　　某生产冰箱的企业，与外企合资后，开始延续以前的定位。由于供应商质量不高，生产过程质量要求不严，产品在市场上出现了锈蚀、门关不严等问题，经媒体报道后，其销量大幅度下滑。有此惨痛教训后，管理层下决心按国际先进水平对冰箱质量重新定位，并取用新的国外品牌，这一举措取得了很好的效果。某MBA学生以此为背景，写出"××公司冰箱质量重新定位的案例研究"论文。论文结构如下。

第1章　绪论
1.1　研究背景和研究目的
1.2　研究意义和研究方法
1.3　文章结构安排
第2章　相关理论概述
2.1　质量管理理论
2.2　产品定位理论
第3章　××公司冰箱质量管理

案例背景
3.1　××公司简介
3.2　××公司质量管理体系
3.3　合资公司简介
3.4　合资以后质量管理面临的问题
3.5　原因分析
第4章　××公司冰箱质量再定位

4.1	冰箱质量再定位的必要性	第5章	冰箱质量再定位效果分析
4.2	质量标准的重定位	5.1	销售业绩提升
4.3	目标消费者的重定位	5.2	品牌形象提升
4.4	供应商的重定位	5.3	管理经验
4.5	生产运营过程的再设计		结语

5.6.4 案例型论文的特别要求

作为学位论文的案例，除了需要满足案例写作的一般要求外，还要满足以下特别的要求。

（1）研究性。这体现了学位论文描述现状、分析问题、提出对策的思想，不能仅仅停留在描述现象阶段。

（2）管理思想的运用。我们应从管理学的视角，针对案例所描述的现象，进行分析研究，从管理学角度提炼规律、经验或教训。

（3）案例反思的层次和深度。有些论文描述部分写得很细致，但反思部分，随意列举了几条，缺乏层次性和深度。层次性，就是要从企业经营理念、战略、管理、操作等不同层次总结；深度，就是要在归纳前人管理经验的基础上，面向管理前沿问题，深度分析，提出具有管理高度、启发性的观点。

（4）文体。这要求案例的写作要符合学位论文的规范，不能是一般的交流案例。

5.7 技术方案型论文的结构

在物流工程硕士、项目管理硕士等工程硕士领域中，有些技术性很强的课题，如技术方案设计、工艺方法改进、生产线设计、项目设计等。以这些技术性课题为背景的论文，称为技术方案型论文。工程硕士领域中的管理类论文和MBA论文大同小异，因此完全可以按照MBA论文的写作方法来写，本章对此不做过多讨论，只讨论技术方案型论文的写法。

我们需要事先强调的是，物流工程硕士是企业或部门现在或者未来的领导者，应站在领导者的角度思考问题，也就是要有"战略思维"意识；不是单纯的技术人员，不能局限于具体的技术工作，应从技术管理角度着手进行论文写作；要有总揽全局的思想，在技术（或系统）开发中调动企业的各种资源。因此，技术方案型论文也包含很多管理思想。

5.7.1 技术方案型论文的写作原则

技术方案型论文的核心是技术方案的设计，就是通过分析技术系统的问题，提出设计或改进方案，使问题得到解决。这里所说的技术是广义的工程技术，包括物流作业方法、物流设备设施设计、物流选址布局、运输线路规划等。

本书一开始就提到，学位论文的写作，关键是论证，也就是向读者交代每个环节为什么这么安排。技术方案型论文虽然讨论的是技术方案，但也是围绕为什么做这件事（现状和问题）、为什么选择这种技术、怎么做（设计方案）来展开的。技术方案型论文写作应遵循以下原则：

（1）逻辑性。章节之间有严密的逻辑关系，通过一层层的推理，得到技术方案。有些论文罗列了很多技术资料，但文章前后缺乏内在联系，有些章节可有可无。

（2）问题导向性。任何论文都需要解决问题，技术方案型论文也不例外。因此，论文在设计技术方案之前，要讨论现有的技术及其存在的问题，后面的方案设计，要能解决这些问题。

（3）需求的重要性。技术方案的设计、改进，都是为了满足一定的需求。因此，论文需要进行深入的需求分析，从不同层次、不同用户、不同应用环境等方面挖掘需求，使技术方案能尽可能地满足实际需求。

（4）科学性。设计方案的科学性、合理性，体现在方法的科学性、数据的真实性、技术的成熟可靠性等方面。

（5）先进性。论文要采用物流技术领域先进的思想和技术方法。

5.7.2 技术方案型论文的一般结构

和管理类论文相比，技术方案型论文的结构相对比较固定，题为"L物流公司物流管理信息系统设计"的论文结构如下。

第1章 绪论
1.1 研究背景和意义
1.2 国内外物流管理信息系统发展现状和趋势
1.3 L物流公司物流管理信息系统建设背景

第2章 物流管理信息系统技术概况和开发平台比较

2.1 物流管理信息系统技术简介
2.2 物流管理信息系统技术实现
2.3 物流管理信息系统开发平台比较
第3章 L公司物流管理信息系统需求分析
3.1 L公司简介
3.2 L公司业务流程分析
3.3 L公司管理信息系统现状
3.4 L公司物流管理信息系统需求调查和分析
3.5 L公司物流管理信息系统技术建设的必要性
第4章 L公司物流管理信息系统方案设计
4.1 系统目标和设计原则
4.2 系统总体框架设计
4.3 系统功能模块设计
第5章 L公司物流管理信息系统技术方案设计
5.1 基础服务平台
5.2 系统管理
5.3 开发工具和运行环境
5.4 系统部署
第6章 L公司物流管理信息系统开发计划及效果评价
6.1 进度计划
6.2 资金预算
6.3 开发组织
6.4 风险及其控制
6.5 开发效果评价
结束语

上述结构安排比较完善，借鉴了国内外先进经验，需要解决的问题明确，技术选择有依据，方案设计较完整，开发计划较全面。这样的方案，操作性较强，令人信服。

5.7.3 技术方案型论文主要内容的写作

1. 技术概况的写作

技术概况，就是一项技术的内涵、发展过程、主要内容、发展趋势、国内外应用概况和其他类似技术的比较等。论文要用技术解决实际问题，所采用的技术要过硬，因此要进行全面介绍。

写技术概况时，我们要注意以下问题。

（1）技术概况介绍的范围要适中。例如，信息技术包括网络、硬件、软件等方面，其中的软件技术，又包括操作系统、数据库、开发工具、程序语言等，如果全面介绍，是不可能的。我们需要根据论文的需要，选择一个适中的范围，略微超出后面的应用需要。

（2）不要过多地介绍概念。新的概念不断出现，对于作者来说，往往很新鲜，因此很多人用很大的篇幅介绍概念及其演化，其实这是不必要的。论文的读者一般是专家，所以作者不用介绍基本的概念，只用把技术的主要思想、主要指标、优缺点做简要介绍。

（3）要先消化资料，再写作。有些同学大段引用技术资料，而且各段资料之间缺乏联系，只是材料的堆砌；有的同学引用的资料只来自一两篇文献，这样做，除了涉嫌抄袭外，也不能反映技术全貌。我们应该参考多篇文献，消化之后用自己的语言概括、总结出来。

（4）篇幅不要太长。工程硕士论文要求3万字以上，重点在问题分析和方案制订上，技术概述是辅助性的内容，因此篇幅不能太长，建议不超过全文的20%。

2. 需求分析的写作

在工程技术领域中，需求分析是设计的基础。需求分析一般包括以下三个层次。

（1）来自经营管理上的需求。新产品、新技术、新系统的开发动力都源于企业经营管理的需要，而不是为落后的技术而开发新技术。因此，论文首先应介绍所在企业（单位）的概况，分析其开发应用新技术的需求。

（2）功能需求。经营管理需求确定后，我们要进一步明确技术的功能需求，也就是需要哪些功能，以及哪些功能排在前面。我们需要通过对企业内外部相关人员的调查，获得第一手资料，而不仅仅是推理。

（3）技术参数。开发人员还需要进一步明确技术的主要参数，比如叉车的装载效率、传送带的速度、系统日处理能力等。这些参数是未来方案设计需要实现的目标。

围绕上述三类需求，论文需求分析部分一般包含以下内容。

第3章　某技术的需求分析　　　　　　　　求分析
　3.1　企业概况　　　　　　　　　　　3.3　某技术功能需求分析
　3.2　经营管理对某技术的需　　　　　3.4　某技术主要参数或指标

当然，技术内容不同，标题也不同，我们可以相应地调整以上部分的内容。

3. 技术方案设计部分的写作

此部分就是设计出一个完整的技术方案，解决前面需求分析中提出的问题。

例如，某单位生产的产品以前用叉车装载上车，每台叉车一天能装 500 台，有 4 台叉车同时作业。随着企业订单的增加，每天的产量达到 5 000 台。按以前的作业方法，这需要增加 6 台叉车，作业场地不够。于是有人提出了开发一种"抱装机"的设想，从单台产品底部托装上车变为一次"抱"4 台产品上车。经过力学计算和调研其他企业，该单位证明了该想法是可行的。如能成功，那么每台抱装机一天可装车 2 000 台，3 台叉车就可满足要求。技术方案部分就是要设计出完整的方案：抱装机的工作原理、几大系统（动力、传动、执行、控制、操纵等）、关键部件的草图（论文中没必要很详细地对此进行介绍）。

再如，某物流公司开展运输、仓储、配送业务，以前靠人工管理，经常出现差错。特别是一些新客户，要求公司之间进行信息对接，因此，领导经研究决定开发物流管理信息系统。该公司进行需求分析之后得出结论：系统应包括运输、仓储、配送、车队管理、费用结算、客户服务等模块。技术方案部分要设计出开发物流管理信息系统的完整方案，包括系统目标、总体框架设计、功能模块、技术平台等内容，以满足企业经营管理的需要。

需要强调的是，技术方案不是详细的技术图纸，而是一个概括性的蓝图，所以论文中不必介绍细节。技术方案的设计，一般要遵循完整性、科学性、先进性、低成本、运行费用低等原则。很多学生的论文完整性不够，该设计的地方没有设计。还有一些学生的论文过多地讨论技术细节，忽略了技术方案的主要内容。

4. 开发计划的写作

硕士是企业或部门的领导者，不是单纯的技术人员，因此不能局限于具体的技术工作，在提出技术方案后，他们还需要负责方案的实施组织。开发计划就是把技术方案付诸实践的一系列活动计划。例如，产品开发计划包括设计、样品试制、小批量生产、成批生产、推向市场；软件开发计划包括软件编程、测试、试运行、交付使用和运行维护。

开发计划通常包括进度计划、资金预算计划、开发组织、风险及其控制等内容，其目的是使方案勾画的蓝图（技术方案）能真正变成企业的产品或者系统，如制造出"抱装机"，开发出可以运行的物流信息系统等。其中的进度计划等，可以用甘特图、数据表等形式表示，增加可读性。

开发计划写作需要用到很多管理知识，如进度计划中的甘特图、资金预算中的估价方法、团队组织理论、风险控制理论等。由于工程硕士在这方面可以学习的课程较少，往往写得很一般，需要自己学习相关理论知识，弥补管理知识的不足。

5.8 体系应用型论文的结构

自20世纪80年代以来，西方发达国家逐步推出了一系列认证和标准化的管理方法。这些认证和标准化的管理方法是在总结管理科学理论与实践的基础上，形成的完整的理论体系和可以实际操作的程序、规范。

我国很多企业、政府部门为了提高管理水平、增强竞争力、与国际接轨，纷纷应用先进的管理思想和方法，比如推行ISO9000质量体系认证、ISO14000环境认证、企业资源计划项目、全员生产维护等。还有一些公司需要将母公司确定的管理方案实施、应用。写体系应用型论文，切记不需要大篇幅地介绍体系，描述过程，而应该把重点放在分析如何把成熟的管理体系和本单位的实际情况相结合上。

体系应用，狭义地说，就是把某一个管理体系在企业中进行应用；广义地说，就是在管理工作中，运用一套体系化的、成熟的甚至是强制的管理方法。以此为背景的论文，就是体系应用型论文。

5.8.1 企业ISO9001：2000质量体系认证的例子

先让我们来看一个例子。

| 案例 | 某企业进行ISO9001：2008质量体系认证

产品质量是企业生存的关键。某企业为提高产品质量，实现产品出口，满足国内招标的要求，决定进行ISO9001：2008质量体系认证。为此，他们邀请了一家专业咨询公司前来指导认证工作。按照ISO9000族的基本指导思想，质量控制具体体现在以下方面。

（1）控制所有过程的质量。ISO9000族标准是建立在"所有工作都是通过过程来完成的"这样一种认识的基础上的。

（2）控制过程的出发点是预防不合格产品的出现。在产品寿命周期的所有阶段中,从最初的识别市场需求到最终满足要求的所有过程的控制都体现了预防为主的思想,比如要控制市场调研和营销的质量,控制设计过程的质量,控制采购的质量,控制生产过程的质量,控制检验和试验,控制搬运、贮存、包装、防护和交付,控制检验、测量和实验设备的质量,控制文件和资料,纠正和预防措施,全员培训等。

(3)质量管理的中心任务是建立并实施文件化的质量体系。

(4)持续的质量改进。当实施质量体系时,组织的管理者应确保其质量体系能够推动和促进持续的质量改进。质量改进包括产品质量改进和工作质量改进。

(5)一个有效的质量体系应满足顾客和组织内部双方的需要与利益。

(6)定期评价质量体系。

(7)做好质量管理关键在领导。

按照这些要求,咨询公司和企业商定了以下认证步骤(其中有五个必不可少的过程:知识准备——立法——宣贯——执行——监督、改进)。①企业原有质量体系识别、诊断;②任命管理者代表、组建 ISO9000 推行组织;③制定目标及激励措施;④ISO9001 标准知识培训;⑤质量体系文件编写(立法);⑥质量体系文件的大范围积极宣传、培训、发布、试运行;⑦在内审基础上的管理者评审;⑧质量管理体系的完善和改进;⑨申请认证。

咨询公司帮助企业建立了各种质量文件、制度,并帮助企业培训人员,落实这些制度的执行,从而使企业顺利通过认证,并且质量水平确实得到了很大的提高。

从以上案例中可以看出,企业进行质量体系认证,需要咨询公司的帮助,过程、内容是严格按照认证机构的规定进行的,企业在其中配合落实各项改进工作。类似的认证不但在企业中经常进行,事业单位、政府部门也逐步开展各种认证。体系应用成为提高管理水平、实现管理规范化的一项重要手段。

5.8.2 常见的体系应用

类似 ISO9000 认证这样的案例还有很多。我们按照这些体系的强制程度,将其分成管理体系的应用、管理软件的应用、规划与评估、管理思想与方法的应用四大类。表 5-2 列举了经常开展的一些体系应用。

表 5-2　一些常见的体系应用

分类	应用内容	特点
管理体系的应用	ISO9000 质量体系认证	有严格的规范、程序，具有一定的强制性
	ISO14000 质量体系认证	
	ISO/TS16949 质量体系认证	
	SA8000 社会责任管理体系认证	
	GPM 制药、食品等行业的强制性标准认证	
	供应链参考模型（SCOR）	
	软件成熟度模型（CMM）	
	集成产品开发（IPD）	
管理软件的应用	企业资源计划（ERP）	软件基本规范、应用范围、过程、重点等有差异
	客户关系管理（CRM）	
	供应链管理（SCM）	
	IT 运行维护管理（ITIL）	
	协同办公系统	
	电子商务应用	
规划与评估	企业发展规划	程序比较规范，内容差异性较大
	区域规划	
	项目可行性研究	
	项目评估	
管理思想与方法的应用	准时制生产（JIT）	只有核心思想，具体做法各异
	全员生产维护（TPM）	
	精益生产（LP）	
	供应商管理库存（VMI）	
	企业资产管理（EAM）	
	项目管理挣值分析法	

下面我们将对几类应用做简要介绍。

1. 管理体系的应用

管理体系是国内外专业机构在管理实践的基础上，总结形成的标准或规范，并由国际组织或某些国家权威发布。如果通过这些规范的认证后，申请认证单位能获得相应的认证证书，就表明它具备了这方面的能力。管理体系的应用往往和认证结合在一起，由企业和权威的第三方机构共同承担。第三方机构负责指导、方案设计、督促检查和最终认证，企业负责按照第三方机构的要求组织实施，包括标准学习、改进方案落实等，俗称"贯标"。由于第三方机构的全程指导，标准贯彻具有强制性。

2. 管理软件的应用

自 20 世纪 80 年代以来，随着信息技术的快速发展，国内外先后出现了很多先进的商品化管理软件，代表性软件是 MRP、MPRII、ERP。2000 年以后，客户关系管理、供应链管理、电子商务等软件也逐渐成熟，得到企业的青睐。这些软件包含先进的管理思想，是成熟的计算机程序，并且和企业管理相结合，可以实现管理的规范化、流程化、标准化，能大幅度提高管理效率，降低管理人员的劳动强度，全面提高企业管理水平。大部分软件的功能很规范，但在具体单位中需要结合实际，在应用范围、应用过程、应用重点等方面有一定的差异性。

3. 规划与评估

按照国家有关部门的规定，规划与评估都有一定的标准、程序和内容，例如可行性研究报告一般要遵循联合国工业发展组织（UNIDO）的《工业可行性研究编制手册》和国家建设部等有关部门的规范，承担机构还需具备一定的资质，并不是随便可以操作的。在实际中，企业规划与评估工作大部分是委托给外部第三方机构进行的，如果让企业自己来做，只能是内部使用的、非正规的初步规划与评估。在委托第三方机构进行规划与评估的过程中，企业需要提供各种资料，并表达自己的意图，第三方机构按照法定的程序、规范进行规划与评估，最终提交一份客观的报告。

4. 管理思想与方法的应用

管理思想与方法的规范性要求相对要小一些，其中管理思想又分成核心思想和思想体系，管理方法有大有小，管理思想与方法的应用相对来说强制性要小得多。企业可以根据自身状况，选择核心思想、思想体系甚至只是其中某一方面的具体方法进行推广应用。企业对于管理思想与方法的应用，关键是要结合自身实际，体现自身特点，不能教条地搬用，即使是国际上最先进企业的做法。

5.8.3 体系应用的特点分析

体系应用领域各不相同，内容也不一样，但它们都有一些共同的特点。

（1）体系本身有明确的规范，每项工作都有明确的要求。例如，ISO9000有一套严格的认证程序；可行性研究涉及世界银行、国家建设部等多种标准，对于其中的内容、格式有详细的要求。

（2）内容要求具体。例如，ERP实施有若干个标准模块，《可行性研究报告》必须包括若干个部分的内容等。

（3）实施的流程很清晰。这些流程都是以前的企业在实施过程中总结出来的，如果不这样做，肯定会浪费时间，且达不到很好的效果。

企业在开展体系应用工作时，首先要遵守各项体系的规定，消化其中的思想、内容、方法和程序，重点是要结合企业实际，使得体系应用确实解决了企业存在的问题。

5.8.4 体系应用型论文通常存在的问题

一些学生选择将应用作为专业学位论文的主题，在写作中，往往按照这些体系的要求，一步步地往下写，结果写成了知识介绍、流水账或者工作总结，无法满足专业学位论文分析问题、解决问题的要求，常常会出现以下问题。

（1）介绍性的内容过多。这些学生大量介绍体系的内容、特点、作用、意义等，自己研究的内容很少。

（2）缺乏对企业环境和应用条件的分析。他们只从体系要求出发，介绍如何做，而对于企业该不该实施，实施体系希望解决什么问题，是否具备实施条件等没有深入分析。

（3）过分介绍应用过程。他们按照认证流程的顺序，一步步地介绍企业是如何做的，最后取得了多么好的效果。有些学生大量摘抄应用手册上的内容，从文体上来看，好像是一份说明书。

（4）与本企业的实际结合得很少。论文缺乏完整的、针对本企业问题的实施方案，提出的对策也看不出和本企业有必然的联系，因此不能看出实施之后能解决哪些问题。

（5）写作时间点选择不当。体系应用从前期调查、立项决策、启动、推进到完成，需要几个月乃至两三年的时间。论文写作时间点应该是立项决策之后、启动之前。学生应以当时的环境为背景，描述现状，分析面临的问题，提出实施的方案。如果写作时间点选得过早，就是应用项目该不该上的决策问题；选得过晚了，只能对项目进行总结。这两种情况都不是体系应用型论文。

5.8.5 体系应用型论文的写作思路

体系应用型论文的写作，不在于告诉读者企业做了什么事情，关键是要论述为什么这么做。这和企业开展管理体系应用的工作思路是有很大差异的。以体系应用为体裁写专业学位论文，就要按照体系应用型论文的特点，确定写作思路。

（1）把核心放在结合企业实际上。体系的内容很多、很成熟，评委老师也很熟悉，所以论文中不需要过多介绍。企业应用的关键是和实际结合，这也是你的论文的核心。论文从头到尾都应该体现这一思想。

（2）注意应用层次。一种管理体系，通常包括基本思想、管理目标和原则、管理规范、应用程序等一系列内容。在我国，由于一些企业的管理基础太差，在应用某一体系时，往往会断章取义，只吸收一些管理思想，而没有完整地遵照体系要求，按照体系的目标、原则、规范和程序来实施应用。例如，某同学的论文标题是"供应链参考模型SCOR在××企业的应用"，但在论文中，只提及如何选择供应商，如何对供应商进行考核，显然对SCOR的理解不全面。这样的论文不能算体系应用型论文。因此，该论文的标题不应该用管理界有明确内涵的概念（即SCOR），写作上也不能按体系应用类论文来写，不能因为新名词吸引人而盲目应用。这篇论文应根据企业供应商管理的实际，研究供应商管理问题。这是一个专题研究问题，而不是供应链参考模型在企业中的应用。

（3）写作风格应体现研究性。论文要深入分析现状以及体系实施前所面临的问题，分析体系应用已经具备和不具备的条件，提出把成熟体系应用于企业实际的、具有针对性的方案，明确重点、难点，防范风险，不能记流水账，面面俱到地介绍体系知识和实施过程。

构思学位论文时，我们要以管理体系应用为背景，抓住其中的几个关键，按照分析问题、解决问题的思路，论证以下几个问题。

1）为什么这个管理体系能用于本企业？
2）管理体系要解决企业哪些具体问题？
3）为什么要选择这样的应用方案？
4）应用方案最终怎么解决了当初提出的问题？

从论文写作的角度，我们可以用图5-5来说明管理体系应用的过程。

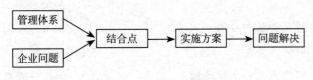

图5-5　体系应用过程

首先，我们要分析管理体系的来源、特点、适用范围，分析企业存在哪些需要解决的问题；然后，分析管理体系和本企业的结合点在哪里，也就是应用的必要性、可能性；接着，提出应用方案，这个当然不是通用的，而是要结合本企业实际的、针对企业需要解决的问题；之后，阐述如何实施这个方案，如实施计划、重点难点分析、风险防范等；最后，介绍实施结果，其中包括论文前面提出的问题，是否都得到了解决。

5.8.6 体系应用型论文的结构安排

一位同学的论文题目是"供应链参考模型的分析与案例研究",提纲如下。

绪论
第1章 什么是业务流程管理
第2章 业务流程参考模型结构分析
第3章 供应链管理及其运作参考模型
第4章 以供应链运作参考模型为基础的供应链分析及案例验证
第5章 结论与建议

从提纲上来看,1～3章都是介绍性的内容,而且和"供应链参考模型"的关系不密切,第4章看上去像是结合企业实际情况的分析应用,但从全文来看,相关内容明显不足。因此,很多人写出来的这类论文,就像一本教科书,篇幅很长,但不符合专业学位论文分析问题、解决问题的要求。同时,题目也不符合专业学位论文的规范。

我们建议体系应用型论文采用以下结构安排:简要介绍原理、实施背景;介绍现状并提出应用需求;分析应用中面临的问题(或需要解决的问题);提出实施方案,一定要针对问题,使方案体现本项目的特点;分析实施重点、难点,提出保障措施和风险防范措施。以上面所提的 SCOR 项目为例,我们可以这样安排论文结构。

供应链参考模型在 ×× 公司的应用案例研究

第1章 绪论
　1.1 研究背景和目的
　1.2 研究方法
　1.3 研究内容和文章结构
第2章 供应链参考模型概述
　2.1 供应链参考模型的概念和发展历程
　2.2 供应链参考模型的主要内容
　2.3 国内外供应链参考模型应用实例借鉴
第3章 某公司供应链管理现状及对存在问题的分析
　3.1 公司概况
　3.2 供应链管理现状
　3.3 对供应链管理存在问题的分析
第4章 供应链参考模型应用需求分析
　4.1 实施供应链参考模型的必要性
　4.2 需求分析

4.3 实施供应链参考模型面临的问题

第 5 章 ××公司供应链参考模型应用方案设计

5.1 应用目标、原则及重点

5.2 供应商管理改进

5.3 分销渠道改进

5.4 供应链库存控制

第 6 章 供应链参考模型实施过程及结果分析

6.1 实施计划

6.2 实施过程

6.3 实施效果评价

第 7 章 结束语

从上述结构来看，该论文并没有过多地介绍供应链参考模型的知识、应用过程，而是分析需要解决的问题，根据实际需求，提出有针对性的应用方案，体现了学位论文的研究性。

5.8.7 体系应用型论文的内容写作要点

下面我们将分别对论文中几个主要方面的内容做一下介绍。

（1）管理体系介绍。论文可以简要介绍管理体系的由来、主要思想、主要解决什么问题、适用范围等。由于一个管理体系的内容非常多，对此，我们不需要详细介绍，择其要点，面向后面的应用，介绍主要内容就可以了。我们还可以增加一些国内外成功应用的案例，说明这一管理体系的重要作用。

（2）企业竞争环境分析。写本章是为了说明企业面临的竞争压力，有必要不断提高管理水平，应对市场竞争，这是应用某类管理体系的依据。

（3）企业经营现状和应用需求分析。现状介绍是让读者对企业整体环境有一个全面的了解，应用需求是指企业希望通过应用，实现哪些功能或者达到什么目标。

（4）存在问题分析。对于这个部分，我们要结合管理体系的内容来写，不能面面俱到。例如，我们应用ISO9000，主要分析质量方面的问题；应用项目管理，主要分析该项目面临的具体问题，这些问题都是论文的后半部分需要解决的。分析问题的方法参见前面章节的内容。

（5）管理体系应用的目标、原则、思路。我们要站在企业的高度来看待管理体系应用，不能局限于某一个应用部门。例如，实施ISO9000不仅是质量部门的事情，虽然是质量部门牵头组织的。应用的最终目标是提高企业的市场竞争力，具体目标是解决质量水平不高、成本居高不下、维修费用高等问题。根据这些目标，我们再提出原则和思路。

（6）主要应用的内容。在总体思路的指导下，我们要设计具体方案，对于其中的主要内容要展开论述，要具有针对性。例如，应用全员生产维护，我们需要在管理体系、组织、流程、目标管理、可视化管理等方面，设计具体的方案。

（7）计划、保障措施。和撰写其他类型的论文一样，我们要保证计划得到实施，并真正发挥效果。对于 ERP 等软件项目，我们尤其要注意实施的组织工作，针对本企业实施过程可能存在的问题，提出切实可行的实施计划和保障措施。这部分写作存在一个经常出现的问题，就是很多软件应用都有自己的方法论。

（8）实施效果。在这部分中，我们要通过前后对比反映良好的效果，如实施前后，质量合格率由 80% 提高到了 90%，节约了多少成本，交货期由多少天缩短为多少天等。我们还可以从经济指标和非经济指标，直接效益和间接效益等角度，反映实施成果。

5.9 规划型论文的结构

规划是指个人或组织制订的比较全面、长远的发展计划，是对未来整体性、长期性、基本性问题的思考，是关于未来的一整套行动方案。一般来说，规划的时间跨度在三年以上，是在战略指导下，包含若干具体目标，由一系列项目或活动组成的、较详细的计划。

5.9.1 区域规划、产业规划和园区规划

现实中的规划有很多。专业学位论文常见的规划有三种：区域规划、产业规划和园区规划。区域是行政区划的概念，产业也称行业，而园区也叫产业园，是在特定区域的一个或若干个产业集群。本节的内容主要源于百度百科。

1. 区域规划

区域规划是为实现一定地区范围的开发和建设目标而进行的总体部署。广义的区域规划是指对地区社会经济发展和建设进行总体部署（包括区际和区内），包括区际规划和区内规划，前者主要解决区域之间的发展不平衡或区际分工协作问题，后者是指对一定区域内的社会经济发展和建设布局进行全面规划。狭义的区域规划则主要是指在一定区域内与国土开发整治有关的建设布局总体规划。

按照规划的功能，区域规划又分为综合规划，如某市、某县区域发展规划，

内容包括国民经济和社会发展的方方面面；单项规划，如某市经济发展规划、某县土地资源利用规划等。

2. 产业规划

产业规划是指综合运用各种理论分析工具，从实际状况出发，充分考虑国际国内及区域经济发展态势，对某地产业发展的定位、产业体系、产业结构、产业链、空间布局、经济社会环境影响、实施方案等做出三年以上的科学计划。常见的产业规划如商业规划、农业规划、能源规划、交通规划、旅游规划、文化产业规划等。在我国，五年产业规划具有非常特殊的意义，因此五年产业规划编制经常成为企事业单位、政府部门的重要工作。

一个地区的经济发展，其核心是产业，要解决做什么、为什么、怎么做三个问题。产业的空间布局只是产业在区域内的分布设计，是"怎么做"这一环节的部分内容。产业规划一定要讲清楚当地做什么产业，从国际国内产业发展趋势、市场容量、技术水平等多方面进行论证，证明对于某地该产业来说，只有这样做，产业才有出路。

产业规划有其规范的方法。首先，进行经济发展阶段和产业结构分析，以明确当前产业问题和预测未来发展方向。其次，根据全球、区域或周边城市产业转移、区域政策和本地产业特征等，分析产业发展面临的机遇、挑战及优劣势。再次，针对现状和发展条件，提出产业发展的总体战略，如结构升级、集群化、高技术化、区域协调分工等，并按一定的标准确定优势（或主导）产业及其战略。最后，根据现状产业分布和"发展连片、企业进园"等原则，确定"点、轴、带、圈、片、区"的总体布局，或提出优势产业布局意向，明确各区的产业类型及规模。

3. 园区规划

产业园区是指为促进以某一产业发展为目标而创立的特殊区位环境，是区域经济发展、产业调整升级的重要空间聚集形式，担负着聚集创新资源、培育新兴产业、推动城市化建设等一系列的重要使命。产业园区能够有效地创造聚集力，通过共享资源、克服外部负效应，带动关联产业的发展，从而有效地推动产业集群的形成。

园区是一个区域概念，现实中有综合性的产业园，如高新技术开发区、经济技术开发区、产业园、工业园等，还有专业性的产业园，如创意产业园、电子产业园、服装城、信息港等。每个园区一般都有独特的主题定位。针对园区发展编制的规划，就是园区规划。

5.9.2 规划型论文的写作思路

由于规划往往和项目立项审批、银行贷款、过程施工等后续工作挂钩，因此，正规的规划往往需要由一定资质的单位（如规划院）编制。国家发改委等部门有一定的规范，对规划依据、编制程序、内容等有严格的规定。有资质的规划单位，往往会从工程、建筑等角度出发，对产业规划实施过程中工程性内容进行设计，承担因设计不合理而导致的风险责任。非工程性内容，如预测、经济发展指标的确定等，并不是规划院所擅长的。专业学位研究生学习的是经济管理知识，正好可以弥补规划院的不足。因此，在企业、政府工作的专业学位研究生代表所在单位和规划院合作，发挥双方特长，共同编制规划，能使规划更加科学、合理。专业学位研究生把参与规划编制的相关内容进行整理、加工，就可以写出很好的专业学位论文。

一份规划的制定，往往涉及庞杂的内容，时间跨度长，如果把最终规划方案直接用到论文中，显然是不合适的。对于其中的工程性内容，论文中不需要体现太多（除非是工程硕士写的技术型论文）。而非工程性的经济发展内容，正是管理类专业学位论文的重点。我们应该以规划中的经济社会发展为主线，对规划内容进行适当取舍。

我们在前面说过，学位论文强调"论"，而现实中的规划以及最终发布的规划方案往往只告诉结果，略去了论证过程。因此，规划型学位论文就要弥补实际规划中论述的不足。我们要通过规划方法选择、逻辑推理，把规划变成方法科学、推理严密的学位论文。

一般来说，规划型论文的写作，应体现如下思路。

（1）相关领域理论的介绍。相关领域理论如区域发展理论、产业经济学、园区发展模式等。专业学位强调理论应用，编制规划需要理论指导，所以我们只有站在国内外理论的前沿，高瞻远瞩，才能编制科学、先进的规划。

（2）规划方法论证。规划方法有很多种，对于在什么环境下哪种方法有效，我们需要分析比较。如果方法不对，规划结果就值得怀疑。因此，我们在论文中，应论证用什么方法来编制规划。

（3）规划的出发点。规划的出发点就是现状介绍，如区域各方面发展的现状、产业现状、园区发展现状等。我们在对现有优劣势进行分析的基础上，明确有哪些很好的基础，才能明确未来的主导方向。

（4）对于存在问题的分析。和其他管理课题一样，解决问题是工作的出发点，也是学位论文的基本要求。问题找得准，规划的针对性就很强，规划才具备良好的可行性。

（5）规划设计。在明确规划思路、原则和目标之后，我们要确定规划的主要内容。至于应将哪些内容包括在内，我们需要遵循有关部门的规范，如国家发改委等发布的规划准则。需要注意的是，论文应对工程性内容进行淡化处理，以便突出管理主题。

（6）保证措施。保证措施通常包括组织、资金等方面的保障，期望的政策支持等。论文对于本单位能做到的，要尽量明确；对于向上级政府等建议颁布政策的，需要慎重提出。政府部门制定政策很不容易，需要人大立法也很困难，改变社会观念更加困难，如果论文中提出了很多政策、法规，那么是很难实现的。

5.9.3 规划型论文的结构安排

区域综合性规划需要很多人长时间的论证，不是一个专业学位研究生能完成的工作，一般不宜做专业学位论文。区域经济发展规划和产业规划有很多类似之处。下面我们将给出产业规划和园区规划的参考结构，供写此类论文的学生参考。

产业规划型论文参考结构如下。

```
第1章  绪论                          趋势
  1.1  研究背景和目的                3.4  产业发展预测
  1.2  研究方法                      第4章  ××产业发展现状与对
  1.3  研究内容和文章结构                  存在问题的分析
第2章  产业发展理论与产业规           4.1  当地产业发展概况
       划编制方法概述                  4.1.1  行业发展现状
  2.1  产业发展的概念                  4.1.2  重点企业发展现
  2.2  产业发展相关理论                       状
  2.3  产业规划编制方法              4.2  当地产业发展条件
第3章  国内外××产业发展              4.2.1  区位条件
       现状与趋势                      4.2.2  资源条件
  3.1  国际××产业发展现状            4.2.3  产业配套条件
  3.2  国内××产业发展现状            4.2.4  其他条件
  3.3  国内外××产业发展            4.3  当地产业发展环境现状
```

4.3.1 政策环境
　　　4.3.2 市场环境
　　　4.3.3 融资环境
　　　4.3.4 人才环境
　4.4 当地产业发展存在的问题
第 5 章 ××产业发展规划设计
　5.1 思路和目标
　　　5.1.1 指导思想
　　　5.1.2 产业定位
　　　5.1.3 发展目标
　5.2 产业发展导向和产业链设计
　　　5.2.1 核心产业链及产品
　　　5.2.2 配套产业链和产品
　　　5.2.3 相关产业链与产品
　5.3 产业发展空间布局
　　　5.3.1 产业发展的核心产业基地
　　　5.3.2 产业发展的重要拓展区
　5.4 产业发展的重大工程项目
　　　5.4.1 产业基地的创建工程
　　　5.4.2 龙头企业的培育工程
　　　5.4.3 创新能力的提升工程
　　　5.4.4 合作平台的搭建工程
　　　5.4.5 推广运用的示范工程
　5.5 产业发展的政策保障
　　　5.5.1 组织保障
　　　5.5.2 招商引资
　　　5.5.3 政策扶持
　　　5.5.4 其他措施
结语

园区规划型论文参考结构如下。

第 1 章 绪论
　1.1 研究背景和目的
　1.2 研究方法
　1.3 研究内容和文章结构
第 2 章 园区发展理论与园区规划编制方法概述
　2.1 园区的概念
　2.2 园区发展相关理论
　2.3 园区发展的几种主要模式
　2.4 园区规划编制方法
第 3 章 ××产业园区发展现状与对面临问题的分析
　3.1 ××园区发展概况
　3.2 园区发展环境分析
　3.3 园区发展面临的问题
第 4 章 ××园区的发展规划设计
　4.1 园区规划指导思想和发展目标

4.2 产业园区的发展定位
    4.2.1 区位选择
    4.2.2 功能定位
    4.2.3 产业定位
4.3 产业园区的空间布局
    4.3.1 用地布局
    4.3.2 功能区划分
    4.3.3 建设规模与产业布局
4.4 投资成本与收益估算
    4.4.1 产业园区总投资
    4.4.2 分阶段投资
    4.4.3 成本估算
    4.4.4 主要经济指标
4.5 园区发展效益评估
    4.5.1 社会效益评估
    4.5.2 生态效益评估
第5章 ××园区运营与保障
5.1 运作模式设计
5.2 招商引资方案
5.3 园区规划的保障措施
结语

5.10 政策分析型论文的结构

政策，是指国家政权机关、政党组织和其他社会政治集团为了实现自己所代表的阶级、阶层的利益与意志，以权威形式标准化地规定在一定的历史时期内，应该达到的奋斗目标、遵循的行动原则、完成的明确任务、实行的工作方式、采取的一般步骤和具体措施。

政策分析是指对政策的调研、制定、分析、筛选、实施和评价的全过程进行研究的方法，又称政策科学。政策分析的核心问题是对备选政策的效果、本质及其产生的原因进行分析。它是在运筹学和系统分析的基础上发展起来的。运筹学和系统分析侧重于对系统进行定量分析，政策分析则侧重于对问题的性质进行分析，从而发现新的政策方案和解决途径。

很多MPA学生在政府部门工作，能够参与政策的调研、分析、制定、效果评估、修订等过程，以此为背景写出的论文，就是政策分析型论文。

5.10.1 政策分析的方法和过程

政策分析的理论基础涉及控制论、运筹学、系统分析、对策论、决策分析、行为科学、社会心理学、组织理论、权威理论、群体理论、结构功能理论、渐进理论和有限理性论等。其中渐进理论和有限理性论对政策分析起着重要的作用。

一般而言，政策分析的基本任务及程序是：①帮助决策者确定政策目标；

②找出达成目标的各种可能的办法；③分析每个备选方案的各种可能结果；④按照一定的标准排列各种备选方案的顺序。

政策分析方法有很多，几种有代表性的框架或模型有：①奎德模型；②琼斯模型；③巴顿和沙维奇模型；④斯托基和扎克豪斯模型；⑤西蒙模型；⑥索伦森模型；⑦城市研究所模型。

根据奎德模型，我们可以将政策分析的基本因素概括为如下七个方面：问题、目标、备选方案、效果、标准、模式和政治可行性。

（1）问题。问题是一般科学发现的逻辑起点，同样也是政策分析的逻辑起点。政策分析中的问题是指政策问题，即政策分析者所要分析、研究或处理的对象。政策分析所要处理的问题是公共问题，而非私人问题。问题界定是政策分析的一个极为重要的组成部分，好的开端是成功的一半，即成功地界定问题等于完成分析任务的一半。

（2）目标。目标或目的是决策者凭借决策手段所要取得或达成的东西。分析者遇到的一个困难是弄清楚决策者真正所要达成的目标。因为这些目标往往被决策者以抽象的语句或笼统的方式所陈述或隐含，因此相当模糊。如果决策者还没有确定目标，那么分析者就应认真地分析研究，并在目标应该是什么的问题上与决策者或当事人达成一致。

（3）备选方案。备选方案是决策者用来达到目标的选择或手段。在不同的场合，它们可以是政策、策略、项目或行动等。备选方案之间不必明显地相互排斥（相互取代）或起着相同的作用。备选方案不只包括那些决策者从一开始就知道的选择，还包括那些后来才被发现的选择。

（4）效果。将一个特殊的备选方案作为取得目标的手段意味着一系列的结果，我们称这些结果是与备选方案相联系的效果。

有些效果是对实现目标的积极贡献，即利益；另一些效果则是与备选方案相联系的消极结果，即成本。与备选方案相联系还有另一种效果，我们称之为外在的结果，即经济学所讲的外部效应。

（5）标准。选择标准又称决策标准或决策规则，根据这些标准，我们可以"衡量各种备选方案达成目标的程度"。一般的决策标准有效能、效率、适当性、公平性、回应性和合适性等。在资源有限的条件下，政策分析常常采用成本－利益分析（损益分析）或成本－效能分析，以这两种分析产生的结果作为方案比较选择的标准。针对单一的政策目标，我们可以运用的标准常常不止一个。

（6）模式。模式是一系列关于实践及其过程的概括或假定，是一个简化了的图像；它可以用来研究一项行为的结果，而不必采取实际的行动。模式有各种表现形式，如公式、物理结构、计算机程序等，甚至不过是一个心灵的图像而已。模式不仅可以用来预测备选方案的结果，而且可以应用于问题的建构或界定，甚至可以应用于整个分析过程。

（7）政治可行性。政治可行性是指符合在可解决问题的限度内的要求。限度是指环境的因素，即影响政策结果的因素和不被政策制定者所掌握的因素。政治可行性分为三个方面：政治资源限制、分配限制和制度的限制。

政策分析过程通常包括六个步骤：问题界定、目标（标准）设定、备选方案搜寻、未来预测、方案比较、结果评估，如图 5-6 所示。

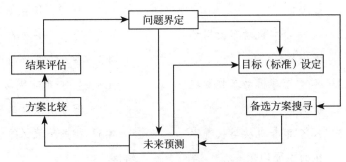

图 5-6　政策分析过程的基本步骤

5.10.2　政策分析型论文的结构安排

按照 MPA 专业学位论文的要求，政策分析型论文选题，应以某地区（省、市、县）的一项具体政策为研究对象，如"某市停车收费管理办法的政策分析""某市住房限购政策分析"，以公共管理理论为指导，在分析问题的基础上，提出政策改进的建议。

按照政策分析的基本任务及程序，我们建议撰写政策分析型论文的学生参考以下结构。

| 案例 |　　　　　××市停车收费管理办法的政策分析

第 1 章　绪论
　1.1　研究背景和目的
　1.2　研究方法
　1.3　研究内容和文章结构
第 2 章　城市非机动车收费相关
理论与实践概述
　2.1　城市非机动车收费的概念
　2.2　公共管理相关理论
　2.3　国外城市非机动车收费

案例剖析
2.4 国内城市非机动车收费案例剖析
2.5 国内外城市非机动车收费发展趋势
第3章 ××市非机动车收费政策现状与对存在问题的分析
3.1 ××市非机动车收费发展历程
3.2 ××市非机动车使用环境分析
3.2 ××市非机动车收费现状调查
3.3 ××市非机动车收费存在的主要问题
3.4 ××市非机动车未来预测
第4章 ××市非机动车收费现行管理办法改进建议
4.1 改进目标
4.2 备选方案分析
4.2.1 取消非机动车收费方案
4.2.2 在城市中心区收费方案
4.2.3 仅在繁华地段收费方案
4.3 备选方案分析比较
4.4 ××市非机动车收费管理办法预期结果
4.5 相关政策保障建议
结语

第6章 开题报告的准备

本章导读

开题报告是撰写论文的开始，并不只是确定论文题目，还需要进行前期研究。在编写开题报告之前，需要先行完成选题、初步调查、查阅有关文献、设计研究方案、设计论文结构等工作。没有经过以上工作就写开题报告，是不合理的。

论文开题报告，就是当论文方向确定之后，作者在调查研究的基础上撰写的报请导师、学校批准的选题计划。它主要说明对于这个选题有必要进行研究、自己有条件进行研究以及准备如何开展研究等问题，也可以说是对论文选题的论证和设计。开题报告是提高论文质量和水平的重要环节，可以有效地保证按计划完成论文，避免在研究和写作过程中走弯路、浪费时间。

6.1 为什么要写开题报告

1. 编写开题报告的目的

编写开题报告的目的有：通过文字形式，明确研究的问题和研究思路；提请导师和学校相关老师帮助论证，完善研究计划；指导后续写作。

做好选题工作，首先可以确定研究的主攻方向和前进路线；其次可以确定研究的重点与大致的研究范围，规范思考、观察问题的角度和重心，便于收集有关资料；再次可以确定基本观点，只有先确定基本观点，论文写作才有可能获得令人满意的结果；最后有助于促进论文的构思，论文的开题过程就是论文的构思过程，而一个好的选题将有助于论文的构思与论证。因此，选题是论文顺利开展的基础，是研究工作能否顺利进展的重要起点。

从论文的写作来看，写什么和怎么写，都是关键。但是，写什么（也就是研究什么问题）显得尤为重要，因为只有当你研究的问题很迫切、很有理论价值和现实意义时，论文才会有价值，才会达到积极的效果。如果你研究的课题毫无意义，那么即使花费再多的精力，研究得再好，论文写得再完美，也是没有价值的。所以，选题是论文成败的关键。

2. 开题报告编写之前的工作

编写开题报告之前，你就需要进行一定的研究，否则不可能有思路。有些同学认为，开题只是写一个题目，这是不对的。

编写开题报告之前，你就要按研究方案，查找并阅读一些主要资料，进行初步调查，分析初步的问题，提出初步的解决方案。开题以后，你再深入、细化这些初步的工作。

3. 开题报告的变更

开题报告通过后，方可进入撰写论文阶段，原则上一般不能随意改题。如果确有特殊原因需要改题者，须由学生写出书面报告，经指导教师签署意见，院（系）负责人审批后，报研究生院备案，并在一两个月内补做开题报告。在题目不改的情况下，研究方案、各章节的内容可以做一定的变更，因为随着研究的深入，原来初步的想法在实际调查中可能会有所改变。

6.2 开题报告主要内容的写法

开题报告主要包括：论文题目，摘要，选题意义，国内外研究概况，主要研究内容及拟解决的关键问题，立论根据及研究创新之处，拟采用的研究方法、步骤、技术路线及可行性论证，研究工作总体安排及具体进度，参考文献，目录等。下面我们将对开题报告涉及的关键内容进行介绍。

1. 摘要

摘要就是"摘取全文的精要"的意思，因此应该字字珠玑，不能废话连篇。摘要应具有独立性，一般都包含数据、结论等重要信息，即不阅读报告、论文的全文，就能获得必要的信息，供读者确定有无必要阅读全文。摘要一般包括研究背景、研究目的、研究方法、研究内容、主要结论五项内容。其中研究内容要占40%以上的版面，研究背景不能超过20%，篇幅在400字左右。这些内容的写法如下。

（1）研究背景，即你所研究的问题出现的环境，一般包括三个方面：一是外部背景，主要是国内外经济社会环境的变化、竞争对手的变化、消费趋势的变化等，这些变化对本企业（单位）经营造成了影响，使本企业经营产生了问题；二是本企业内部背景，企业内部由于经营资源、劳动力、组织结构等发生变化，使得经营出现了新的问题；三是管理理论及其应用的背景，这些理论已经在国内外某些企业中得到应用，产生了积极的效果。比如20世纪90年代中期，由于信息化带来的经营环境变化，很多企业开始应用流程再造理论解决企业面临的问题。这三个方面的背景使得作者产生了运用某种理论解决内外部环境变化产生的经营问题的想法。如果你把这个关系介绍清楚了，选题背景也就写好了。

（2）研究目的，即通过该研究能够解决哪些方面的问题，这些问题的解决在实际应用中会产生哪些重大的影响。你的企业遇到的一系列问题，都可以作为研究的最初动力，这些问题在理论上是如何定义的、如何划分的，按照以往的方法是如何解决的，经过这样一系列的探索，你最终要明确自己的研究目的。

如果外部环境变化为A，企业内部变化为B，问题为Q，管理理论为T，研究目的为O，则这几者之间的关系如图6-1所示。

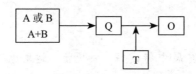

图6-1　研究背景与研究目的之间的关系

由于外部环境或（和）企业内部的变化，企业经营出现了问题，需要用管理理论解决这些问题，实现经营目标。

通常，我们将研究背景和研究目的放在一起，组成摘要的第一段。需要注意的是，在背景和目的的描述中，我们应尽可能包含有效信息，比如内外部环境的变化、面临的问题、某项理论的作用、研究要解决的问题等，不能空洞地介绍背景和目的。

|案例|

随着电子商务的快速发展，实体零售企业面临巨大的压力。华宏公司是大型零售连锁品牌企业，在竞争激烈的零售业中，面临×××、×××、×××等问题。供应链管理因其×××、×××、×××的作用，成为企业关注的热点。本文以华宏公司为研究对象，旨在运用供应链管理理论，优化供应链结构，达到降低运营成本、提高产品质量和改善服务水平等目的，进而全面提高整个公司的综合竞争力，实现公司未来发展规划。

（3）研究方法，即在明确研究背景与研究目的的前提下，选择适当的研究方法。总的来说，研究方法可以分为两大类：一类是定性分析法，另一类是定量分析法。不同的学科一般会有不同的方法，即使是相同的学科，研究的方法也有很多种。专业学位论文写作的研究方法一般有以下几种：调查研究法、案例分析法、比较研究法、历史研究法、理论联系实际的方法。诸如 SWOT 分析法、波士顿矩阵、钻石模型等是分析工具，大家不要误以为是研究方法。

（4）研究内容，即围绕论文主题，一步步论证的过程，要尽量具体。我们一般可以这样写：论文在回顾相关理论、分析国内外环境和行业发展趋势的基础上，剖析公司某领域的现状，发现其存在的×××、×××、×××等问题，提出了以某某中心的×××、×××、×××改进方案及其实施计划。这样写，内容就很具体、生动，读者能获得很多有效的信息。

（5）主要结论，即通过研究，你得到了哪些主要的结果。它是全文的归结，是整篇论文通过分析推理得到的必然结果。

|案例|

物流在国民经济发展中将发挥着越来越重要的作用。中国邮政作为一家百年企业，从2000年开始正式进军物流业。鸿飞邮政作为中国邮政的分支机构，把物流业务作为邮政业务发展的主要方向之一。经过短短6年的发展，鸿飞邮政物流从零开始，截至2009年年末，业务收入增长到8 000万元，但增长速度慢、利润率低，不如外资和民营物流企业 [以上是背景]。面对激烈竞争的市场，本文希望探讨鸿飞邮政物流大客户管理问题，通过有效地开发、维护大客户，提高邮政物流的竞争力 [以上是研究目的]。

论文通过文献检索、问卷调查、访谈等形式，分析鸿飞邮政物流相关现状，运用比较分析法分析其存在的主要问题。运用决策树找出鸿飞邮政物流系统优化方案 [这段是研究方法]。

本文在回顾第三方物流相关理论的基础上，分析了鸿飞邮政物流大客户管理存在的×××、×××、×××等问题，提出了以客户满意度改进为中心，以×××、×××、×××为主要措施的邮政物流运作优化方案 [这段是研究内容]。

根据论文分析，要提高鸿飞邮政物流的运作效率，必须建立大客户分类体系，针对不同客户实施差异化服务方案，建立 CRM 系统提高服务质量 [这段是归纳研究结论]。

2. 关键词／主题词

关键词的目的在于，让别人精准地找到你的文章。一般，我们将研究领域、主要理论、主要研究方法、工具列为关键词。主题词要求按照涵盖范围由大到小排列，比如供应管理 供应链采购 供应商评价。一般概念的词，如"研究""策略""对策""安徽""合肥"等，不能单独做关键词。中文关键词之间空一格，英文关键词间用逗号隔开。有些人简单地从论文标题中提取几个词作为关键词，是不可取的。

3. 选题依据

对于选题依据，我们需要阐述该选题的研究意义，分析与该研究课题有关的研究现状和趋势。

（1）研究意义。研究意义不是写研究什么内容、如何研究，而是写研究本课题的意义。一般来说，我们可以从本课题对本企业、本行业、国家等产生的意义来写。

（2）研究现状和趋势。这一部分的关键是围绕你选定的主题来写。研究现状是指围绕主题，列出什么人、什么时间提出了什么观点，特别是所在领域的著名专家对这个问题是如何研究的。如果你找到的相关文献不多，可以适当放宽范围查找文献，不要简单地下结论说"研究不多"等。研究趋势要引用国内外权威机构的报告、权威专家的观点，要很清晰地描述，不能想当然地写。研究趋势既包括专家学者研究的趋势（比如越来越关注劳工关系），也包括理论应用的趋势（比如大部分企业采用 CRM 系统）。

比如，如果你写关于网络营销的论文，就要写"网络营销的研究现状""网络营销的发展趋势"，否则就容易写偏题；如果你写税务审计，就要写"税务审计的研究现状""税务审计的发展趋势"；如果你写项目管理，就要写"项目管理的研究现状""项目管理的发展趋势"。

|案例|

对员工离职行为的早期研究认为，员工只有在同时具备离职意愿和离职可能性时，才会采取行动离开组织，而这种离开组织的意愿就是离职倾向。Porter 和 Steers（1973）表示"离职倾向"是当员工经历了不满意以后的下一个退缩行为。Mobley、Horner 和 Hollingsworth（1978）认为离职倾向是对工作不满意、离职念头、寻找其他工作倾向与找到其他工作可能性的综合表现。虽然对员工离职行为的研究非常重要，但我们直接研究

离职行为的难度较大，Kraut（1975）、Mobley等人（1979）、Newman（1974）、Michaels和Spector（1982）等学者皆认为离职的最佳预测值是离职倾向，因此具有重要的研究意义。

Mobley等人（1979）通过实证研究指出，离职倾向是其他许多与员工离职相关因素的一个总结性因素，离职倾向与员工离职显著相关。Abelson（1987）实证研究表明离职者的工作满意度与组织承诺较低，所承受的工作压力较高。Bluedorn（1982）以因径分析模型支持了工作满意度和组织承诺，以及组织承诺和离职倾向的因果关系，并提出组织承诺是离职过程的中介变量。方杰等人（2012）的研究表明工作满意度在员工组织承诺形成过程中具有重要的影响。Schein（1996）指出较高的组织承诺可以有效降低员工的离职倾向。

Wright和McMahan（1992）、孙清华（2008）等学者指出，战略人力资源管理对企业保留员工起到举足轻重的作用。而需求理论、心理契约理论、组织承诺理论和工作满意度理论以及员工离职模型从不同角度为战略人力资源管理在保留员工方面的重要作用提供了理论依据。根据需求理论，人在生理需求得到基本满足后，会有三种基本需求，即权力、归属和成就。战略人力资源管理关注员工的职业发展、员工的工作参与及保障、企业文化的建设以及团队的管理。根据心理契约理论和组织承诺理论，组织成员和组织之间存在隐含的、非正式的合约，企业应满足员工的心理需求，尽量不违背企业与员工之间的心理契约，使员工对企业形成较高的组织承诺度，以实现组织与成员的共同成长。根据工作满意度理论和员工离职模型，当员工对工作感到不满意时，如果有适当的外部工作机会，他就有可能选择离职。

因此，了解员工离职倾向的影响因素，并提出员工保留对策，采取具有针对性的管理措施，有助于减少员工尤其是关键员工的主动离职率，保持企业经营管理的稳定性。

4. 参考文献

在这里，要列出自己已经阅读的国内外主要参考文献，包括作者、论文名称、期刊名称、出版年月等内容，其格式和正式论文的格式一样。专业学位论文对参考文献的格式有很规范的要求，每个项目的位置、标点符号都是有严格规定的，要按照规范的格式来写！

专业学位论文一般要求有20篇以上的参考文献，其中英文文献要在4篇以上。在文献中，书籍一般占1/3，期刊论文占1/3，其他调查资料、网站等占1/3。

文献标题后面，要注明文献类型标识，以英文单字母大写并用方括号括起表示：专著［M］、论文集［C］、报纸文章［N］、期刊文章［J］、学位论文［D］、报告［R］、标准［S］、专利［P］、析出文献（主要来自专著、论文集）［A］、未定义文集（资料、语录、文件汇编、古籍等）［Z］。参考文献的录入格式示例如下。

书籍

[1] 迈克尔·波特.竞争战略[M].
北京：华夏出版社.2005.6.

期刊论文

[1] 张学军,黄由衡,韩雪.物流客户服务成本与物流服务水平关系探析[J].物流技术.2007.2

[2] Alexander E Ellinger. Improving Marketing/ Logistic crossfunctional Collaboration in the Supply Chain.Industrial Marketing Management, 2000, (29): 85-96.

网站

[1] 中国物流与采购联合会网站 http://www.chinawuliu.com.cn。

5. 论文研究内容

论文的框架结构就是你以后要写的论文的提纲，一般列到三级目录，详见第 5 章。具体参考示例如下。

第 1 章　物流产业环境分析
  1.1　国内外物流业务发展现状与趋势
    1.1.1　国外物流发展现状
    1.1.2　国内物流发展现状
    1.1.3　我国物流业发展趋势
  1.2　我国邮政物流业务发展现状与趋势
    1.2.1　中国邮政物流业务背景
    1.2.2　中国邮政物流现状
    1.2.3　中国邮政物流业务趋势
（以下省略）

比较合理的结构是：每一章下面有三四节，每一节下面有三四目。绝对不能出现的是一章下面只有一节，一节下面只有一目，并且绝对不允许章、节、目之间的标题重复。

论文框架容易出现的问题有以下几个方面。

（1）提纲内容不完全，应该有的内容没有出现，不该有的内容列上了。

（2）论文逻辑问题，即没有按照描述现状、分析问题、设计方案、组织实施的逻辑来组织提纲。

（3）章节安排不合理，即有的章下面有很多节，节下面又有很多内容，而另外一些章节下面只有很少的内容，比如有些章列到三级，另外一些章列到二级甚至只有一级。此时，我们需要调整章节划分。

（4）在排版方面，建议逐级缩进，这样看起来层次分明，一目了然。

6. 研究工作进度的大致安排

我们要分别写出论文研究过程中，理论研究、实验研究和工程技术研究的大致安排，包括研究内容和时间进度。

（1）理论研究应包括文献调研、理论推导、数值计算、理论分析、撰写论文等。

（2）实验研究和工程技术研究应包括文献调研、理论分析、实验设计、仪器设备的研制和调试、实验操作、实验数据的分析处理、撰写论文等。

时间进度安排举例。

2018年5～6月：文献资料的收集和整理阶段。就论文框架，向导师请教，完成开题报告的撰写工作。

2018年7～8月：钻研资料。开展调研，对各地开发的大客户进行分析和整理，完成论文初稿。

2018年9～10月：系统地分析和整理资料，完成论文撰写工作。提交给导师，并结合导师意见进行修改和完善，准备答辩。

2018年12月：论文答辩，修改、完善并提交最终论文，申请学位。

7. 预期研究成果

预期研究成果是指在本研究结束后，预计会取得哪些成果。学术上所说的成果，包括研究报告、学位论文、文章发表、专著出版等。一般我们会这样写，参见以下示例的内容。

本研究预期成果如下：

（1）向企业提交了《××公司市场渠道建设调查报告》一份；向营销部提交了《营销渠道建设改进建议》报告一份；整理收集的资料，编制《营销渠道管理资料汇编》一本；

（2）完成了本人的专业硕士学位论文；

（3）在国内核心期刊上发表论文2篇，初定题目分别为《××》

《××》;

（4）发表国际会议论文1篇，力争出席会议并做报告；

（5）公开出版专著一本，初定题目分别为《××》。

6.3 论文主题

按照"百度汉语"的解释，所谓主题也叫主题思想，最初是指文艺作品中通过具体的艺术形象表现出来的基本思想，是文艺作品内容的核心。题材的选择，人物的塑造，情节、结构的安排，语言的锤炼，都应服从表达主题的需要。主题延伸的含义是指谈话、会议、文章等的核心内容。

学位论文的主题，就是学位论文的核心思想。一篇文章洋洋洒洒写了几万字，如果主题不清晰，就不是好文章。因此，我们应围绕主题，组织文章各部分的内容。

在管理学中，很多概念之间有涵盖、并列等关系，因此，我们在提炼论文主题时，一定要甄别概念的内涵和它们之间的关系，否则很容易出现论文主题不突出的问题。下面我们将举例说明。

小王是企业制造部部长，负责企业生产相关的管理工作，包括生产计划、采购、进度、质量等，其中质量管理问题较多，但其他方面的问题并不严重。小王的论文聚焦于质量管理，但是经过分析，发现产生质量问题的原因有很多，除了质量管理方面的问题（如质量体系、检测方法等）之外，还有供应商管理问题，偶尔也会出现采购过程问题、计划不合理问题等。在小王看来，要解决质量问题，仅仅写质量管理是不够的，还需要拓展到生产管理各个方面。因此，他准备将主题改为生产管理。

质量管理的目标是尽可能提高产品质量，而生产管理的目标是高效、低耗地生产产品。小王首先需要判断，他的出发点是质量管理目标还是生产管理目标。如果他的出发点只是改进质量，那就不要把生产管理作为主题。另外，如果把生产管理作为主题，研究的着眼点不同，工作量也不同，就需要对选题进行重新评估。

确定主题之后，开题报告、论文的各个部分都需要紧密围绕这个主题来写。关于开题报告各部分的写法，第6.2节已经进行了说明。我们在研究背景、国内外研究概况、研究趋势、研究方法、论文结构等方面的写作过程中都要突出主题。

如何在论文结构上突出主题呢？下面我们将举例介绍。为了节省篇幅，以下案例简化了大部分三级目录。

合肥美菱公司供应商管理优化研究

第1章　绪论
1.1　选题背景及研究目的
1.2　国内外供应商管理研究动态
1.3　研究方法、内容与技术路线
第2章　供应商管理的相关理论
 2.1　供应商的选择
 2.2　供应商的绩效考评
 2.3　供应商关系管理
第3章　合肥美菱公司供应商管理现状及存在的问题
 3.1　合肥美菱公司概况
 3.2　供应商管理现状
 3.3　供应商管理存在的问题
  3.3.1　成本问题
  3.3.2　交货期问题
  3.3.3　产品质量问题
  3.3.4　服务问题
 3.4　供应商管理问题的根源分析
第4章　合肥美菱公司供应商选择与评价
 4.1　供应商选择评价原则、程序和内容
 4.2　供应商评价方法选择
 4.3　供应商评价指标体系
 4.4　合肥美菱公司供方分级评价管理制度
第5章　合肥美菱公司供应商管理方案重构
 5.1　供应商分类管理
 5.2　供应商管理方案重构
 5.3　供应商管理优化方案的实施
结语

在上述提纲中，每一章都围绕供应商管理来写，主题很突出。

H车辆检测公司网络营销研究

第1章　绪论
 1.1　选题背景
 1.2　研究的目的与意义
 1.3　国内外研究现状
 1.4　主要研究方法和研究内容
第2章　相关理论研究概论
 2.1　营销的相关理论

2.2 网络营销方式简述
2.3 PEST 分析法和 SWOT 分析法的基本概念
第 3 章 H 公司营销现状与情况分析
3.1 H 公司发展战略
3.2 H 公司营销现状
3.3 H 公司网络营销存在的问题及分析
第 4 章 网络营销方案的可行性分析
4.1 营销环境的 PEST 分析
4.2 开展网络营销的 SWOT 分析
4.3 可行性调查与分析
第 5 章 相关网络营销方案的应用
5.1 开展网络营销的策略选择
5.2 H 公司网络营销的具体方案
第 6 章 保障措施与预期成效
6.1 保障措施
6.2 预期成效
第 7 章 结论与展望

这篇论文的提纲存在很多问题。就论文主题来说，标题中明确提出的是"网络营销"，第 1 章看不出来有什么问题；第 2.3 节介绍的是分析工具，和网络营销关系不大；第 3 章介绍的是营销现状，没有介绍网络营销现状，以至于无法分析网络营销存在的问题。在第 4 章之前没有见到方案，怎么能分析方案的可行性呢？第 5 章依然不知道方案是什么。因此，从提纲上看，这篇论文的主题不突出。

开题报告完成后，经导师审查签字，提交给学院（中心）组织专家评审。有的学校还要求学生现场汇报开题报告，接受专家小组的质询，进而修改、完善开题报告。

第7章

正文的写作方法

本章导读

一般而言，MBA 学位论文的正文由以下部分构成：绪论、理论概述、环境分析与行业分析、企业现状分析、存在问题分析、解决方案设计、实施方案设计、结论等。这些部分就像人体的骨架，构成论文的框架。在论文写作时，我们需要在骨架间充实肌肉，安装神经系统，使论文丰满起来。

MPA 等其他专业学位的论文，在上述论文的基础上有少量的内容增减。例如，在 MPA 论文中，"企业现状分析"可能就变成了"政府管理现状分析"，"实施方案"可能就变成了"相关政策设计"；在工程硕士论文中，这一部分也可能变成了"某个工程项目或系统的运行现状分析"。无论如何，上述八个部分是应用型专业学位论文的基本写法，写作技巧是基本通用的。

7.1 绪论的写作

7.1.1 绪论的概念与结构

1. 绪论的概念

学位论文的绪论是指在论文开篇，概括论文的整体内容、研究要点及相关方法的部分。

任何文章都有一个开头，论文的开头通常要求有一篇绪论。绪论部分用来阐述论文的选题、论文的主要研究方向、论文的创新点（或综述整理情况）、使用的研究方法、论文的基本结构，以及其他需要说明的关于论文的问题。绪论部分的语言讲究严谨、精练、明确。

论文的开头除了被称为绪论外，通常还有序、序言、前言等叫法。对于学位论文，绪论是正规的称谓和写法。而序、序言、前言一般都很简短且内容较少，只是引出问题，没有太多关于论文的说明，学位论文不提倡用简短的引言。

2. 绪论的结构

学位论文绪论部分的结构大同小异，通常包括以下内容。

第 1 章　绪论　　　　　　　　　　1.4　研究方法
　　1.1　研究背景　　　　　　　　1.5　论文结构安排
　　1.2　国内外研究现状　　　　　1.6　论文创新点
　　1.3　研究目的和意义

专业学位论文不要求有创新点，因此，可以去掉 1.6 节。下面我们将具体介绍各节的写作方法。

7.1.2　绪论中各节的写作方法

1. 研究背景

关于研究背景，在开题报告的摘要部分已经简要讲述（见第 6.2 节）。开题报告需要运用高度概括的语言，绪论则需要运用数据、事实进行论述。

论文中所研究的问题都是基于一定的组织、环境提出的，研究背景部分要具体介绍所研究问题的组织、环境特征。例如，某论文研究企业生产管理中的某一问题，其研究背景需要介绍以下四个方面的内容。

（1）企业经营的外部环境。生产管理是企业系统的一个部分。企业面临的环境总会对其中的各子系统产生影响。例如，当国家经济环境处于上升时期，企业就可以大胆改革，采取积极的投资政策扩张产能，而当国家经济逐渐进入萧条期，企业就应该稳健运营。

（2）企业整体的变化，例如，企业提出新的战略、组织结构变化、绩效考核方式变化等。这些变化对企业各方面都有影响，当然也会影响生产管理。

（3）生产管理的发展趋势。国内外该领域的发展趋势会影响企业在该领域中的决策，因为一般来说，先进企业都这样做了，我们也应该这样做。例如，20 世纪 90 年代初，管理学家提出了"流程重组"的思想，到 21 世纪初，大部分世界 500 强企业都实施了流程重组，流程重组成为信息时代提高企业竞争力的必然趋势。本企业也需要用流程重组的思想，改进生产管理系统。

（4）本企业做这件事的迫切性。随着环境的变化，企业如果还按照原有的生产管理体系运行，成本会大幅度上升，交货期继续得不到保证，再不变革，就会失去客户，导致大幅度亏损。问题越迫切，论文选题的必要性越强，研究的意义越大。很多同学只介绍国内外趋势，不介绍企业自身的迫切性，使读者对论文的兴趣减弱。

对于政府部门、事业单位，我们也需要从外部背景、内部背景两个方面来写，中心是论证所面临问题的紧迫性、研究的必要性及其意义。

2. 国内外研究现状

国内外研究现状是针对本论文研究的主题（具体的研究方向，不是整个领域），收集、整理国内外的研究情况，列举他人研究成果，旨在对比分析，阐述他人研究结论对自己开展课题的启示等，或发现他人研究中未解决的问题。例如，某篇论文研究的是企业配送体系的构建，其国内外研究现状就要围绕"物流配送"来写，如果写"物流""第三方物流"，则范围太大，而写"配送线路优化"，范围又太小。

写作时，我们需要注意以下三个问题。

（1）不要过多介绍概念及其发展历史。专业学位论文强调应用，不需要过于严谨。即使你考证充分，后面也未必能用上。

（2）不可简单使用"研究表明"或"多数研究表明"，而应该规范地表示"某某人、某某机构研究表明"或加注释。

（3）在理解别人的理论、观点的基础上，用自己的语言表达。由于相关研究有很多，我们需要整理、归类成几个方面。每个方面要综述若干专家的观点，不要大段引用别人的成果，尤其是不要在小标题上标注引用，因为这样会让读者认为整段都是抄袭的。

3. 研究目的和意义

研究目的就是论文的研究要达到什么目的。企业管理类论文的最终目的在于提高企业竞争力。用何种途径提高竞争力，是论文的直接研究目的。例如，某篇名为"国际工程项目风险体系建设研究"的论文，其研究目的可以表述为：针对公司在国际工程项目风险管理上的不足，建立一套有效的风险管理系统，有效识别、评估、应对和控制风险，降低公司国际工程项目的实施风险，提高企业国际竞争力。公共管理论文的最终目的是提供更多的公共服务，这可以进一步分解为提高效率、降低成本等，作为具体研究目的。

论文的研究意义，就是要阐述做此项研究之后，得出的结论对现实生活或生产实际会产生哪些效用，或者这项研究得出的结论可以为其他研究奠定基础。论文所研究的问题一般都源自经济商业活动，故主要阐述其研究的社会、经济、商业价值等。一般来说，对于研究意义，我们可以从四个方面来写：①对本企业的意义，②对行业的意义，③对国家或社会的意义，④对理论的贡献。这四个方面还可以细化成若干具体的意义。例如，一篇名为"某企业采购系统改进"的论文，其研究成果可用于企业改进采购系统，提高采购保障能力，降低采购成本，缩短采购周期，提高供应商满意度。由于专业学位论文不强调理论创新，因此可以不包含对理论的贡献。

4. 论文创新点

论文创新点就是在哪些方面比别人做得更好，这里的"别人"是指国内外同行，不是你身边的人，因此不要轻言创新。创新点并非要求彻底地颠覆以前的结论，或者彻底地创新出一套新的体系，更多的是在对前人的研究、现状的总结的基础上就解决同一问题提出不同的方法，或对以前的方案做出一点改进。专业学位论文讲究应用，一般来说，创新点在于把国内外一项成熟的方法用于有针对性地解决企业实际问题，很少会在理论上创新。有些同学把提出一个新的概念、画出一个逻辑模型称为创新点，还有的说自己提出或改进了某个理论，这样写都是不对的。有些学校对专业学位论文，不要求有创新点，因此论文中关于创新点的内容可以不写。

5. 论文结构安排

论文结构安排旨在介绍论文整体的模块划分、每一模块所需要论述的内容、所涵盖的章节、每一章节所要论述的问题等。我们可以适当借助图表进行说明。论文结构就是论文的框架，通过介绍论文结构让读者可以从宏观上掌握论文的内容布局情况。

例如，某篇名为"合肥神鹿双鹤药业有限责任公司物流模式变革及运行研究"的论文，其结构安排如下。

本论文共分为5章。第1章绪论，主要讲述课题研究的意义和研究思路。第2章主要介绍企业物流与第三方物流的相关理论，为企业物流运行模式的分析和解决物流难题奠定理论基础。第3章从医药行业的环境分析入手，重点分析合肥神鹿双鹤药业公司传统第三方物流模式的特点、运行效果和存在的问题。第4章提出物流运行模式改革的必要性、可行性及具体内容。第5章是多赢物流模式的实施和效果分析，并指出在现代物流发展到供应链一体化程度时，必须对物流的运作模式进行新的改进。论文结构如图7-1所示。

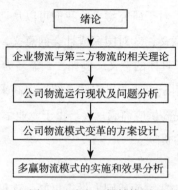

图 7-1 论文逻辑结构图

当然,上述论文逻辑结构图可以不是串联关系,有些内容可以是并联的。

7.2 理论概述的写作

绪论中的国内外研究现状,应该集中于论文研究的具体问题,引述相关专家的观点,重在追溯过去。而论文中的理论概述部分需要概括论文解决问题时所涉及的相关理论,为后面的写作做好理论准备,重在服务未来。

7.2.1 理论概述的主要内容

理论概述是对论文研究所运用的主要管理理论的系统阐述,是学位论文的重要组成部分,通常作为第 2 章。理论概述的好坏可以反映学生基础理论学习的扎实程度,决定读者对整篇论文的印象。

对于这一章的标题,我们应该用"理论概述",而不是"理论综述""理论回顾"或"理论概要"。"理论综述"是学术论文的一种文体或一个部分,需要严密考证理论的来龙去脉,表明本研究在一个领域中理论体系的一脉相承关系,强调的是严密性。"理论回顾"主要侧重于理论的发展历史,以时间先后顺序叙述理论的演化过程。"理论概要"一般具体针对某一个理论,例如流程再造理论,描述其主要思想和方法。"理论概述"需要围绕本论文的论点,从众多理论中选取适合自己用的一些理论,用自己的语言进行概述,不需要很严密的考证。

一般来说,在章或节开始时,都应该有一段概括性的文字,介绍本章节的内容或者承上启下,这是任何应用文写作的规则。

理论概述部分一般由以下几个部分组成。

(1)理论的历史发展过程。任何一个理论都是从无到有,历时数十年甚至上百年发展才成为成熟理论的。首先，我们可以按时间顺序，对于理论发展的各个历史阶段给予简要的介绍。例如，对于大家所熟悉的项目管理理论，我们可以做如下介绍。

项目管理在国外有着较长的研究历史，早在1917年，甘特发明了著名的甘特图，使项目经理按日历制作任务图表，用于日常工作安排。1957年，杜邦公司将关键路径法（CPM）应用于设备维修，使维修停工时间由125小时锐减为7小时。美国项目管理学会（Project Management Institute，PMI）成立于1969年，PMBOK（Project Management Body of Knowledge），是PMI早在20世纪70年代末率先提出的。项目管理人员通过在实践方面进行经验总结，在1976年的一次会议上，把能否将这些总结形成"标准"作为一个议题，进行深入的思考和研究。1981年，PMI组委会批准了这个项目；1983年，该小组发表了第一份报告。1984年，PMI组委会批准了第二个关于进一步开发项目管理标准的项目，增加了项目管理的框架、风险管理、合同/采购管理的内容。1987年，该小组发表了研究报告，题目是"项目管理知识体系"。在此后的几年里，该小组广泛地讨论和听取了关于PMI的主要标准文件的形式、内容和结构的意见。1991年，该小组提出进行修订。1996年，该小组对其进行了修订，使其成为现在的项目管理知识体系。

由于我国企业现代化管理起步较晚，很多管理学理论都来自西方，从某个时期开始逐步传入我国，因此我们在介绍理论发展历史时，也可以顺带交代该理论何时引入我国，并介绍其在国内的若干发展阶段。例如，项目管理在国内的发展历史如下。

中国建设工程项目管理工作起源于学习鲁布革工程管理经验，进行建筑施工企业项目管理体制改革。自20世纪80年代以来，我国项目管理体制改革不断深化，逐步建立起新型的项目管理体制，包括项目资本金制度、项目法人责任制、招标投标制、建设监理制等。相关法律、法规的出台为我国项目管理的健康发展提供了法律保障。1991年，建设部在全行业全面推广项目管理。2000年1月1日开始，我国正式实施中华人民共和国全国人民代表大会通过的《中华人民共和国招标投标法》，这项法律涉及项目管理的诸多方面，为我国项目管理的健康发展提供了法律保障。2002年，通过对国内众多地区与企业项目管理经验与成果的总结，结合国际通行的项目管理运作模式，形成了中国第一部《建设工程项目管理规范》。

（2）理论内容的概述。要全面阐述任何一个已经发展了数十年的理论，需要很大的篇幅。学位论文中的理论概述不需要全面、详细，不然就喧宾夺主了，只需要对相关理论的内容做简要性概述即可。需要注意的是，不要过多地介绍名词术语和基本概念，因为论文的读者都是专家，或者说，你写的论文是给专家看的。

（3）理论的发展趋势。随着经济社会环境的变化，任何理论都需要进一步发展。这就需要论文作者在阅读众多文献的基础上，概括理论的未来发展趋势。其目的是要说明本研究采用的是最新的、符合未来发展方向的理论，而不是已经过时的理论。

（4）理论在国内外的应用案例介绍。此节是整个理论概述的重要部分，在多数情况下是必不可少的。案例可以是国内或国外的，也可以是成功或失败的。案例一般包括企业概况、事件背景、主要做法、取得的成效等。我们需要对收集的资料进行加工处理，不能简单地从网上找一段资料贴到论文中。给出案例之后，我们需要简要总结该案例的经验或教训，以及带给我们的启示。

（5）论文中需要用到的一些分析工具，比如战略管理中的SWOT分析法、波士顿矩阵等。严格来说，分析工具不是理论，但放在这一章中介绍也是很有必要的。

以上五个部分是理论概述的基本构成部分。理论概述部分并不是MBA等专业学位论文写作中必不可少的。另外，某些应用领域中并没有成熟的理论，所以也就没有所谓的理论概述。例如，某论文介绍其所在公司新产品的推广过程，文中则不必详述理论，切不可因为凑字数而生硬地编排一个理论概述部分。

一篇比较完整的论文理论概述，结构如下。

第2章　企业物流与第三方物流相关理论概述
 2.1　物流基本理论
  2.1.1　物流的起源
  2.1.2　物流的定义
  2.1.3　物流的发展历程
  2.1.4　国内外物流发展趋势

2.2 第三方物流理论
    2.2.1 第三方物流的概念
    2.2.2 第三方物流的形成机理
    2.2.3 第三方物流的优势分析
2.3 企业物流管理相关理论
    2.3.1 企业物流的内涵
    2.3.2 企业物流的三个环节
    2.3.3 企业物流的发展趋势
2.4 企业物流成功案例
    2.4.1 戴尔的物流系统
    2.4.2 海尔物流与供应链管理
    2.4.3 戴尔和海尔物流对我们的启示

7.2.2 理论概述写作经常出现的问题

结合多年审阅专业学位论文的经验，我发现许多同学在写理论概述时常常会出现以下问题。

（1）概念介绍过多。从泰勒的科学管理理论算起，现代管理学已经有近百年的发展史，在这100多年的发展史中诞生了许许多多的管理理论，到现在许多理论已经很成熟了。许多同学在理论概述部分常常会把关于某理论的方方面面都罗列出来。如果说一篇论文是"人体"，理论概述是人的脑袋，加上很大的一个"脑袋"显然不合适。理论概述要精炼，不要让论文审阅老师有"你是在故意凑字数"的印象。

（2）没有抓住理论主流。这也是许多同学的论文中常见的问题。例如，战略管理的主流思想是迈克尔·波特的竞争理论，有一篇关于战略管理的论文用了国内一个专家的理论，论述在行业垄断的特定情况下企业如何制定战略，而论文研究的企业属于一般竞争行业，这样的理论来源不适合，没有采用主流理论，是难于取得预期研究成果的。

（3）内容陈旧。一些同学在专业学位论文理论概述部分只是将10多年前管理学教材中相关的部分照搬到论文中，这是极不可取的。对于那些已经有了很长发展历史的理论，介绍理论的最新进展是必要的。

（4）介绍有争议的理论。理论概述中介绍的理论是不是越新越好呢？当然不是这样。新固然好，但不可有争议，理论概述中介绍的理论是论文中论述的依据，那么用有争议的理论来论述，显然是不合适的。

出现以上问题的根本原因在于学生阅读的资料过少，写起来没有内容，缺乏对理论的甄别能力。因此，静下心来多读文献和经典教科书，是不可或缺的。

7.3 环境分析与行业分析

企业总是在一定的环境中经营，企业战略也是在一定的环境因素制约下制定与实施的。环境决定企业的战略，企业的战略决定相应的组织结构和管理方式，影响营销、生产、采购、财务等一系列管理职能的发挥。因此，企业的环境分析和行业分析是以企业为研究对象的论文（MBA、EMBA、MLE、MPM等）写作中的重要组成部分。

企业环境是指存在于企业周围、影响企业经营活动及其发展的各种客观因素与力量，一般可以概括为外部一般环境、行业、竞争对手三个方面。一篇优秀的专业学位论文，应该简要而重点突出地对论文中涉及企业的环境进行分析。许多学生看别人的论文中有环境分析，自己也将从各处收集的大量笼统的文字放在论文中，和前后文没有衔接。在此，我们建议在进行环境分析时，多提供相应的数据图表，而不是干巴巴的文字，这样更具有说服力。

7.3.1 外部一般环境分析

外部一般环境是在一定时空内存在于社会中的各类组织均面临的环境，通常称为大环境。PEST分析法是一个常用的对于外部一般环境的分析工具，它通过四个方面的因素从总体上把握宏观环境，并评价这些因素对企业战略目标和战略制定的影响。

（1）P即Politics，政治要素。它是指对组织经营活动具有实际与潜在影响的政治力量和有关的法律、法规等因素。当政治制度与体制、政府对组织所经营业务的态度发生变化时，当政府发布了对企业经营具有约束力的法律、法规时，企业的经营战略必须随之做出调整。例如，为降低塑料袋对环境的污染，2007年12月31日，中华人民共和国国务院办公厅下发了《关于限制生产销售使用塑料购物袋的通知》。这项法规将严重影响塑料袋生产企业的发展。

（2）E即Economic，经济要素。它是指一个国家的经济制度、经济结构、产业布局、资源状况、经济发展水平以及未来的经济走势等。构成经济环境的关键要素包括GDP的变化发展趋势、利率水平、通货膨胀程度及趋势、失业率、居民可支配收入水平、汇率水平等。例如，国际金融危机、通货膨胀等，都对企业经营有不利影响。

（3）S 即 Society，社会要素。它是指组织所在社会中成员的民族特征、文化传统、价值观念、宗教信仰、教育水平以及风俗习惯等因素。构成社会环境的要素包括人口规模、年龄结构、种族结构、收入分布、消费结构和水平、人口流动性等。其中人口规模直接影响着一个国家或地区市场的容量，年龄结构则决定消费品的种类及推广方式。

（4）T 即 Technology，技术要素。技术要素不仅仅包括那些引起革命性变化的发明，还包括与企业生产有关的新技术、新工艺、新材料的出现和发展趋势以及应用前景。例如，平板电视技术的突破、成本的大幅度下降，会对传统的显像管电视生产企业造成很大的冲击。

许多学位论文中关于这四个方面的分析多是一般性的理论介绍，并没有具体到对本企业所面临的环境进行分析，内容很空泛。在运用 PEST 分析法时，我们应该分析与所涉企业相关的政治、经济、社会和技术因素，而不是对企业所处行业大环境的泛泛总结，要做到有的放矢。

对外部一般环境进行分析之后，我们要简要总结外部一般环境对企业的影响：哪些是有利的，哪些是不利的。这样可以为后续研究提供环境信息。

7.3.2 行业分析

根据美国学者波特的理论，对于行业的分析主要包括行业概况、行业竞争结构、行业内战略群分析等内容。分析的目的是明确整个行业历史、现状以及未来的发展趋势，以及企业在所处行业中的位置。

1. 行业概况

行业概况包括行业的定义、行业的发展历史、现状（总规模、企业数、总体盈利状况等）、未来的发展趋势等，应该用相应的数据说明。比如论述家电行业，我们则要给出家电年产量的时间序列表以及每户使用家电的数量、种类等图表。例如，我国家用空调生产量和出口量如表 7-1 所示。

表 7-1 我国家用空调生产量和出口量　　　　（单位：万台）

年份	1980	1985	1990	1995	1999	2005	2007
生产量		12.35	24.07	520.00	960.00	4 950	6 290
出口量					210	2 560	3 260

对于表 7-1，我们还可以增加"增长比例"等栏目，也可以用图形更直观地反映增长趋势，如图 7-2 所示。

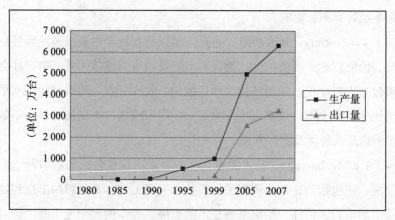

图 7-2 我国家用空调生产量和出口量

当然,图形和表格只需要一个,因为信息是一样的,不要重复。上面的数据其实有问题:年份的间隔期不一致,所以从图形上看到的增长趋势和实际有偏差。

2. 行业竞争结构分析

一个行业的竞争状态取决于行业竞争对手、供应商、买方、替代品生产商和潜在入侵者等五个方面的综合作用力,这些作用力汇聚起来决定着该行业的最终利润潜力,并且最终利润潜力也会随着这种合力的变化而发生根本性的变化。论文中对于这五个方面的分析可以采用波特五力模型,具体模型如图7-3所示。

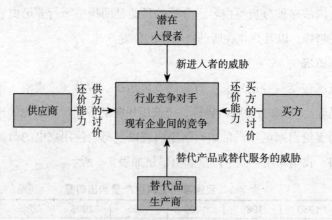

图 7-3 行业竞争五力模型

我们要分别对五个方面进行分析,用具体数据、典型企业等资料说明观点。问题是很多论文中的分析依据不足。例如,"我们比行业竞争者具有资源优势",这种判断应该用双方(或多方)的资源比较,客观得出。

3. 行业内战略群分析

行业内战略群，又称为战略集团，属于次行业范畴。一个战略群是指某一行业内在某些战略特征方面相同或相似公司的集合。战略群分析的目的在于明确企业的竞争对手是谁，只有定位差不多的企业才能构成竞争关系。例如，电冰箱行业可以按规模和品牌，分为第一、第二、第三集团。在论文中，我们应该选择合适的变量绘制战略群分布图，以明确论文所涉及企业在战略群中的位置。垄断行业中只有数个竞争者，属于寡头竞争。所以我们在论文写作中对于企业的定位应视企业所处行业而定。图7-4是从服务水平和品牌国际化两个维度出发，划分的行业内的若干战略群。

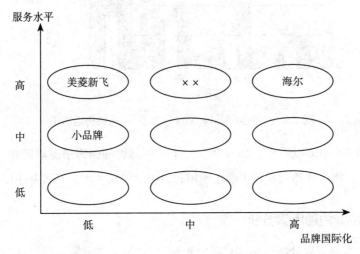

图7-4　冰箱行业的战略群

7.3.3　竞争对手分析

作为未来的管理者，对于竞争对手敏锐的识别能力是一项很重要的管理技能。在专业学位论文中能否直观地指出企业的竞争对手则是这种能力很好的体现。竞争对手分析部分的写作需要解决两个问题：谁是竞争对手，如何分析竞争对手。

企业竞争对手一般包括：①行业内现有的竞争对手；②不在本行业，但可以克服壁垒进入本行业的企业；③进入本行业可以产生明显的协同效应的企业；④其在战略实施中自然而然进入本行业的企业；⑤那些通过后向或前向一体化进入本行业的买方或供方。

论文不需要分析所有对手，只需要选择对企业构成威胁或直接交锋的对手。这些对手一般具有以下特征：在同一市场，面向同类客户；企业规模差距不是很大;品牌差别不是很大。如果市场、客户、规模、品牌差距很大,则构不成直接竞争,因而就不需要分析。

分析竞争对手时,我们一般要介绍竞争对手的发展历史、概况、主要经营指标、主要做法(在论文研究的领域)、竞争地位和优劣势。我们最好在介绍若干竞争对手之后,用图表比较本企业和竞争对手的一些主要指标,以便判断双方的优劣势,为论文后面所写的采取对策提供依据,如图7-5所示。

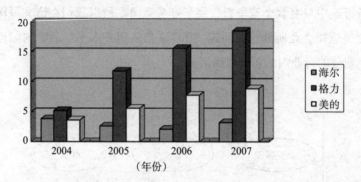

图7-5 三个空调品牌2004～2007年的销售走势图

从图7-5中可以看出,2004年,三个空调品牌的销售情况旗鼓相当,但随后的3年,格力快速增长,美的稳步增长,海尔波动下滑,三者差距已经很大。

7.3.4 企业内部因素分析

企业内部因素分析也称"自身分析",其目的是"识别长短",即和对手相比,企业自身的实力与不足。只有撰写战略性的论文,把企业当成一个整体时,才需要写"企业内部因素分析"。如果论文关于企业管理的某个方面(比如营销渠道),则不需要进行"企业内部因素分析",但要在下一章"企业营销渠道现状和对存在问题的分析"中分析营销问题。

进行企业内部因素分析的目的是"识长短",所以我们通常要运用分析工具,找出企业的优劣势,关键是正确使用工具,增强说服力。

1. 分析工具简介

内部因素分析常用的工具有:"价值链"分析法、波士顿矩阵和SWOT分析法。我们需要注意分析工具的适用范围。由于每种工具使用的目的、范围是不同的,因此我们应该视具体情况而定,而不要盲目地使用,或者认为多用几种工具以显得更有水平。这是论文写作关于分析工具应用经常出现的问题。

上面三种工具都把企业作为一个整体和对手进行比较,得出对整个企业优劣势的判断，从而为后面扬长避短，制定战略服务。因此，我们只有在写企业整体改进的战略类论文时才需要运用这些工具。有些同学不论写哪类论文，都使用SWOT分析法，这样做是不合理的。

2. 用数据增强可信性

在优劣势分析中，我们经常要判断相比对手在某方面的强弱。例如，人才队伍优于对手。这句话写起来很容易，但如何让别人相信呢？我们需要先介绍对手和自己的人才队伍组成，比如总人数、学历比例、获国家奖励成果数量等，再得出"人才队伍优于对手"的结论。企业文化、价值观、产品定位等方面，没有优劣之分，也就不需要比较。此外，我们不能只比较有形资产而忽视无形资产。企业无形资产的价值很难比较，但无形资产是企业真正实力的体现，也需要通过间接方式予以介绍。总之，在你做判断之前，一定要有可靠的数据支持你的判断。

有一篇写海尔的论文，在谈到海尔品牌优势时，引用的是下面这段话，其可信度很高。

由中国质量协会用户委员会、中国标准化研究院顾客满意度测评中心以及清华大学中国企业研究中心对全国50个主要城市和郊区的消费者展开大量调查，它们共同发布了"2007年中国耐用消费品用户满意度指数"，此满意度调查显示，海尔空调夺得5个项目共25颗星中的24颗，高居各品牌之首。这也是海尔空调继2003年成为我国首个用户满意度第一品牌后，连续5年以高分居于首位，五连冠再次证明了全国消费者对海尔空调品质及服务的高度信赖。

7.4 企业现状分析

描述企业现状的主要目的是：第一，使读者了解企业基本概况和内部运营的现状；第二，为研究问题的提出和研究课题的提炼提供客观的数据。企业现状描述一般包括历史沿革和企业概况、组织结构、主要产品、市场与供应状况、主要经营指标等方面。

7.4.1 历史沿革和企业概况

历史沿革和企业概况，是指企业的起步、发展、转型、搬迁等过程，应以时间为轴,描述企业在起步和发展过程中有重大影响的历史事件,如企业的成立、战略转型、组织结构的重大调整、企业性质的转变等,还包括主要产品、经营特色等内容。举例如下。

时代能源公司成立于1998年,是某高校老师自己创立的。2002年,一批技术人员和管理人员加入公司,进行了股权变革。2004年,公司落户合肥民营产业园,建立了自己的生产制造基地,至此公司进入了一个新的发展时期。2005年,美国硅谷导体公司投资5 000万元,该公司变更为中外合资企业。目前,该公司注册资本为2亿元。自成立以来,该公司的销售收入年均增长30%以上。

经过8年的发展,公司现有员工230多人,主要产品有逆变电源等6大类。2006年,公司销售收入达16 000多万元,在国内同类企业中名列前茅,其中可变电源市场占有率达40%。

公司以电源领域雄厚的开发能力和良好的售后服务,赢得了客户的赞誉。公司有博士、硕士40多人,每年开发20种以上的新电源,一直保持技术领先地位。

以上示例是按照企业的时间发展路径,通过从公司的成立、股份制改制、搬迁、合资等方面来描述企业的历史沿革和概况,并介绍了产品、行业地位和经营特色。

7.4.2 组织结构

组织结构是表明组织各部分排列顺序、空间位置、聚散状态、联系方式以及各要素之间相互关系的一种模式,是整个管理系统的"框架"。企业的组织结构包括直线型、职能型、直线参谋型、事业部型、矩阵型、委员会型等几种形式。

组织结构部分的写作应注意以下几点。

(1)结合企业的整体现状。我们不应仅仅局限在对组织结构本身的描述上,应该与企业的整体现状相结合,分析组织结构的类型是否与目前的企业运营相适应等。

(2)尽量使用图表。为了能清晰地描述企业的组织结构,我们应尽量使用图表,尤其是组织结构图。例如,某公司下设设计、制造、销售、财务、人力资源等部门,组织机构如图7-6所示。

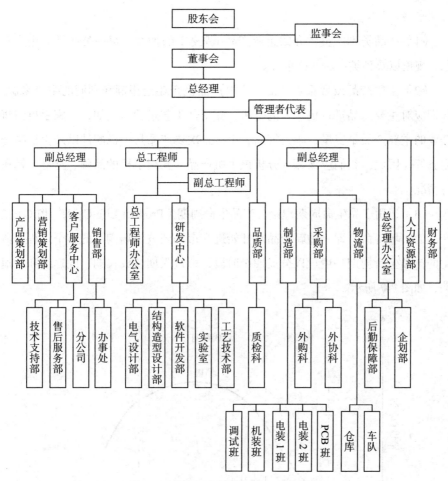

图 7-6 某能源有限公司的组织结构图

我们给出组织结构图后,还应简要分析企业组织结构的特点、主要业务单位和部门职能,为后面分析问题奠定基础。

(3)注意组织结构图的层次、美观。组织有不同的层级,结构图应体现部门之间是上下级、平行还是其他关系,不能一字排开。有的企业组织结构很复杂,所以我们可以对其适当简化,把论文不涉及的部门归类表达,不必一一列出。有的图形很大,可以使用页面横排技术,也可以用 A3 等大开本纸单独打印,装订时再折进去。

7.4.3 主要产品分析

产品是指满足用户需求的载体,也是企业一切日常活动的核心内容。企业的产品一般由有形和无形产品(即服务)共同组成。对此我们需要从以下三个方面来写。

(1) 产品类别。整体介绍企业产品（服务）的种类，每一类产品的用户对象、规模以及各类产品的比重等。

(2) 主要产品或者重点产品。主要产品是企业销售额和利润的主要来源。我们应对主要产品进行更深入的分析，介绍其工艺过程。例如，一家手机销售企业的主要产品是三星、华为等品牌手机，次要产品是手机配件以及手机维修服务等。因此，我们应该深入分析该手机产品，介绍手机的品牌、型号、销量等情况。

(3) 运用产品生命周期理论。产品生命周期（Product Life Cycle，PLC）是产品的市场寿命，即一种新产品从开始进入市场到被市场淘汰的整个过程。典型的产品生命周期一般可以分成四个阶段，即进入期、成长期、成熟期和衰退期，如图7-7所示。

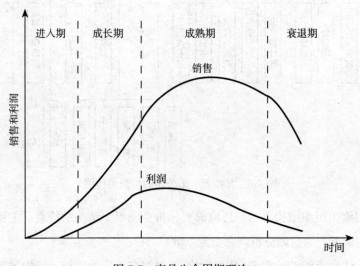

图 7-7 产品生命周期理论

产品生命周期是一个很重要的概念，它和企业制定产品策略以及营销策略有着直接的联系。从图7-7中可以看出，产品在寿命周期内的每个阶段都有自己的特点，例如，进入期几乎没有利润，成熟期的利润最高等。每个阶段的工作重点也不相同，例如，在成长期生产成本大幅度下降，利润迅速增长，但与此同时，竞争者看到有利可图，将纷纷进入市场参与竞争，使同类产品供给量增加，价格随之下降。我们要准确判断本企业产品所处的阶段，采取相应对策。

(4) 产品组合和产品线。产品线的宽度和深度会在两个方面影响企业：对外影响用户细分，对内影响生产组织。如果专业学位论文研究营销、生产等方面的问题，就应该介绍产品线的状况，否则不需要重点介绍，甚至可以省略这部分内容。

我们对上述产品情况进行介绍之后，开始进行分析。分析的目的在于发现产品对企业的贡献程度，找出主要产品，发现产品（产品线）的不足等。例如，销售公司在介绍产品概况之后，通过图表对比，发现某品牌手机销售额只占30%，而利润贡献达70%；整机销售利润率为4%，而配件销售利润率为30%等。这些分析结果可以为后面的决策制定提供依据。

7.4.4 市场与供应状况分析

市场与供应状况分析是指分析企业上下游的状况。一般营销类专业学位论文需要进行详细的市场分析，采购和生产类专业学位论文只需要分析供应状况，而同时详细分析市场与供应状况的情况比较少。

1. 市场分析

市场分析是先从市场销售角度来描述产品的市场特征，具体包括产品的特点、市场和用户分布、分类市场销售量、盈利状况等，再分析其特点和优劣势。市场分析的写作应注意以下几点。

（1）首先要有整体销售状况的信息。例如，图7-8列出了某公司产品历年销售额。从图中可以看出，该公司的销售额稳步上升，没有太大波动，其中2011～2018年基本处于持平状态。

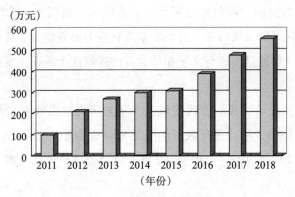

图7-8　某公司产品历年销售额

（2）把市场按照地域、人群等分成若干类，对各类市场的销售量、市场份额、利润等进行比较。

（3）从分析中导出问题。应注意与后面的问题分析部分相结合，并为其提供数据支持。

2. 供应状况分析

随着全球性资源短缺的出现，供应状况往往会危及企业生命。对制造型企业来说，增加供应渠道、降低采购成本、保障供应安全是非常必要的。供应状况分析主要包括以下内容。

（1）供应需求的趋势预测。通过建立模型，预测本企业所需要的主要原材料在未来若干年中的增长趋势。

（2）主要供应渠道分析。这包括历史上供应渠道的变迁、目前国内外的主要渠道及其特点、未来供应商走势等。例如，20世纪80年代，显像管供应主要依赖从日美进口，价格很高，供货周期长；90年代中期，我国掌握了显像管生产技术，生产厂家也比较多，国产显像管质量稳定，价格大幅度下降；2007年以后，平板电视开始走俏，显像管行业开始萎缩，只有少数几家显像管厂还在坚持生产。因此，如果我们公司还要持续采购显像管，就应该选择破产可能性较小的厂家。

（3）未来原材料价格走势。铁矿石、石油、水泥等大宗物资的价格不断上涨，影响企业盈利能力。分析价格走势，可以未雨绸缪，提前制定采购政策，实行成本与销售价格的联动。同时，我们要引用权威机构发布的价格预测信息。

7.4.5 主要经营指标

公司的经营指标一般包括总资产、销售收入、利润等，按照论文研究的内容，可以细化到资金周转率、应收账款周转率等财务指标。经营指标分析属于定量分析，一般通过图表与文字相结合的形式展现企业在一定时期内的运营状况。

在撰写论文之前，我们要收集最近几年的历史数据和未来几年的预测数据，进行加工处理，最后通过数据的变化来分析企业运营的情况以及未来的发展趋势。图7-9是2013～2018年某汽车制造公司销售收入实绩和未来趋势预测。

由图7-9分析可得，该公司2013～2016年销售收入增长率超过100%，预计2016年年底销售收入可达5亿元，由此可知公司处于高速增长期。但是随着市场的逐渐饱和、市场竞争的白热化，该公司的增长率会逐年下降，预计2018年的增长率仅为26.2%，但销售收入预计将达到10.6亿元，该公司将由成长期进入成熟期。

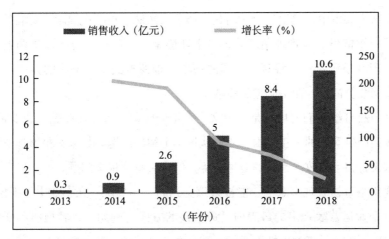

图 7-9　2013～2018 年某汽车制造公司销售收入

总之，企业现状描述一般包括以上五个部分，但是具体到论文写作，我们并不需要将每个部分都写入论文中。有些企业的技术研发能力特别强，所以我们可以增加研发机构、成果等方面的介绍。总之，我们需要根据论文研究的问题，选择相关的内容。

7.5　存在问题分析

任何论文总是要解决一个问题。科学论文解决变量之间的关系问题，专业学位论文解决社会实际中的问题。我们经常看到一些篇幅很长的论文，但找不到需要解决的问题，这样的论文肯定是不合格的。还有一些同学混淆现象、问题和产生问题的原因，提出的是"伪问题"。本节从明晰"问题"的概念开始，对问题进行分层、分类，介绍问题分析的写作方法。

7.5.1　问题及其分类

看问题之前，我们要区分现象、问题和原因这几个不同的概念。有一个关于"鸟粪"的故事很具有启发意义。

某博物馆发现馆内的卫生环境存在问题，每天都有很多鸟粪，准备增加清洁工。调查发现，鸟粪是燕子带来的；燕子之所以喜欢飞来，是因为博物馆中有很多蜘蛛可食；蜘蛛繁殖很快，是因为有丰富的虫子可以当作食物；进一步调查发现，博物馆光照充足、湿度较高，非常适合虫子的生长繁殖。

在这个故事中，卫生环境—鸟粪—燕子—蜘蛛—虫子—温暖、湿润的环境，构成了一个链条。从管理角度看，卫生环境是一个问题。但一步步调查下去，我们发现其根源竟然是温暖、湿润的环境。根源找到了，解决的方法很简单：为玻璃墙装上窗帘，而不必增加清洁工。

这个故事给我们的启示是：论文研究不能停留在表面的问题上，要追根求源，找到产生问题的真正原因，才能从根本上解决问题。如果只是增加清洁工，虽然每天打扫可以改善当天的卫生环境，但没有解决根本问题。

现象是事物表现出来的、能被人感觉到的一切情况。在企业中，现象指的是通过企业运营表现出的最表面、最直接的方面。例如，顾客抱怨不断增加、库存积压严重、员工积极性不高等，都是企业经营的一些现象。

企业中的问题是指在企业运营中出现的阻碍企业良性发展的某种表现形式，更确切地说，问题是用来描述其偏离主题事件的程度。在这里，问题是指通过定性或定量分析之后，发现的企业运营中偏离正常运营方向的状况，如企业的利润率很低、生产成本过高、客户满意度降低等。问题和现象的差别在于：现象是肤浅的、显而易见的，并且有些和管理无关，而问题是以管理学知识体系为角度，根据阻碍企业发展的程度判断得出的阶段性结论，是对现象的归纳、提升。

原因是指造成某种结果或者引发某件事情的条件。在这里，原因是指引起企业运营过程中出现问题的深层次条件。例如，我们对于员工的工作积极性不高的现象的分析如下。

现象：公司员工的工作积极性不高。

问题：通过全公司员工的满意度调查发现，薪酬福利是导致员工满意度不高的因素。前期理论研究表明，员工满意度和工作积极性高度相关。

原因：调查发现，员工对薪资福利满意度较低的原因可以分为以下三方面。

（1）物价涨幅大于收入涨幅，导致员工消费能力下降。

（2）薪资涨幅小于同行业其他公司的薪资涨幅，使员工对公司产生抱怨。

（3）公司薪酬体系不合理，造成同级别员工的收入差距较大，员工心理不平衡。

通过进一步分析，我们发现公司薪酬体系不合理是导致员工工作积极性不高的最主要原因。

根据问题所涉及的范围，我们可以将问题分为行业普遍问题、企业整体问题、相关部门问题和某个管理领域问题四个层次。围绕论文的选题，我们要选择需要分析的问题的合适范围，比如撰写企业营销方面的论文，应主要分析本企业营销的问题，对于其他问题要略写。

问题分析的流程是：先概括介绍问题，然后聚焦到更为具体和准确的问题上。分析存在的问题可以分为问题界定和分析问题产生的原因两个层面。

7.5.2 问题界定

问题界定是指对企业或行业现状进行分析，并提炼、汇总成若干具体、普遍且具有代表性的问题。问题界定的好坏关系到论文选题的好坏，从而也决定了论文的整体质量，因此问题界定是论文写作的前提和基础。

1. 论文中指出的每个现象或者问题都应该有依据

言之有物、言之有理，是论文的基本要求。经过调查，我们可以发现企业很多不合理的现象或者问题。这些现象应该是有现实基础、以事实为依据的。我们可以用图形、表格数据说明问题。以下是某论文描述人员流失率很高这一问题的示例。

> 人员流失率很高。调查显示，工贸公司的人员流动率达到16.8%，人员在某一岗位上的平均工作时间是7.8个月，这还不包括工贸经理等总部外派人员的正常调动。公司内勤人员在最近3年内已全部换成新人。除正常考核淘汰之外还有许多人选择辞职，在工贸现有的386名工作人员中，工作超过10年的不足10人，工作超过5年的不足30人。

上述论文用大量数据说明"人员流失率很高"，言之有据，非常可信。而另外一篇论文要写企业缺乏统一的企业数据模型，它是这样写的如下所示。

> 缺乏统一的企业数据模型。电信公司在当初建设信息支撑系统时，按照本身系统的需求规划数据模型，造成各系统、业务人员、IT人员、集成商对客户、产品等业务概念的理解不同，相互之间没有"共同语言"。

这样写，让人不知所云，且根据以上文字，读者并不能得出"缺乏统一的企业数据模型"的结论。

2. 进行问题初步归类

对于一个个现象或者问题，我们不能在论文中简单罗列。有一篇论文一次性列出了 21 个问题，让人不知道有哪些问题以及哪些是主要问题。我们需要按照一定的次序对问题进行归类，表 7-2 给出了常见的归类方法。

表 7-2 问题归类法

分类特征	问题分类
按领导层次	高层、中层、基层
按管理层次	战略层、管理层、作业层
按部门或管理职能	生产、销售、采购、财务、人力资源、物流
按经营环节	采购、生产、销售、售后服务

如果论文研究的是营销问题，还可以进一步细分为产品、渠道、定价、促销、售后服务等。某论文列出了 10 个品牌方面的问题，如下所示。

电信公司在品牌方面存在以下问题。

（1）品牌设计和宣传一般只考虑产品、套餐、资费，很少考虑服务、渠道和老客户关怀。

（2）品牌内涵没有形成区隔差异，容易引发价格战，使品牌营销初衷大打折扣。

（3）以价格驱动为主的设计考虑，使得品牌往往成为价格战的精美包装。

（4）忽视品牌文化、价值、个性的建设推广，没有达到对客户生活、文化、价值的渗透，生命力不强。

（5）全省没有品牌年度规划的过程，对重点品牌的预算分配以及品牌发展要求缺乏预先安排，从而导致品牌与业务发展关联度差。

（6）各地业务部门根据需要随时推出地方性品牌，对新产品开发、新品牌推广没有年度总体计划，对是否需要品牌没有统一的评判标准，一个产品一个品牌，造成营销资源浪费的同时，引发客户不理解、不满意。

（7）省公司对于各地的品牌宣传规范执行以及品牌投入情况缺乏必要的监控，导致品牌既定规范难以落实。

（8）品牌经营手段单一。品牌经营仅仅靠传统广告投放，几乎没有其他有创意、有影响力的公益活动。如果目标客户不接触传统广告，那么信息将会出现传递丢失的现象。

（9）品牌经营的渠道没有针对性。广告投放没有针对性，投放媒介都是如电视、报纸等传统媒介，而且同一媒体进行广告投放比较粗放，导致广告投放效果差、营销资源使用效率低。

（10）品牌经营没有效果评估。品牌推广缺乏科学的品牌推广效果评估机制。营销资源使用效果缺乏衡量和反馈。

上述罗列的问题，有的是现象，有的是做法，有的是问题。这种罗列没有意义，让人无法判断问题究竟出在哪里。

在问题归类过程中，我们应避免简单地将问题划分为内外部问题，因为企业面临的问题大多是由企业所面临的外部环境和内部环境共同决定的，只是不同问题的内外因素的影响程度不同。我们还要合理利用数据，数据是解释尚未发现问题的重要手段，建议尽可能多地加以运用。

3. 提炼若干问题

我们要区分哪些是现象、哪些是问题，并对问题分类重新排列。上面的例子可以从品牌定位、品牌宣传推广、品牌维护等方面，归纳成三四个方面的问题，每个方面以若干现象来支持，论文就有血有肉了。

电信公司在品牌方面存在着以下问题。

（1）品牌定位不准确……

（2）品牌宣传渠道单一……

（3）品牌维护不足……

我们还要注意问题之间的关系：提炼的若干问题，应该是有一定联系但又相互独立的，不能交叉重复。某篇论文分析"客户信息支撑系统存在的问题"时，列出了以下四个问题。

缺乏统一的企业数据模型；　　　信息质量有待提高；
形成了"信息孤岛"；　　　　　信息不能共享。

这四个问题，"信息孤岛"和"信息不能共享"是一个问题；"缺乏统一的企业数据模型"是从系统投入的角度说的，信息孤岛和信息质量不高是结果。我们可以直观判断，"客户信息支撑系统"运行过程的问题肯定被遗漏了。

4. 提炼核心问题

核心问题也就是最关键、最重要的问题，决定或者影响着其他问题。核心问题解决了，其他问题往往可以迎刃而解。因此，我们需要从错综复杂的问题中提炼核心问题。提炼出来的问题往往成为论文标题的主要内容，例如国有企业经理期权激励研究、基于客户分类管理的营销改进方案、物流库存风险控制等。

例如，某企业存在交货不及时的问题，经常引起客户抱怨、被客户罚款。

经过分析，该企业生产1 000多种产品，每种产品批量不大，按客户订货要求进行设计、采购材料、组织生产、进行测试，周期很长。经过深入分析，我们发现其"订单工程"式的生产方式是造成交货不及时的根本原因。因此，企业的核心问题是生产方式落后，我们可以围绕生产方式的改进开展研究工作。

7.5.3 分析问题产生的原因

提炼核心问题之后，我们需要找出产生问题的原因，可以采用因果分析法，或称为"鱼刺图""鱼骨图""特性因素图"。对产生问题的原因进行一个个分析，并一层层展开，直到找出真正的原因。

因果分析法（Causal Factor Analysis, CFA）是通过因果图表现出来的，因果图又称特性要因图、鱼刺图或石川图。1953年，在日本川崎制铁公司，它由质量管理专家石川馨最早使用。为了寻找产生某种质量问题的原因，石川馨发动大家谈看法，做分析，将群众的意见反映在一张图上，这种图就是因果图。这种图反映的因果关系更直观、醒目、条例分明，用起来比较方便，效果好，所以得到了许多企业的重视。

使用该方法时，首先要分清因果地位；其次要注意因果对应，任何结果由一定的原因引起，一定的原因又会产生一定的结果。按事物之间的因果关系，知因测果或倒果查因。因果预测分析是整个预测分析的基础，如图7-10所示。

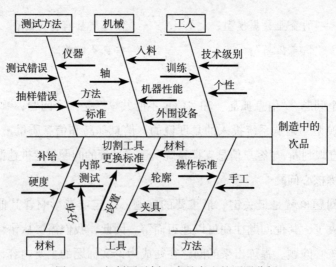

图7-10 鱼刺图示例：次品产生的原因分析

特性因素图的画法
- 决定评价特性；
- 列出大要因（人、机、料、法、环、测）；

- 分解各大要因，记入中要因、小要因（应用头脑风暴法，共同研讨；按类别在各大要因上记入中要因、小要因；最末端必须是能采取措施的小要因；间接部门由圈员从中小要因中归纳）；
- 圈出重要要因4～6项；记入必要的事项（如产品、工艺、日期、圈员、圈长等）；
- 整理（整理成墙报，张贴现场；必要时，再开圈会修正）。

一旦确定了因果分析图，我们就应该对其进行解释说明，通过数据统计分析、测试、收集有关问题的更多数据或通过与客户沟通来确认最基本的原因。

下面的论文提到某企业的产品营销竞争能力不足，经过分析，找出了如下几个主要原因，写得比较好。

（1）产品价格和成本的劣势。奥西产品的价格相对于竞争产品的价格偏高，比一般同类型机器价格总体高10%～20%，或者价格接近但配置不如竞争产品。下表以竞争品牌奇普的产品为例进行价格对比（表省略）。

（2）内部管理和激励不到位，人员流动频繁，公司资源流失严重。一旦销售人员离职或跳槽，将对公司业务造成损失，尤其是一旦这些销售人员跳槽到竞争者的公司，不仅使公司的客户流失，最严重的还在于他们将公司的许多客户信息和公司的商业资料也暴露给竞争对手，这样将在一个时期内对公司的销售造成一定的影响和破坏。

（3）营销手段和方式落后。现在的客户需求已不是片面地提出对某个设备或某项服务的需求，而是提出对某一项业务的整体功能的需求。但是营销人员与客户本身可能还是停留在表面的单项设备和服务的需求层次上。

（4）缺乏完善的客户服务体制，客户忠诚度下降，客户流失。由于市场的选择面扩大，以及公司自身在售后服务方面的缺失，造成部分原有客户在更新设备时选择竞争产品，从而导致客户流失，尤其是一些老客户流失明显。售后服务的缺失主要是体制的不完善造成的，技术服务人员的技术水平往往较高，但是公司没有一整套科学的售后服务体系和制度，导致技术人员只管维修设备，而不去关注客户满意度，甚至技术服务还带有一定程度的官僚性质，有时客户要求维修必须是三请四邀，这就造成了客户的极大不满。

7.6 解决方案设计

解决方案是针对前面分析的主要问题,而采取的一系列策略、方法、计划和行动。解决方案设计要有明确的目标、原则、整体思路和构成内容,这样才能对企业的具体问题提出切实合理的解决办法,有利于彻底解决问题。

7.6.1 什么是解决方案

解决方案是针对某些已经出现的或者可以预期的问题、不足、缺陷、需求等,所提出的一个解决问题的方案(建议书、计划表),同时能够确保该方案可以有效地执行。在提出解决方案的过程中,我们需要综合考虑经营背景、需要解决的问题、企业可用资源、管理思想和方法等各种因素,需要创造性思维,提出有针对性的方案。因此,解决方案是论文作者创造性的最好体现。

下面题为"某省邮政物流大客户管理研究"的论文提出的解决方案主要包括以下内容。

目标:增加大客户数量,提高大客户保留率,提高大客户贡献度。

方案要点:

1. 建立大客户开发队伍
2. 优化大客户开发流程
3. 改进大客户维护方式
4. 实施客户关系管理(CRM)系统

(每个要点下面还有若干细则,这里省略。)

解决方案就是针对核心问题,兼顾其他问题,提出改进目标,并以若干计划支撑该目标,保证目标的实现。因此,解决方案需要具备以下三个特性。

第一,针对性。解决方案要和前一章的分析前后呼应,解决前面提出的主要问题。很多论文前面分析问题的部分和后面的解决方案脱节,提出的问题没有得到解决,论文就失去了意义。

第二,先进性。解决方案所采用的理论方法,是科学的、先进的。例如,CRM 是客户管理新方法,采用 CRM 在一定程度上体现了大客户管理思想的先进性。

第三,可行性。解决方案中列出的每项工作,都要执行,需要投入人力、资金、精力等,计划之间需要衔接。如果方案预算超出了企业的承受能力,或者计划前提条件不具备,不能执行,解决方案就变成了空中楼阁。

我们再举几个解决方案的例子。

论文题目：东龙公司提升瓦楞纸板营销对策
　　1. 制定营销规划
　　2. 开发差异化新产品
　　目标：提高产品竞争力，保留客户
　　3. 推行忠诚客户计划
　　方案要点：
　　4. 完善销售管理

在供应链管理时代，要赢得持续竞争优势，必须把供应商管理提高到战略的高度，建立一套合适的供应商管理体系。例如，某公司供应商管理体系改进方案主要包含供应商管理组织的重组、完善供应商绩效评价及战略合作伙伴关系构建三方面的内容。

当然，世界上没有完美的、一定能解决问题的最佳方案。我们要清醒地认识到解决方案的局限性、优势和劣势以及在变化条件下的不确定性。

下面我们将介绍解决方案的具体写法。

7.6.2　解决方案设计中的目标、原则及整体思路

任何事情开始之前，都要先确定目标。对企业管理来说，解决方案设计的目标一般都是建立一套高效、系统、全面的管理体系，提高市场竞争力。具体到营销、生产、财务等某个领域，我们还要细化目标。例如，营销管理的目标一般是市场占有率、盈利能力；生产管理的目标一般是质量、成本、交货期；财务管理的目标一般是资金控制等。

在论文写作中，在定性描述改进目标之后，作者还可以提出具体的指标、分阶段的指标，这样方案就会更加具体，也便于执行和事后检验。

下面这篇题为"SS 公司供应链库存管理对策研究"的论文提出的改善供应链库存管理的目标就写得比较好。

从前面几章的分析中可以看出，本公司供应链库存管理存在的主要问题是销售预测的误差，包括供应商质量水平低、交货准时率低等供应链中的不确定因素。在这种情况下，SS公司为满足激烈竞争的市场需求，保持较高的客户服务水平，不得不增加各环节的库存水平。因此，改善供应链管理库存的目标必须符合公司整体战略方针目标的需要，解决存在的问题，抵消供应链中的不确定因素，真正打造一条符合公司长远发展的高效率的敏捷供应链，具体目标如下：

（1）健全内部供应链信息管理体系，提高信息传递的及时性、准确性

和规范性。

（2）完善计划体系，实现和上游供货商、下游用户的计划衔接，减少计划的盲目性，提高生产计划的及时性、准确性。

（3）降低公司库存水平，在保持当前客户服务水平的前提下，将库存总水平降低20%～30%，将存货周转率提升到3.5～4.0。

由于形成库存问题的原因复杂，实现目标不可能一蹴而就，计划在两三年内努力实现总目标。第一年库存降低15%，周转率提升到3.5；第三年库存降低10%～15%，周转率提升到4.0。

解决方案设计的原则有很多，如系统性、先进性、现实性、长远性等，我们需要根据研究的问题决定采用哪些原则。写作中不需要长篇大论，点到为止。

整体思路是指系统、简要的计划，是解决方案中的要点。整体思路要清晰、全面、有步骤、分阶段。我们之所以建议先写整体思路，是因为解决方案中的内容较多，如果一一列出，往往看不清你的思路，不利于读者对方案的理解和判断。

某篇论文的整体思路如下。

针对前文所分析的SS公司形成库存的原因，要解决SS公司库存管理问题，整体思路如下。

首先，要从信息体系建立入手，建立一套完善的企业信息系统，改善信息传递的准确性、及时性。其次，加强供货商关系管理。库存的形成在很大程度上是SS公司与供货商之间的合作关系处于低层次，企业间缺乏协调，片面追求各自利益造成的。因此，SS公司应该加强供货商关系管理，通过合理压缩供应商，与较少的优选的供货商建立起伙伴关系。最后，在健全信息管理体系并加强供货商关系管理的基础上，引进JIT采购的思想，通过与少数优秀的重点供货商达成JIT采购合作协议，加强供货商业务培训以改善交货质量，实现信息系统平台的数据共享，实现JIT采购。

7.6.3 方案要点的写作

在目标、原则和整体思路的指导下，解决方案包括若干方面的改进要点。后面的工作就是如何写出这些要点的具体内容。撰写论文时，我们要注意以下问题。

1. 要点的内容：主体改进和配套改进

由于企业各系统的关联性，改进方案一般包括主体改进和配套改进两个方面。主体改进，是指直接围绕问题的改进，而配套改进是和问题相关方面的改进。例如，一个"改进供应商管理"的方案，一般包含以下要点，其中前三个要点（4.1～4.3）是直接针对供应商管理的主体改进，后两点（4.4～4.5）是配套改进。

第 4 章　供应商管理改进方案设计	4.3　建立供应商评价系统
	4.4　完善供应商管理组织
4.1　改进供应商选择标准	4.5　实施供应商管理信息
4.2　加强交货质量控制	（SCM）系统

企业管理中的配套改进，一般包括流程再造、组织机构调整、信息系统建立或完善、绩效考评体系的改进等方面。任何领域的改革都可能涉及这几个方面的配套改进。

2. 每个要点要有内容支撑

一个好汉三个帮，写论文也一样。一个解决方案需要三个以上的要点支撑；一个要点也需要有三个以上的计划（活动）支撑。例如，某论文中的要点是"改进定价策略"，其具体内容为：①价格体系重建；②规范价格变动机制；③调整价格折扣策略。其"调整价格折扣策略"是这样写的，如下所示。

　　实行现款现货制。以现汇或银行承兑汇票结算，不接受商业承兑汇票，结算价格在开具发票时直接体现，对应结算价格如表所示（附表，并做说明）。

　　增加季度销售进度奖励额。对于淡季的优秀销售者，加强奖励；旺季的优秀销售者，适当减少奖励。具体数量见附表。

　　规定折扣报销时间。如果报账不及时，会造成很多折扣费用留存在市场上，当期财务无法反映这些费用，造成总部和分公司利润虚增，分公司考核失真；长期不报账，由于人员变动或单据丢失折扣政策无法下账，不能保护代理商和公司利益。因此，规定报销时间为折扣发生后的一个月内，逾期责任自负。

这样写出来的解决方案，有实质性的内容，可操作性强。下面这一段写得不好，可以作为反面例子。

洗衣机各级别市场渠道差异化对策如下。

一级市场作为产品形象窗口，狠抓卖场建设与管理，加强导购员技能培训，极力提高高端全自动产品销量，提升洗衣机品牌形象。

二级市场是洗衣机的主要市场，在二级市场打好区域经销商的零售、批发两张牌，大力拓展中小区域经销商，鼓励并给予一定的优惠政策，扶持区域经销商在二级市场进驻零售商终端市场，以提升形象，提高零售量。

三、四级市场是全自动特价机产品以及双缸机主战场，公司主要依托二级中心区域经销商向三、四级市场渗透，在有购买力的三级市场鼓励分公司建立直供经销商以增加营销能力。

在上面这一段文字中，虽然几个方面都讲到了，但不具体，难于操作。下面还有更差的写法。

销售人员培训改进方案。

在培训之前，人才网需要考虑的是销售人员具体需要什么样的培训内容，该由什么人来培训。所以，为了充分发挥销售培训的作用，开始培训之前了解培训需求是必要的。方案中建议的使用方法主要有以下几种。

第一，技能测试。一些招聘网站采用行为测试法来帮助确定培训需求。这种方法详细说明了销售队伍的特殊任务或技能的评估，建议每年安排两三次销售技能和产品知识的考核。

第二，观察。一线经理需要花费大量的时间与销售人员一起工作。作为销售人员或销售团队中的一员，他们还对一些客户负有一定的直接责任。通过现场推销活动，销售经理通常可观察到对特殊销售培训的需求。在有些情况下，销售访问结束后，通过对销售人员行为的评论便可以使培训需求立刻显现出来。在其他情况下，对具体缺陷或未完成的销售行为的频繁观察可能有利于确定将来培训的主题。

第三，顾客调查。为确定客户的预期，客户调查有助于明确企业的销售人员与其他企业的销售人员有哪些优势。顾客调查结果是通过客户服务部门反馈的，安徽人才网设有独立的客户服务部门，该部门除了接受客户的投诉外，还负有客户回访的职责，定期与客户沟通，了解客户对销售人员的看法和意见，定期总结，并将其提供给销售管理部门，销售管理部门再根据反馈的意见与网站沟通，实施销售培训。使用地理区域划分的招聘网站在当地都会安排销售经理，他们在平时的销售过程中，随时观察销售人员的行为和工作任务的完成情况，发现问题并及时向总部反映，申请培训。

看过之后，你不知道该干什么？这样的培训改进方案肯定是难于执行的。

3. 提出的要点和内容能否解决前面分析的问题

方案是需要解决问题的，论文前面的章节已经分析了这些需要解决的问题，这里需要检查方案能不能解决前面提出的问题。在这里，我们需要注意以下三点。

第一，不要提出新的问题。论文前面的章节已经进行了问题分析，这里可以简要提及，但不要在方案制订时，又重新列出新的现象，分析新的问题。

第二，问题和解决方案不是一一对应关系。管理需要系统性，不能头痛医头、脚痛医脚。例如，成本高可能是采购、生产、库存等一系列原因造成的，在解决成本问题的论文中，就不能仅仅限于降低材料采购成本，可能还需要和供应商合作，改进计划系统，才能从根本上降低成本。

第三，要有一定的推理，表明什么问题可以得到解决。例如，前面发现供应商质量差，方案中提出了选择优秀供应商、帮助供应商改进质量、加强对材料质量的考核等措施，因此我们可以认为，优秀的供应商能提供高质量产品，过程控制可以惩罚质量低劣行为，解决"供应商质量差"这个问题。

4. 紧密结合实际

紧密结合实际就是在方案中，明确告诉读者企业该怎么做。下面的这个方案充斥着大量有着重要性、必要性的内容，但对于企业应该如何做讲得很少，也很含糊。

| 案例 | **产品组合策略**

产品组合，就是一家证券公司可以提供的全部产品的有机构成和量的比例关系，本文主要以证券经纪业务为分析对象。一般认为，证券公司的经纪业务仅仅指受投资者委托，进行证券的买卖，其实，从更广义上讲，证券经纪业务应包括：委托前信息咨询、技术支撑、服务质量、委托后信息咨询、交易环境等子产品。证券公司针对不同的投资者群体的需要，提供不同的产品组合。对于一些交易规模较大者，证券公司可以提供最新的委托前与委托后的信息咨询服务，并可以提供更好的硬件环境；对于换手率较高的投资者，证券公司在技术支撑方面要高于其他投资者群体，在交易流程方面可以适当简化；保证金规模较小且换手率不高的散户，在服务质量与信息咨询方面，远没有前面投资者群体所需的要求，证券公司仅需要提供一般化的服务质量与信息咨询。证券公司实行不同的产品组

合，可以在更大程度上满足不同消费群体的需要，从而吸引更多的顾客。

稳定和扩大公司证券经纪业务的市场份额。

下面这个关于设备管理的例子，内容写得依然很空洞。

| 案例 | 设备管理工作改进方案

设备管理是发电厂生产管理的重要方面，是保证机组安全、经济发电的基石。如何选好、管好、用好、修好设备，保证电力生产设备经常处于良好的技术状态，充分发挥设备的生产能力，是电力企业生产管理的重要课题。

随着我国发电企业向大容量、大机组、高自动化水平方向发展，组成系统的设备越来越复杂，对人员素质的要求越来越高，影响电力系统可靠性的因素越来越难以预测，电力系统的安全可靠性问题变得越来越突出，因此，加强电力系统可靠性管理，提高电力系统运行可靠性是电力企业现代化管理的一项重要内容。以2006年5月10日《电力可靠性监督管理办法》的实施为标志，电力可靠性工作正式纳入我国电力监管体系。

H发电厂已经实施了状态检修，从状态检修的角度看，设备可靠性评价能帮助了解检修任务中所提的可靠性指标是否被满足；进行不同方案的比较，以便在给定性能、费用和寿命的要求下，找到可靠性最佳的检修方案；查明系统中可靠性的薄弱环节。根据技术和经济上的可行性，H发电厂可以采取必要的检修措施提高可靠性水平；确认和验证可靠性增长；预测将来系统的维修性和可用率。H发电厂将加强设备可靠性管理，促进设备的健康水平和可用率。

有些方案把教科书中的内容抄录下来，看不到本企业的痕迹。

| 案例 | 加强市场调研

市场调研可以采取以下途径和手段。

- 主动拜访客户。
- 邀请客户访问。作为与客户交流的另外一种形式，同拜访客户一样，邀请客户访问不仅可以对客户的需求进行调研，还可以利用同客户直接交流的机会获取第一手原始市场需求，从而更准确地理解客户需求。
- 电子商务网络的利用，通过互联网捕捉顾客的各项信息，以此来了解顾客的偏好，预期新产品的概念，最终使顾客间接地参与产品的设计。
- 利用极其丰富的市场信息资源，主动挖掘消费者的潜在意识，发现消费者自己可能都不曾预见的潜在需求。在网络经济下，根据市场信息生产的产品不仅是发现市场需求的结果，还是创造市场需求的结果。

上面两个例子中的方案，没有结合本企业的实际，是很难执行的。

5. 不要介绍理论和经验

有些同学在制订方案时，发现没有介绍一些理论以及别人很好的做法，于是在方案中先介绍理论和先进经验，这是不合理的。例如，某论文对于方案设计一章是这样安排的。

第4章　H发电厂生产管理改进方案设计
 4.1　H发电厂的危险点分析及预控管理
  4.1.1　危险点控制的概念和重要意义
  4.1.2　H发电厂危险点的分析方法和控制步骤
  4.1.3　H发电厂在危险点预控执行过程中发现的问题
  4.1.4　H发电厂在危险点控制方面的改进措施
 4.2　设备可靠性管理
  4.2.1　发电设备可靠性评价
  4.2.2　H发电厂可靠性管理现状
  4.2.3　H发电厂可靠性管理改进
 4.3　技术经济指标管理
  4.3.1　发电厂技术经济指标管理的概念及作用
  4.3.2　小指标竞赛促进节能降耗
  4.3.3　建立小指标核算系统
  4.3.4　发电厂节约用电管理的措施
  4.3.5　出台发电厂节约用水管理办法

从结构上看，三个要点互不相关；每个要点下面的写法也是五花八门的，有的自成一体，有的介绍概念、重要性，但都不知道到底哪些方面得到了改进。

7.7 实施方案设计

如果说方案设计为我们描绘了未来美好的蓝图，那么实施方案就是指引我们从现在开始实现美好未来的计划。比如，方案设计只是画出了房子的图纸，要把图纸中的房子变成现实生活中的房子，需要筹集资金、购买材料、找施工队，需要控制进度、质量和成本，这就是实施。图纸再好，没有合格的施工队施工，还是建不出理想的房子。对于企业来说，只有成功的解决方案还是不够的，还需要详细的实施计划，让企业真正能把方案实施下去，最终解决企业存在的问题。

方案实施是一项复杂的系统工程，有其内在的客观规律，属于项目管理的范畴。项目管理在确定目标后，主要管理进度、成本、质量和风险。和一般的项目不一样，管理方案的实施，还有一些配套改革工作。根据我的长期论文指导经验，建议同学在写实施方案时应包含以下内容。

实施方案设计
1. 实施目标和进度计划
2. 重点难点分析
3. 保障措施
4. 风险分析与控制
5. 实施效果评价

下面我们就分别讨论上述 5 个方面的写作方法。

7.7.1 实施目标和进度计划

1. 实施目标

管理方案的实施目标，是指为了让前面提出的方案达到预期效果，必须完成的各项指标标准。实施目标主要分为质量目标、进度目标、资金目标，也称三大目标，它们彼此之间存在着相互联系和制约的关系。由于实施管理方案所需的投资很难预测（除非是花钱请管理咨询公司来做的方案），因此我们一般不提方案所需经费，而工程项目方案的实施（如 ERP 实施、设备改造等）需要确定投资目标和收益目标。

方案实施目标通常包括以下几个方面。

（1）工作范围，即可交付成果、交付物的描述，主要是针对方案实施的结果。

（2）进度计划，说明实施方案的周期、开始及完成时间。

（3）成本及收益，说明完成实施方案的总成本及预期的总收益。

确定实施方案的目标，即确定本方案的目标定位。确定目标时，我们要紧扣问题，用词要准确、精练、明了。论文中常见的问题是：不写目标，目标扣题不紧，目标用词不准确，目标定得过高或过低等。

某管理方案的实施目标如下。

通过合理的组织与保障措施，保证供应商管理体系的改进方案在半年内得到应用，提高供应商选择的合理性。

某工程项目的实施目标如下。

| 案例 | 小型无人驾驶气象探测飞机研制项目 |

某飞机制造公司承担无人驾驶的小型气象探测飞机研制项目。项目拟于2013年7月开始实施，市场需求为每年50~100架，首架交付日期为2017年12月。项目目标包括飞机研制和用于保证飞机性能的特种设备/设施采购。为保障研制与试飞任务的顺利进行，项目总投资为1.2亿元。

问题：要求对项目的目标进行描述。

可交付成果：无人机研制项目目标为研制小型无人驾驶气象探测飞机。

进度计划：首架交付日期为2017年12月，研制时间从2013年7月到2017年月12月，总工期为4.5年。

总成本：研制总经费为1.2亿元。

这样的目标有很多具体指标，是比较可信、可行的。

2. 进度计划

进度就是时间计划，包含三层意思：第一，各子项目实施的先后顺序；第二，每个时间段做什么；第三，主要承担部门做什么。因此，我们对于进度计划可以围绕这三个方面来写。

（1）实施思路。采用工作分解结构（WBS），对方案设计的项目进行层层分解，再论述各子项目实施的紧迫性、关联性，确定其先后顺序。我们通常这样写。

要改进供应商管理，需要改进供应商选择标准，加强交货质量控制，建立供应商评价系统，还需要建立企业内部供应商管理组织，完善供应链信息管理系统（简要回顾主要任务）。

选择标准和评价系统的建立是整个工作的前提，需要提前进行。考虑其专业性较强，我们需要请专业咨询公司来设计，预计需要半年时间；交货质量控制可以稍后一步。供应商管理部可以在选择标准和评价系统设计完成后开始运作；供应链信息管理系统需要在原有ERP的基础上增加Oracle i2模块，建议尽快开展调研，制订实施方案。

（2）实施阶段划分。为了便于组织成员理解，我们一般把项目实施划分成若干阶段，明确每个时间段的目标、任务和重点。时间段的划分标准，可以是整年、半年、季度，也可以是某些里程碑事件。例如，某ERP实施项目时间段是这样划分的，如下所示。

本企业ERP实施项目分为3个阶段。

第一阶段（2019年1月1日～3月31日）：网络建设和硬件配置。

第二阶段（2019年4月1日～6月30日）：流程再造和基础数据准备。按照ERP实施计划的要求，调整部分组织机构和业务流程，同时准备ERP应用所需的基础数据。

第三阶段（2019年7月1日～8月31日）：销售、库存与财务子系统试运行。

第四阶段（2019年9月1日～10月31日）：计划、生产系统正式运行。

第五阶段（2019年11月1日以后）：系统正式运行。

有了这样的阶段计划，相关部门和人员就可以基本了解项目进展，朝着预期的目标前进。我们还可以用甘特图等形式列出各项活动，如图7-11所示。

时间（周）	1	2	3	4	5	6	7	8	9
前期调查	—								
现场调查		—							
需求分析			—						
系统设计				—					
软件编程					—	—			
设备采购					—				
网络建设						--	--		
软件测试								—	
试运行								—	
正式运行									—

图7-11　某软件开发项目进度计划

（3）主要实施部门的工作。这里主要是明确每个阶段、每个部门的工作。例如，在 ERP 实施项目中，研发中心需要在 6 月底之前完成产品和零部件编码工作，工艺处要完成零部件工艺文件的准备，等等。

7.7.2 重点与难点分析

方案的实施是一个复杂的系统工程，对项目的重难点予以预计和分析，有助于在时间进度和成本的约束下，保证方案的顺利实施。

常见的重难点分析包括以下几个方面。

（1）核心的子项目。任何方案都有一个影响全局的、最重要的子项目。该子项目往往难度最大、工作量最大、持续时间最长，需要高度关注。

（2）涉及部门较多的项目。由于涉及部门较多，协调工作困难，如果有一个环节配合不上，可能会影响整个项目的运行。

（3）新技术或管理方法的应用。新技术或管理方法的应用往往存在很多不确定性，会对方案实施产生负面影响，是方案实施的重难点之一。

当然，每个管理方案所面对的问题不同，实施环境不同，其重难点也不同。在资源有限、不确定因素多、干扰因素多的条件下，我们在实施过程中必须不断掌握计划的实施状况，并将实际情况与计划进行对比分析，必要时采取有效措施，使方案进度按预期的目标进行，确保目标的实现。

7.7.3 保障措施

保障措施是指在方案实施中，我们需要在组织、人力、制度、设备、能源等方面采取各种措施，从而保证项目按计划完成。

某论文针对营销能力不足现状的分析，提出了"以扩大销售量为中心"的解决方案，包括增加产品种类、拓展营销渠道、合理降低产品价格、加强售后服务等内容。该方案实施的保障措施可以包括以下内容。

（1）组织改进与组织优化。针对目前销售能力较弱这一突显的问题，成立专门的销售公司，财务相对独立，提高营销团队的自主决策能力。

（2）销售人员增加15人左右。在充分、合理地运用内部选聘、内部人员晋升机制的同时，利用社会渠道吸纳符合要求的人才。

（3）加强销售人员的培训。将岗前培训、强化培训、在职培训相结合，运用理论与案例相结合的方式，提高员工的专业素质，全年培训时间不少于40小时。同时，培养员工爱岗敬业、严谨细致、争先创优、不甘落后的职业精神。

（4）加大激励力度。通过晋升期望、增加奖金比例等方式，加强对销售人员的激励，对于业绩优秀的员工发放季度奖、年度奖，评选销售标兵。

当然，不同的管理方案，其保障措施应该不同。

7.7.4 风险分析与控制

风险是指损失发生的不确定性，风险的发生往往会使企业、个人遭受难以承受的直接或间接损失。在方案实施过程中，存在着各种各样的风险。风险管理包括风险识别、风险评估、风险应对和风险监控四个方面的内容。在论文写作时，我们需要根据论文提出的方案，分析其在实施过程中的具体风险。

1. 风险识别

风险识别是指确定可能导致费用超支、进度推迟或性能降低的潜在问题，并定性分析其后果。管理方案实施面临的风险可分为技术、计划、保障性、费用和进度五个方面。

（1）技术风险。方案实施或技术研发项目实施过程，可能需要采用新技术，而这些新技术可能并不成熟，也没有用过，因此存在技术上不成功的风险。

（2）计划风险。计划风险是指方案实施前提条件发生变化，或者所需资源得不到保证。例如，随着最新的《中华人民共和国劳动法》的实施，原来的薪酬改革方案需要中断或者需要重新设计。

（3）保障性风险。保障措施既包括综合后勤保障，又包括制度保障。这些保障措施失效或终止，可能导致方案不能继续实施。

（4）费用和进度风险。方案实施所需费用不能保证，或者资金迟迟不能到位；天气反常等自然灾害或出现"非典"之类的社会事件，导致进度计划得不到保证。

例如，某国际工程项目的风险识别如表7-3所示。

2. 风险评估

风险评估就是估计风险的性质，估算风险发生的概率，评价其后果的严重程度。这可能需要综合应用多种模型。例如，层次分析法是一种定性与定量相结合的多准则决策分析方法，它把一个复杂问题解析为有序的递阶层次结构，通过逐层计算组合权，并最终求得目标层（最上面的一层）的综合结果。某公司信息化建设项目风险评估如表 7-4 所示。

表 7-3 某公司国际工程项目风险的识别

风险分类	具体风险形式
政治环境风险	政治局势不稳
	政策变化
	动乱与骚乱
经济风险	通货膨胀
	外汇汇率变化
自然风险	不可抗力（雨、冰雹、海啸、地震等）
	恶劣的地理和地质条件
技术风险	设计和施工失误
管理风险	分包方或供应商违约

表 7-4 某公司信息化建设风险评估

风险类型	风险描述	产生原因	对项目的危害	可控性
市场风险	铜加工费大幅下跌 进出口受到限制 原料无法获得 环保要求提高	国际市场走势 国内外政策变化	可能造成企业生产经营困难，利润减少，没有资金投入本项目，造成项目停止	难预测 不可控
技术风险	技术落后，不适应未来技术环境，无法升级、换代、维修	信息技术的高速发展 新的技术标准出台	前期投资损失 后期维护没有保证 长期应用困难	难预测 不可控
组织管理风险	项目实施职责不明、无人过问、管理不当、推行困难	组织设计存在问题 职责不清、授权不足 来自企业内部的阻力	项目延期 投资增加 应用效果差	可预测 可控制
人员变动风险	关键人才流失	企业待遇等问题 个人发展需求	前后衔接不上，造成项目延期甚至停止	可预测 可控制
资金风险	投资不能及时到位	企业经营出现问题 专项资金计划不足 资金管理问题	项目进展断断续续 偷工减料，降低档次	可预测 可控制

3．风险应对

风险应对就是对风险提出处理意见和办法，主要策略有减轻风险、风险消除、风险转移、风险保留和风险分担等。风险应对有两个层面：第一个层面是管理策略，第二个层面是具体的应对措施。××公司国际工程项目风险的管理策略和应对措施如表 7-5 所示。

如果有这样的风险应对预案，工程实施风险的损失就不会太大。

4．风险监控

风险监控就是通过对项目风险规划、识别、评估、应对全过程的监视和控制，保证项目风险管理能达到预期目标。当风险确实发生时，我们还要启动事先准备好的应急计划，把风险可能造成的损失控制在能接受的范围内。

表 7-5　XX 公司国际工程项目风险的管理策略和应对措施

风险事件	风险管理策略	风险应对措施
政治环境风险		
政治局势不稳	风险回避	
政策变化	风险保留	索赔
动乱与骚乱	风险转移	购买保险
经济风险		
通货膨胀	风险保留	执行价格调整；投标中预留应计费用
外汇汇率变化	风险转移	投保汇率险，套汇交易；履约保函
	风险保留	
	风险利用	合同中规定汇率保值；市场调汇
自然风险		
不可抗力（雨、冰雹、海啸、地震等）	风险转移	购买保险
恶劣的地理和地质条件	风险保留	索赔；预防措施；投第三者责任险
	风险转移	
技术风险		
设计和施工失误	风险控制	严格的规章制度；投保工程全险
	风险转移	
管理风险		
分包方或供应商违约	风险回避	进行资格审查；索赔

7.7.5　实施效果评价

实施效果评价是指对已经实施的方案的目的、执行过程、效益、作用和影响进行系统的、客观的分析。

1. 评价的内容

完整的评价包括目标评价、实施过程评价、效益评价、影响评价、持续性评价等内容。我们需要对照实施前后的状态对方案进行评价。MBA 等专业学位论文的篇幅不能太长，一般我们不需要完整、全面地评价方案实施效果，可以只对经济效益等主要方面，概括性地描述实施效果，进行少量评价。

（1）目标评价。评定预定的目的和目标的实现程度，是目标评价的主要任务之一。目标评价要对方案原定目标的正确性、合理性和实践性进行分析与评价。有些方案的原定目标不明确或不符合实际情况，方案实施的过程中可能会发生重大变化，如政策性变化或市场变化等，此时我们要重新分析和评价。

（2）实施过程评价。实施过程评价应对照方案设计时所预计的情况和实际执行的过程进行比较与分析，找出差别，分析原因。

（3）效益评价。对企业来说，方案效益评价即财务评价，主要指标可以是利润增加、销售额增加、费用减少等，也可以是内部收益率、净现值和贷款偿还期等项目盈利能力和清偿能力的指标。效益评价还有直接效益与间接效益、经济效益和管理效率提高等多种表述。在撰写这方面的内容时，我们要尽量用定量指标。

（4）影响评价。方案的影响评价内容包括企业内外部的经济影响、环境影响和社会影响。

（5）持续性评价。方案的持续性是指在方案实施完成之后，既定目标是否可以持续地发展。

一篇名为"中国石油某销售公司成品油物流体系建设的研究"的论文的效果分析如下，内容比较充实，但定量内容不足，分类也不够严密。

油品调运改革方案通过近一年的运行，取得了良好的经济效益，有效地提高了工作效率，降低了经营成本。概括起来，这主要体现在以下几个方面。

（1）二级调运范围从原来的一个省扩展到现在的四省一市，可以优化的路径大大增加，使公司物流费用大大降低。

（2）物流信息系统的应用大大提高了企业物流信息化水平，提高了工作效率，也使我们能够比较轻松地完成原来不敢想象的、纷繁复杂的任务。

（3）加油站及油库数据自动采集与销售预测相结合，初步实现了调运计划的自动生成，提高了计划提报的科学性。

（4）二次水路运输工作采用第三方物流方式进行合作，既提高了二次调运的管理水平，同时也使合作伙伴的管理水平大大提高，实现了共同发展的双赢结果。

（5）打破行政区域限制，总体平衡资源，为公司在资源紧张时完成"三个责任"发挥了巨大的作用，保证了地方的能源及时供应，同时也为公司创造了较好的经济效益。

（6）库存控制合理，既保证了资源的平稳供应，同时又降低了库存油品，减少了资金沉淀。

有些管理方案还没有来得及实施，我们可以预测其实施效果，而不一定要等实际实施完成后再写效果评价。下面是金山公司信息化建设效益预测的例子。

金山公司信息化建设需要投资2 600多万元，包括生产控制系统、制造执行系统（MES）和管理系统三大块。建成以后，金山公司不仅在管理手段上迈上了一个新台阶，更重要的是带来了企业经营方式的变化。实施效果包括直接经济效益、间接效益和社会效益三个方面。

5.3.1 直接经济效益

信息化项目的直接经济效益包括企业收益增加和费用减少两大类。由于市场可预测性较差,信息化在帮助销售方面的作用难以评估,其带来的费用减少项目主要有以下几种。

(1)生产控制系统的主要效益在于提高作业率,增加产量,降低成本。

(2)制造执行系统的作用在于降低成本,减少产品单耗,按照同行企业估算,预计可降低制造成本2‰。

(3)管理系统的主要作用在于提高管理效率,减少管理费用,降低库存水平。参考国内企业实施管理系统的成果,预计可减少管理费用10%,降低库存水平30%,降低销售费用5%。

目前备件库存资金年平均3 000万元,按降低库存水平30%、年利率5.8%计算,年可降低利息52万元,即财务费用降低52万元。

按照高氯技术改造后的达产期年均水平,主要项目费用减少预测如表5-6所示。

表5-6　金山信息化建设直接经济效益分析　（金额单位：万元）

序号	费用减少项目	达产期年均水平	预计减少费用	计算依据
1	制造成本	430 497	861	降低2‰
2	管理费用	2 317	232	降低10%
3	财务费用	9 581	52	降低0.54%
4	销售费用	3 864	193	降低5%
	合计		1 338	

按照静态价格计算,预计每年可产生的直接经济效益为1 338万元。

5.3.2 间接效益

金山信息化项目的间接效益包括以下几个方面:成本优势进一步加强;企业运作效率提高;企业对市场的反应速度加快;销售客户增加,客户服务更好;承受市场风险的能力增强;企业整体竞争力得到提高。

5.3.3 社会效益

金山信息化建设项目的社会效益包括以下几个方面:提升企业全体员工的素质,体现以人为本的科学发展观;为集团信息化建设积累宝贵的经验,成果可以为兄弟企业借鉴;带动本市企业的信息化建设;为"数字上海"的建设提供现实的案例。

2. 评价方法问题

说起评价方法,我们经常会联想到层次分析法、灰色评价法、数据包分析法、模糊综合评价法等。从学术角度来看,我们对于评价方法的选择会影响评价结论。学术型研究生(尤其是博士)的研究往往在于方法本身的改进,用方法来评价一个项目只是验证其方法的改进之处。

专业学位论文强调的是解决实际问题，因此建议不要在评价方法上纠结，具体来讲：第一，不要听着方法好听，就用某种时髦的方法；第二，不要想着改进方法，从我评审过的几百篇专业学位论文来看，没有一篇可以称得上方法改进；第三，不要用复杂的方法评价实施效果，因为你很难理解复杂的方法（前提假设、参数或权重选择等），时间也不允许。你只需要较全面地描述方案实施后，为企业带来了哪些好处。

3. 效果评价写作经常出现的问题

根据我的经验，效果评价写作经常出现以下问题。

（1）没有效果评价。方案设计、实施后，效果如何？是否解决了问题？产生了哪些效益？论文中对于这些问题只字未提。对于实施效果或者预期效果，一定要写，否则论文就缺少了必要的一环。

（2）过于简单。有的只有寥寥数行文字，内容空洞，如"员工积极性大大增强，精神面貌焕然一新，生产效率大幅度提高"等，都是定性的评价，缺乏定量的描述。

（3）重复方案设计或方案实施的内容，实施过程介绍过多，效果分析不足。

（4）提出一个模型，又不用模型来评价。例如，在某论文"实施效果评价"一章中，第一节介绍"员工绩效评价的层次分析法模型"，给出了指标、公式；第二节介绍取得了哪些成果；第三节介绍经验和教训。由于方案实施中完全没有用到模型，所以论文中可以将其删除。

7.8 结论的写法

论文的结论，就是论文的终结。这是论文内容发展的必然结果，也是全篇逻辑推理必然得出的结论。古人说文章的结构安排就是"凤头、猪肚、豹尾"，即开头要写得漂亮，中间要写得充实，结尾要写得响亮有力。古人说："结句当如撞钟，清音有余。"结论在一篇论文中的地位是不可忽视的。

就专业学位论文而言，结论不仅是论文的收束与终结，更是读者加深对论点或中心论点的理解与认识的关键，也是衡量应用是否正确和成功的依据。论文结论主要有两种写法：完整的结论和结束语。

7.8.1 完整的结论的写法

结论是整篇论文的结局，而不是某一局部问题或某一分问题的结论，也不是正文中各段小结的简单重复。它应当体现作者更深层的认识，且是从全篇论文的全部材料出发，经过推理、判断、归纳等逻辑分析过程而得到的新的学术总观念、总见解。

完整的结论必须准确、完整、明确、精练。该部分的写作内容一般包括以下几个方面。

（1）本文的研究结果说明了什么问题，解决了什么问题，提出了哪些新方法。

（2）对前人有关的看法做了哪些修正、补充、发展、证实或否定。

（3）本文研究的不足之处或遗留未解决的问题，以及解决这些问题的可能的关键点和方向。

某篇论文的结论一章如下所示。

第 6 章　结论和展望　　　　　　6.2　论文的结论和不足
　　6.1　本文的研究工作　　　　　6.3　未来研究展望

结论的具体写法多种多样，主要有以下几种类型。

（1）分析综合，即对正文内容重点进行分析、概括，突出作者的观点。

（2）预示展望，即在正文论证的理论、观点的基础上，预见其生命力。

（3）事实对比，即对正文阐述的理论、观点进行分析，最后以事实做比较，形成结论。

（4）解释说明，即对正文阐述的理论、观点做进一步说明，使作者阐述的理论、观点更加明朗、全面。

（5）提出问题，即在对正文论证的理论、观点进行分析的基础上，提出与本研究结果有关的有待进一步解决的关键性问题。

"结论"部分的写作要求是：措辞严谨、逻辑严密、文字具体。它经常像法律条文一样，按 1、2、3……的顺序列成条文；用语斩钉截铁，且只能做一种解释，不能模棱两可、含糊其词，与前文所述自相矛盾；文字上也不应夸大，对尚不能完全肯定的内容注意留有余地。

写好结论，应该注意以下三点。

（1）要让结论部分真正起到收束全文的作用，结论是对原有观点的概括，一般不要提出新的观点或材料，以免画蛇添足。

（2）结论的语言要简洁有力，给读者留下深刻的印象，还要避免两种错误：一是草草收尾，不当止而止；二是画蛇添足，当止而不止。

（3）不要夸大研究成果的作用。例如，论文中只是介绍了××理论，结论中却写成了"深入研究了××理论"；只是引用了××模型，论文中变成了"提出了××模型"；用了一个新名词，论文中变成了"创新"。

7.8.2 结束语的写法

结论，有时候又称"结束语"或者"结语"，与完整的结论不同，它是指文章或正式讲话完了以后，带有总结性的一段话。结束语作为全篇文章的结束部分，体现了文章结构和内容的完整性，在结构上可与开头的引言相呼应，主要是对全文主要内容的总结和概括。结语并不能代表学术研究最终得到的结论。

专业学位论文强调应用，所以一般不用完整的结论，用结语的情况比较常见。论文的篇幅较长时，以"结语"作为结束部分的情况非常多。

结语内容较宽泛，是对全文的总结性、概括性表述或进一步说明，比如再次点明论题，概括本文主要内容和研究成果，指出本研究的不足或局限性，提出需要深入研究的课题或指明研究方向，阐明论题及研究结果的价值、意义和应用前景，对有关建议及相关内容做补充说明。其客观性较"结论"弱，主观性较强。

结语一般不分条表述，没有定量信息。下面将给出两个实例供大家参考。

| 案例 | A公司基于供应链的VMI项目实施研究

结语

VMI策略的主要思想是，客户将库存外包给供应商进行管理的方式可以提高生产计划的准确性，降低库存成本与风险，增加供应链的灵活性。本文重点对VMI策略进行了论述，阐明了VMI策略对解决供应链环境下的库存问题的有效性。通过对A公司VMI项目实施的研究，我们可以看到A公司与一些供应商在VMI项目上已经取得了相当丰硕的成果，但是也被一些供应商拒绝过，还有一些供应商作为下一阶段的潜在合作者正在进行艰难的谈判。

A公司将面向国内的供应商推广海外供应商成功实施VMI的经验，以弥补一些供应商由于距离过远，无法使用看板来拉动物料需求的库存管理模式，将这些供应商纳入VMI模式中，进一步扩大VMI方式采购的料件范畴，同时针对国内供应商的情况考虑在设置VMI仓库时将仓库置于出口加工区之外。这样的好处是在加工区外就能处理来料不良料件，开展金像试验、金属探伤试验等事宜，避免了进入海关关区内烦琐的手续。

随着A公司的销售数量不断增加，如何改进下游供应链的库存管理策略以适应变化，结合现有的"车道战略"来提高客户响应速度和服务水平，将是今后研究的方向。此外，A公司需要进一步研究VMI支撑体系的各个模块之间的关联机制，提高其柔性和快速反应的能力。

可以预见到的是，VMI作为一种库存管理方法必然有它的历史性，它会被阶段更高、集成度更高的库存管理方法所取代，不变的趋势是客户将被置于更加中心的地位，客户价值将会越来越受到重视。

| 案例 | 华龙公司转型期发展策略研究

结束语

本文在对华龙公司进行较为全面的环境分析基础上，对公司主要的产业发展方向，即电源和特种元件的定位做了深入的研究，从而提出未来的发展战略是实施相关多元化。同时，对公司在研究所内部的产业定位也做了深入的分析，提出专业电源公司的发展思路。针对公司目前主要的产品特种元件、工业电源和军用电源，本文也做了深入细致的分析，提出了各自的战略选择。

企业战略是对企业长远发展的全局性谋划，本文将战略管理理论应用于企业战略的研究实践中，以战略分析、战略选择与战略实施三个步骤研究了华耀公司在转型期的战略问题。本文通过回顾公司的发展历程，明确公司面临的主要问题，提出公司的使命、愿景、定位和战略目标；通过外部行业分析、内部资源分析和内部能力分析，对公司现有的两类主要业务状况进行分析和总结，在此基础上明确公司的业务发展方向以及发展策略，对公司的具体战略实施，提出了详细的方案，包括市场发展战略、要素发展战略、组织发展战略和企业国际化战略等，对华耀公司的技术发展、人才、组织结构调整、市场拓展、内部管理和未来长期发展，提出了具体的解决方案，对华龙公司今后几年的发展将起到一定的指导作用。

但战略的制定与实施是一项长期而复杂的系统工程，必须在企业改革与发展的过程中加以适时调整，不断完善，公司的发展战略也要不断适应环境的变化和竞争的需要，在具体实施的过程中还需要进行调整和完善。

第8章 论文语言与规范化

> **本章导读**
>
> 如果把论文比作一座房子，语言就是其中的一砖一瓦。管理类专业学位论文的语言，应体现管理学专业特点，使用规范的汉语语言、管理学语言、书面语，善于用图表和数据验证，还要特别注意概念的准确性。
>
> 经常有同学抱怨，学位论文格式太麻烦了。对于格式问题，我们一定要有正确的认识：之所以需要规范格式，是因为论文答辩、提交后，需要在全国乃至全世界交流。因此，格式规范是学位论文强制性的要求，也是全世界知识交流与共享的需要。论文格式的规范非常具体，从标题、章节编号、内容、图表标注、参考文献，直至每个字符，都有严格规定。因此，我们首先要有服从格式规范的意识，逐字、逐句对照格式要求，对论文进行规范。
>
> 本章主要介绍专业学位论文的格式和内容的规范化要求，以及应用Word、Excel等软件提高写作效率的一些技巧。

8.1 专业学位论文的语言风格

语言文字是论文这座大厦的一块块砖瓦。不同地区的砖瓦风格各异，建成的大厦就有了不同风格。学位论文是严谨的文章，需要客观、朴实和规范的语言风格。

8.1.1 学位论文的语言与风格

语言能精确而有效地表达任何复杂的思想和理论，包含细腻的情感与艺术。语言有其特有的魅力，我们可以通过不同的表达方式来表达相同的思想。下面我们来探讨一下论文的语言与风格。

1. 管理学专业语言

管理学专业的论文所研究、探讨的内容具有专业性，它以科学领域里管理专业性问题作为研究对象。管理专业论文从选题上看有很强的专业性，从内容上看更是富有明显的专业性，它是作者运用自己系统的专业知识，去论证或解决专业性很强的学术文章。

在撰写论文时，一方面，我们要注意用语的目的性，紧紧围绕经济效益，因为这是企业所追求的；另一方面，论文是写给同行看的，要运用管理学专业术语和专业性图表符号，不用担心其他人是否看得懂。我们要用合适的专业术语将学术问题尽可能地表达得简洁、准确、规范。

2. 规范的汉语语言

我国是一个多民族、多语言、多文种的国家，我们必须建立一个统一、明确、共同遵守的标准，以利于正确表达和理解。任何语言现象，包括语音、词汇、表达方式等，都存在使用多少的情况。

目前，我国在语言文字使用方面还存在许多不规范的现象，比如有些地区方言盛行，在公共场合说普通话还没形成风气；社会上存在滥用繁体字、乱造简体字的现象；有些企业热衷于取洋名、洋字号，乱造音译词；网络中存在语言文字混乱的情况；不少出版物、广告、商店招牌、商品包装和说明中滥用外文等。

（1）语音规范的标准。1924年，国语统一筹备会确定以北京语音为标准音。现代汉语以北京语音系统为标准音。现代汉语是声母、韵母和声调构成的音节结构系统。至于个别的轻声、儿化、异读等北京话特有的语音现象，不能作为规范的依据。《汉语拼音方案》就是在北京语音系统的基础上设计的，因此，学习和掌握《汉语拼音方案》是学习和掌握现代汉语语音标准的有效工具。

（2）词汇规范的标准。我们主要以《现代汉语词典》为规范化的实际参考标准。规范的标准主要根据实际应用的功能进行判断：必要性大小，表现力强弱，区别性多少。因此，我们通常可以把《现代汉语词典》作为学习和使用词汇的标准。例如，娃哈哈公司推出"爽歪歪"饮料，引起了很大的争议，因为在北方的一些地区，"爽歪歪"暗含不好的指向。

（3）语法规范的标准。我们以典范的现代白话文著作为语法规范。这一规定十分明确，具有现实性和可操作性。

（4）文字规范的标准。关于汉字规范的标准主要是：以简化字为规范字；整理和淘汰异体字；纠正错别字；反对乱造滥用不规范简化字。关于非汉字符号的规范主要有：字母、数字使用法；标点符号使用法等。

汉语规范化标志着现代汉民族乃至整个中华民族的文明程度和发达水平。语言规范只是限定了方言的使用范围，并不是禁绝方言；语言规范也不是限制个人风格的发展，它只是规定了不同风格出现的条件，消除了语言中多余和不科学的成分，使语言的使用和理解更准确，学习掌握更容易。随着科学技术的发展和人类社会的进步，语言规范化工作会越来越受到重视，规范化的水平也会越来越高，人们推进规范化的自觉性也会越来越强。

（5）避免行业用语。有些行业有自己特定的简化用语，外行人不理解其真实含义。如果我们使用行业用语，会使得行外人有一种"丈二的和尚摸不着头脑"的感觉，不能使人理解，不利于沟通。因此，为了更好地与人交流，我们应尽量避免使用行业用语。

3. 客观、务实的风格

在论文写作中，我们要坚持客观性、实用性、科学性和避免情绪化的原则，尽量不要使用设问、反问、感叹等加强情感效果的语言。

所谓客观性就是要求作者在立论上不能带有个人好恶的偏见，不能主观臆造，必须从客观实际出发，从中引出符合实际的结论。坚持客观性原则，在一定程度上，也就是坚持了真实性的原则，即要客观、准确地描述事实。

比如，在题为"日立投影仪安徽市场分销渠道改进策略研究"这篇论文的写作中，作者画了图 8-1，从图 8-1 中可以得出"销售增长"，但"增长率下降"的结论。

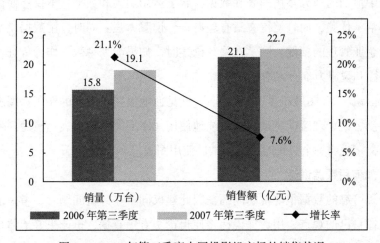

图 8-1 2007 年第三季度中国投影机市场的销售状况

实用性就是要与实际情况紧密联系，也就是对现实中的情况要具有一定的指导作用。比如，上面所提论文的选题就具有现实指导意义。这项研究不仅能帮助日立投影仪抓住强势渠道，占领市场，而且对其他品牌的投影仪或其他 IT 产品进入安徽省的市场都有很大的借鉴意义。

科学性就是指论文所介绍的方法、论点，是否可以使用科学方法来证实，切忌空谈假设。论文要做到科学性，首先是研究态度的科学性，就是坚持踏踏实实、实事求是的态度；其次是研究方法的科学性，就是先用归纳法，再用演绎法，而不能反过来，要从大量的具体材料出发去归纳，从个别到一般，以归纳为基础，再做分析，最后得出结论；最后是研究内容的科学性，就是论点正确，概念明确，论据确凿充分，推理严密，语言准确。

还用上面的事例，作者根据图 8-1 得到的结论为 2007 年第三季度中国内地投影机整体市场的增长速度放缓。这个结论是可以用数据来验证的，是可以通过科学的方法来证明的（销量同比增长 20.9%，销售额同比增长 7.6%），符合科学性的原则。

对论文中所陈述的观点，我们应该给予客观、具体的陈述，应避免带有主观性和情绪化的评论与脱离具体内容的解释。

8.1.2 用数据和图表说话

很多同学写的论文，洋洋洒洒七八十页，全部都是文字，这样的论文看起来让人昏昏欲睡，缺乏说服力和科学性。要解决这一问题，有一个好方法，就是在文中恰当的地方多用图表和数据。善于运用图表和数据，不仅能使论文的语言简洁、优美，而且使得文章有理有据，说服力强。同时，用数据说话体现了现代企业管理的精髓。同学在展开论述时，如果能列举数据作为佐证，论文的客观性和说服力都会大增。

俗话说，"一图胜千言"，这句话一针见血地概括了图表的作用。图表以其直观生动、易于理解的特点，比单纯地使用文字更能将意思表达清楚。你在用一大段文字说明一个过程时，不妨试试使用图表。

1. 如何用数据说话

来源可靠的数据很能说明问题，因此建议同学在分析问题时，考虑使用数据来支撑自己的观点，用数据说话将使得论文有理有据，也能更好地体现求真务实的科研精神。

首先，在进行行业分析时，我们可以通过行业网站、统计年鉴等，获得该行业过去若干年的主要经营数据（如企业数、销售额、利润等），在介绍本企业（单位）时，用近几年主要经营指标列一个表。通过这些表，我们可以一目了然地看出该行业过去几年的状况和近期发展趋势，比单纯的文字叙述更有说服力。

使用数据时，我们要对数据进行筛选和加工，避免使用不当的问题。

（1）不能罗列大量数据，让人不知所云。要避免这一点，我们就要做到目标明确，心里清楚要用数据说明一个什么问题。我们应该先将数据罗列在自己的工作表中，经过加工之后再放入论文。某论文中第一个表格的内容如表 8-1 所示。

表 8-1　2003～2006 年电话用户到达数和新增数　　（单位：万户）

	2003 年	2004 年	2005 年	2006 年
到达数	53 270	64 658.1	74 385	82 884.4
新增数	11 247.3	11 388.1	9 727	8 499.3

资料来源：工业和信息化部统计信息。

该表中的信息的真实性不用怀疑，问题是简单罗列数据让人不太容易看清增长趋势。如果我们做一些变动，效果要好得多，如表 8-2 所示。

表 8-2　2003～2007 年电话用户到达数和新增数

	2003 年	2004 年		2005 年		2006 年	
	当年数（万户）	当年数（万户）	增幅（%）	当年数（万户）	增幅（%）	当年数（万户）	增幅（%）
到达数	53 270	64 658.1	17.6	74 385.1	13	82 884.4	10.3
新增数	11 247.3	11 388.1	1.24	9 727	−17.1	8 499.3	−14.4
当年新增（%）	21	18		13		10	

数据经过加工之后，信息量就多了很多。我们可以从表中看出当年的增长比例，还可以得到如下结论：2004 年用户到达数达到最大值，2005 年、2006 年有较大幅度的减少；当年新增比例逐年下降。

（2）没有重点。避免这一点的关键是关注重点指标值。当一个问题出现的时候，影响它的因素往往会有多个，在分清轻重的前提下，只对主要影响因素进行剖析即可，可以忽略不重要的部分数据。某论文节选如下所示。

从企业的产量和罐容上来看，目前，液化气年产量 38 万吨，日产气 900 吨左右，储罐容量虽有 1.4 万立方米，但受设备老化等客观因素的影响，安全、合理库容量仅为 2 000～4 000 吨，也就是说液化气两天不出厂或出厂量较小，就会造成液化气涨库，生产出的液化气将无处存放，给装置生产安全带来隐患；同时，根据历史统计数据，液化气库存又不能低于 2 000 吨,太低又容易造成资源供应链断裂,不仅给企业带来缺货成本,引发市场恐慌,而且由于液化气关系到千家万户的生活,又会引起当地有关行政部门的介入和干涉。

对于这段话,你不知道作者想说明什么问题:是库存能力不够,还是要努力降低库存?从库容不足的角度出发,我们可以这样修改。

液化气是关系民生的资源。根据历史统计数据,当我公司液化气库存低于 2 000 吨时,容易造成资源供应链断裂,引发市场恐慌,引起当地有关行政部门的介入和干涉。我公司目前液化气年产量38万吨,日产气900吨左右,名义储罐容量1.4万立方米。但受设备老化等客观因素的影响,其安全、合理库容量仅为 2 000 ～ 4 000 吨,也就是只够储存两天的生产量,否则就会造成液化气涨库。如果生产出的液化气无处存放,将给装置的生产安全带来隐患。因此,库容不足问题要引起重视。

(3) 数据陈旧,已经无法说明问题。如果要说明的问题具有时效性,那么太过陈旧的数据就不再具有说服力。除了数据之外,政策、做法、经验、参考文献等,也不能使用陈旧、过时的信息,最好用刚刚过去一年的数据。有些论文用某年中的一些数据(如截至9月末),这样的数据运用适合新闻报道等高度时效性的文章,不适合用在论文中。论文从写作到答辩,至少需要四五个月,时效性不至于那么高。

(4) 数据不完备,说服力差。当一个问题需要有完备的数据支持才能说明的时候,如果数据不充分,就会有以偏概全的嫌疑。某论文这样写道。

互联网用户增速加快。2007年,全国网民数新增7 300万人,达到2.1亿人,居世界第二位。互联网普及率达到16.0%。

上面这段话,数据不少,但不能说明问题。"互联网用户增速加快"是指过去几年年增长比例不断增加。因此,仅用2007年的数据不能说明"不断增加"的问题。

2. 如何用好图表

一般来说,图表的作用是使内容清晰易读,简单明了。论文中需要一定量的图表，但绝不是越多越好，而要做到少而精，让每张图都能传达一个明确的信息。

图表主要有数据类和概念类两种。数据类是将很多数据用一张图表表示，显示数据之间的联系。概念类就是将某个描述、流程等用图表示，使表达更加直观。下面我们将分别对这两种图表做一下介绍。

（1）数据类图表。数据类图表是根据数据绘制而成的。例如，如果我们仅将一家公司某种产品5年的销售收入数据罗列出来，并不能让人一眼看出数据之间的联系，但是将这些数据放在一张图上，就可以让人清楚地看到销售收入在5年中是如何变化的，变化幅度如何。要将数据绘制成图，可以选用饼状图、条形图、柱形图、线形图和散点图等，如图8-2所示。

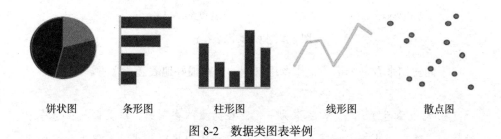

饼状图　　　条形图　　　柱形图　　　线形图　　　散点图

图 8-2　数据类图表举例

数据类图表的精髓是通过比较，反映数据关系，一般分三步走，即先确定主题，然后确定比较类型，最后根据比较类型确定图表类型。典型的数据类图表如图8-3所示。

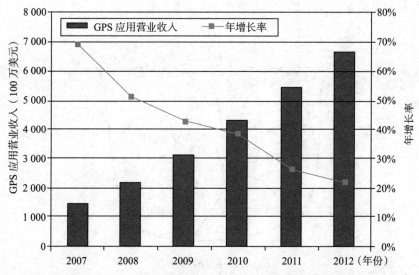

图 8-3　2007～2012年中国汽车GPS应用营业收入与年增长率

资料来源：2008年9月iSuppli公司对中国汽车GPS应用营业收入的预测。

iSuppli 是针对电子制造领域的市场研究公司,图 8-3 基于中国汽车 GPS 应用的预测数据绘制。我们从图中可以很快地看出,iSuppli 预测 2007～2012 年营业收入呈持续上升趋势,但增长率逐年变缓。

(2)概念类图表。概念类图表最大的特点是直观地表达意思。下面我们将列举几种常用的概念类图表,如图 8-4 所示。但是,概念类图表并没有固定的格式,我们完全可以根据自己的需要自由发挥。

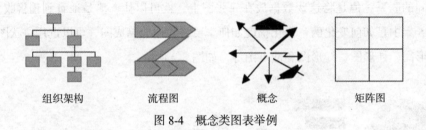

组织架构　　　　流程图　　　　概念　　　　矩阵图

图 8-4　概念类图表举例

下面我们来看一个例子,作者用自创的图案很好地表达了文意。

在大批量生产中,库存作为一种缓冲,缓解了生产与销售之间的矛盾,使客户的服务水平得以提高,因此,库存也成了工厂营运的一种必需品。为了避免缺货,工厂储备大量的原材料和零配件,工序与工序之间存在大量的在制品,以及搁放在仓库中等待客户提取的成品。但是,这些库存造成了大批资金积压,使资金的利用效率大打折扣,并且隐藏了各种问题和危机。下图给出了高库存量的隐患。

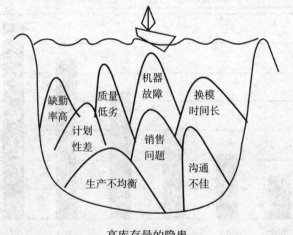

高库存量的隐患

上图将各种隐患以暗礁的形状来表示,如果小船触及任何一个因素,高库存量都会给企业带来危机。

3. 章节与段落之间的衔接

论文的章节和段落之间要做到巧妙的衔接，从章到节再到段落，是需要环环相扣的，否则，论文读起来会给人一种杂乱的感觉，就像是断了线的珠子，虽然每颗珠子看起来光彩夺目，但不是一串完整的项链。这就要求章节和段落之间有一根无形的线连接着，给人一种表断而里不断的感觉，每个章节、每个段落之间自然而然地形成一个统一的整体。

文章的衔接主要分为以下几种。

（1）总体分述式衔接。该衔接是在章节开头的时候，先对想要说明的总体内容做一个简单的概括，然后在正文中分步进行细化分析，用到的关键词主要有分述如下、总之、综上所述等。

（2）引领式衔接。在章节开始就提出所要论述的几个方面，然后在文章的写作过程中，每个段落再突显文章开头的问题，做到首尾呼应。

（3）因果衔接。在文章开头提出某一个问题的结果，然后在对文章论述的过程中，通过提出几个方面的原因来印证所造成的结果。

（4）补充衔接。在对文章进行论述的过程中，可能会出现后面段落所要写的内容是对前面段落或者前面所提出问题的一种补充的情况，这就体现了补充衔接的重要性。

衔接方法其实还有很多种，关键是要根据所写论文的具体内容恰当地进行选择。掌握衔接方法、理清文章思路，会让你在论文的创作过程中受益无穷。

我们要做到章节和段落之间自然而然地衔接，可以从以下几个方面入手。

（1）找准材料的内在联系。找准材料之间的相互关系，是写好文章过渡衔接的关键。只有把握住这一点，我们才能使一篇文章的衔接虽然看起来细若游丝、无关紧要，但实则命悬一线，紧扣文章的主题。在管理类论文中，这条线索就是分析现状，找出问题，提出解决方案并实施方案。

（2）文章段落之间过渡自然。完美的过渡对文章会起到一种穿针引线的作用，在过渡中把握暗中转折的方法，使文章看起来自然而又浑然一体。例如，下面几种方式都适合作为过渡的语言。

总结式

由以上分析可以看出，外部环境对企业的发展比较有利，但也存在政策变化的风险。近期的经济刺激政策带来了企业发展的大好机会。

承上启下式

在上一章（节）中，我们讨论了××问题，本章（节）将在此基础上，展开讨论××、××、××等问题。

引领式

大客户管理在营销中处于中心地位，本节将就客户分类、分类服务策略、信息系统支撑等问题进行论述。

一般来说，每章、每节的开始，都应该有一段概括性的文字，承上启下，让读者明白本章节在整个论述中处于哪个环节。但是，这段概括性文字不能有具体的数据、信息，不能有图表，其作用只是章节之间的衔接。

8.1.3 专业学位论文中经常误用的一些概念

在专业学位论文写作中，经常要用到一些概念，但很多同学不了解这些概念的内涵，经常犯低级的概念错误。下面列出一些常用的概念，这些概念有些在 EMBA、MPA、MLE、MPM 论文中同样被误用。

1. 和研究相关的概念误用

（1）理论。理论是人们由实践概括出来的关于自然界和社会知识的、系统的结论。科学理论是系统化的科学知识，是关于客观事物的本质及其规律性的、相对正确的认识，是经过逻辑论证和实践检验并由一系列概念、判断和推理表达出来的知识体系。任何理论的主要思想，是可以用一段话概括出来的，否则不能称为理论，比如合作竞争理论。

合作竞争理论，源于对竞争对抗性本身固有的缺点的认识和适应当今复杂的经营环境的需要。该理论的代表人物是耶鲁大学管理学教授巴里·奈尔伯夫（Barry J. Nalebuff）和哈佛大学企业管理学教授亚当·布兰登勃格（Adam M. Brandenburger），他们的代表作是 1996 年合著出版的《合作竞争》。他们认为，企业经营活动是一种特殊的博弈，是一种可以实现双赢的非零和博弈。企业的经营活动必须进行竞争，但也有合作，他们提出了合作竞争的新理念。它是对网络经济时代企业如何创造价值和获取价值的新思维，强调合作的重要性，有效地克服了传统企业战略过分强调竞争的弊端，为企业战略管理理论研究注入了崭新的思想。同时，利用博弈理论和方法来制定企业合作竞争战略，强调了战略制定的互动性与系统性，并通过大量的实际案例进行博弈策略分析，为企业战略管理研究提供了新的分析工具。合作竞争战略管理理论的核心逻辑是共赢性,反映了企业战略在网络信息环境下,要以博弈思想分析各种商业互动关系、与商业博弈活动所有参与者建立起公平合理的合作竞争关系为重点。

资料来源:摘自百度百科。

有些专家的观点,没有得到学术界的普遍认同,不能称为理论,例如"家族制管理存在弊端",虽然观点也可能是正确的,但不是普遍规律;有些做法很好,例如"邯钢成本倒推法",是一种管理方法,但不能称为理论。

(2)研究。研究是一个主动和系统的过程,是为了发现、解释或校正事实、事件、行为、理论,或把事实、法则或理论用于实际。研究是一个完整的过程,只有包含文献回顾、现状调查、问题分析、方案提出等子过程的整个论文才是一个完整的研究,其中的部分不能称为研究。有些同学在章、节标题中使用"研究"二字,是不合适的。

(3)方法。方法的含义可涵盖办法、做法、想法、技术、技巧、工艺、科技、程序、步骤、规则、规章、计划、规划、策划、计谋、谋略等,小至生活琐事,大至人生路线,狭至个人问题,广至人类宇宙,凡能提供解决问题之道的,都可称为"方法"。但是,管理学上的方法,应该是学术界普遍认同的,例如SWOT分析法、管理方格图、全面质量管理、净现值法等,这些方法都有具体可操作的程序,有严格的应用条件。很多同学只看方法内容,忽视适用条件,导致方法的不当使用。例如,SWOT分析法用于战略制定过程中对整个企业的优势、劣势、机会、威胁进行分析,但经常有人在营销、生产、人力资源等领域使用SWOT分析法,这就是方法的误用。

(4)现状。现状是指某一事物当前的情形、情况。企业现状是指企业目前的情况,包括整体情况和与论文有关方面的情况,既包括好的方面,也包括不好的方面。在时间上,现状也不是指当天,而是指最近几年直至现在的状况。

(5)分析。分析是指分解、剖析。分析的目的是找出问题或者事件之间的联系;分析过程要展现出来,可以按时间先后、空间分布等维度展开;分析要使用管理学的方法,不能按常理分析。例如,市场营销分析可以用"环境威胁机会矩阵";人力资源分析可以用"360度反馈评价法"。

(6)问题。英文里有两个单词Problem、Question,都可以翻译成"问题"。论文中的"问题",是Problem(To Be Solved),即需要解决的问题。此外,我们要注意区分现象、问题和产生问题的原因。例如,"员工积极性不高"是现象,

"缺乏有效的激励机制"是问题,"国有企业体制僵化"是产生问题的原因。

(7)方案。方案是一套系统的、解决问题的计划,一般包括指导思想、主要目标、工作重点、实施步骤、政策措施、具体要求等内容。

(8)对策和措施。对策和措施是指针对需要解决的问题,或面临的环境,领导决策时应采取的策略。措施是操作层面的具体工作内容,是方案的细化、执行。一般来说,对策是仅次于"战略"、高于具体措施的策略。举例来说,原材料价格上涨导致生产成本上升,那么战略上可以从大的方面"调整产品结构""外包业务";对策可以包括"建立长期供应渠道""增加采购批量";具体措施可以进一步细化为"建立供应商选择标准""降低材料消耗""节约进货运输成本"等。

(9)结论/结束语。从逻辑学来看,结论是从一定的前提推论中得到的结果,是对事物做出的总结性判断;从哲学角度来看,结论是相对一定条件而言的,结论与条件互为因果关系,条件(原因)是引起一定现象的现象,结论(结果)是由于条件的作用而产生的现象。而结束语是论文主体论证完毕后的一个简要总结,可能还包含一些对未来研究的展望。

2. 避免管理概念的误用

管理学中的每个概念都有特定的内涵。有些人由于平时学习不深入,对概念的内涵和外延把握不深,常常会被误用。常见的误用有以下几种。

(1)管理名词误用。管理学有自己的概念体系,例如,对于市场和行业,我们经常容易误用。按照管理学的定义,买方组成市场,卖方组成行业。有些人分不清"市场分析"和"行业分析"的根本区别,在分析市场时,讨论竞争对手问题。还有人从字面上理解概念的意思,表达的意思相去甚远。例如,精益管理的核心是消除一切浪费,但有些人理解成"工作精细化"或者"质量精益求精"。再例如,"系统、管理系统、管理信息系统"是一组相关的词。"系统"内涵最广,"管理系统"是管理范围内各种要素组成的系统,"管理信息系统"是指由计算机程序组成管理系统。

(2)新概念的误用。随着经济社会的发展,新概念层出不穷。例如,最近几年,关于物流、供应链、物联网等概念很流行,它们概念内涵还在演化中。"客户关系管理"和"CRM",从翻译来看是一样的,但是,"客户关系管理"是管理的一个领域,而"CRM"一般代表"客户关系管理系统",它是以计算机信息系统为基础的。有些人为了追求时髦,喜欢使用这些新概念,但往往会误用。

（3）行业性不规范用语。有些行业、大型企业，长期形成了业内的概念，但外行人或企业外部人往往不理解这些概念。例如，邮政公司运用遍布全国的邮政所销售农业生产资料（农资），业内称为"网络配送"，让人一头雾水。"配送"是物流的概念，本身没有销售的含义，和邮政的"网络配送"完全是两码事。建议同学们在写论文时，一定要使用社会上普遍接受的概念，避免行业用语。

（4）港台用语。在大陆和台湾，说法不一样的词汇有很多，与管理学相关的例子有：正态分布 VS.常态分配、宏观经济学 VS.总量经济学、微观经济学 VS.个体经济学、知识产权 VS.智慧产权、市场细分 VS.市场区隔、渠道 VS.通路／管道等。有些论文直接参考港台文献，造成用词不规范。我们应该避免这种问题。

名词误用的结果，类似于盖房子时，我们所使用的一块块不合适的砖：大小不一、颜色不一、材质不一，甚至把不该当砖头使用的材料砌到了墙中，看上去很不协调。造成名词误用的原因有很多，最主要的就是学习不深入，资料看得不够多，写作时不认真。我们只要加强学习，认真对待，完全可以避免名词误用问题。

8.1.4 语言官僚化

官僚语言的特点是：居高临下的命令式、无依据的新观点、煽动性的语言、冗长的句式。例如，某论文中的一段话，如下所示。

2.紧扣目标任务，加强分类指导，扎实做好分析检查阶段工作

第一，要明确要求，抓好分析检查阶段重点工作。第二，要分类指导，增强学习实践活动的实效性。第三，要创新思路，加强基层党组织建设。第四，要解决问题，努力为群众办实事。分析检查阶段的主要任务是查找问题、明确方向，但最终目的是解决问题。

这段讲话的不足之处在于：标题中有多个标点符号；"分类指导""实效性"等用词模糊；空话多，没有一条可以执行；所使用的不是学位论文的科学语言。

我们要避免语言官僚化，建议如下。

（1）标题中不要用标点符号。学位论文的各级标题，都应该是一组概念或判断，而不是完整的一句话。例如，"某某机关存在问题的分析""某某机关工资改革方案设计""某某系统改进建议""加强人才培养""拓展宣传渠道"等。我们一定要避免使用带标点符号的标题。

（2）使用含义明确的科学语言。论文中每个用词，都应该有比较明确的含义。一些时髦用语、网络用语、领导用语，虽然很生动，但其含义往往变化很快，不符合科学性的要求。

（3）用论证的语气，不要用领导讲话的语气。论文就是说道理，即使是关于方案设计、实施的内容，也是围绕论点，说明必须采取哪些措施。必须时时记住，论文的读者是管理专家。

（4）言之有物。现状、问题、对策、措施，要有实质性内容、条理清晰、层次分明，不能言之无物。

8.1.5 内容空洞化

内容空洞化，就是说了很多，但没有实质性内容。例如，有一篇论文在对策部分，有这样一段文字。

> 树立正确的团结协作理念。打破部门壁垒，改变旧的管理观念，适应信息化高速发展的需要，面对越来越开放的网络空间，实现资源共享是利人利己的双赢。各部门应该树立协作的理念，将房地产税收管理的所有环节视为一个团队，发扬团队精神，共同控管房地产，减少国家税收流失。

从上面这段文字来看，说得都很对，但是你不知道该做什么，为什么这么做。因为内容完全是空洞的。

下面的建议可以避免内容空洞化。

（1）只提出自己能控制的建议。如果你在一个地市税务部门工作，那么你不能修改税法、不能制定政策、不能要求政府做什么，只能是在国家税法和实施细则、政府法令的范围内，根据当地特点，提出如何有效执行税法的方案。

（2）直接告诉读者做什么。有些论文，文字很多，但我们读完之后不知道他们在做什么。建议在每个自然段开始，用一句话点明要做什么，然后根据需要适当说明，不要让读者自己去总结你想做什么。

（3）不要重复空洞的内容。有些人喜欢在所有地方谈论重要性、必要性和意义，而实际上缺乏措施。一般来说，文章在分析完问题之后，可以有一段关于重要性、必要性和意义的论述，到了方案制订和执行阶段，就不需要再赘述了。

8.2 专业学位论文的规范要求

8.2.1 内容与字数要求

以 MBA 论文为例，为保证 MBA 学位论文的质量，体现 MBA 论文的特色，依据国务院学位办 [1995]3 号文件、[1996]58 号文件和《工商管理硕士试行培养方案》的精神，各个学校结合自身培养工作的实践，对论文格式做出了规定。

MBA 学位论文的内容一般包括标题、目录、中英文摘要、绪论（或综述、引言）、正文、结论或结束语、参考文献、个人主要经历、致谢，有时候还有附件。论文标题不超过 25 个字，不列副标题。目录从第一章开始编，不要把摘要、Abstract 编进去，列出章、节、目三级标题。不管论文属于何种形式，其绪论应介绍论文的写作背景、意义，通过对文献资料的概述，进一步说明论文内容的前瞻性、新颖性和重要性。论文的正文是对研究或调查的问题展开和分析的过程。结论部分或结束语要简要概括自己工作和研究的新观点与具有创新性的思想、建议。MBA 学位论文的字数一般不少于 3 万字，其他专业学位论文也有类似的要求。

8.2.2 格式要求

学位论文要求采用正规的汉字书写，不得使用繁体字、异体字等不规范的汉字以及标点符号等（特殊需要除外），也不能用外文撰写。通常中文字体使用"宋体"，西文字体使用"Times New Roman"。标点符号的用法以《标点符号用法》(GB/T 15834—2011) 为准，数字用法以《出版物上数字用法的规定》(GB/T 15835—1995) 为准。

按照我国学位论文的规定，除非特殊情况，文中必须使用中文。有些合资企业的信息系统和报表、图形，往往是英文的，我们需要把这类图表的英文翻译成中文，如有英文缩略语，需要注释。

论文版面的要求：页边距采用 Word 的默认值，即上下均为 2.54cm，左右都为 3.17cm；采用 A4 纸张；页眉和页脚距边界分别为 1.5cm、1.75cm；行距设为 1.5 倍。奇偶数页的页眉不相同，即"某某大学 MBA 学位论文"——左对齐，"论文题目"——右对齐，宋体小五号字。页脚为页码标号，底部居中。从第一章绪论开始，我们按阿拉伯数字连续编排，对于前面的摘要、目录等，部分用大写的罗马数字单独编排页码。

8.3 主要内容的规范

8.3.1 摘要和关键词

论文的摘要由中文摘要和英文摘要两部分组成,要求中英文摘要应完全一致,英文摘要部分要语句通顺、语法正确。摘要名称直接取为"摘要",不要取为诸如"中文摘要""内容摘要""中文提要"或者"内容提要"等。国际标准和国家标准对摘要的界定都明确要求摘要必须"不加解释或评论"。

中文摘要字数要求为 400 ~ 1 000 字。中英文标题不可遗漏,摘要标题采用黑体 16 磅居中,正文采用宋体 12 磅,行距 20 磅。

摘要的内容包括研究背景、研究目的、研究方法、研究内容和主要结论五个方面,其中研究内容的介绍占主要版面。摘要的写法参见第 6.2 节。

关键词是用于论文发表时,标明论文研究领域、方向、问题和方法的关键。别人可以通过关键词,检索、分享你的研究成果。关键词一般为 3 ~ 5 个,按照涵盖范围由大到小排列。关键词以显著的字符另起一行并放置于摘要页的底部,左顶格。如果不在底部,要增加空格使其到达页面底部。中文关键词之间空一格,英文关键词之间用逗号隔开。

这样的关键词是合理的:供应链管理　供应商管理　战略伙伴关系

这样的关键词存在问题:烟草商业企业　上海市　研究　对策

有些同学从论文标题中选取几个词作为关键词,但有些词可以作为关键词,有些不行。例如,一般概念的词,如"研究""策略""对策""上海""合肥""问题""方法"等,不能单独做关键词。为了提高检索命中率,关键词要体现独特性,常用词汇不要用作关键词,方便他人快速检索到你的论文。

8.3.2 目录的编排

教科书习惯用第几章、第几节,工作报告喜欢用汉字一、二、三,(一)、(二)、(三)等格式,那么论文的编目该如何设置呢?和学术期刊论文基本统一的要求不同,对于学位论文的编目,各个学校有不同的规定。这里推荐一种符合规范、容易引用的编排方式。对于章、节、目三级目录,我们可以这样编,如下所示。

第 2 章　供应链管理理论概述
　2.1　供应链
　　2.1.1　供应链的概念与发展
　　2.1.2　供应链的内涵与特征

2.2 供应链管理
    2.2.1 供应链管理的产生及其原理
    2.2.2 供应链管理的作用与意义
    2.2.3 供应链管理的实施步骤
2.3 供应链管理的发展趋势

其中,"第 2 章"中的"1",一定要用阿拉伯数字,因为在出版规范中,如果用阿拉伯数字表示不会出现歧义,则优先使用阿拉伯数字。

节、目的编号,用"章号"+"."+"节号"+"."+"目号",这样表示的隶属关系非常清晰,也易于引用,比如"见第 3.2.1 节",比"见第三章第二节第一目"要简洁得多。

目以下的编号,没有具体规定,我们推荐用以下两级。

(1)营销 4P

1)产品……

2)定价……

3)渠道……

4)促销……

(2)营销 4C

……

对于专业学位论文来说,5 级目录已经足够了。如果还有更多的层级,读者就要怀疑你的章节划分是否有问题:某些章节的内容可能过多。

我们还需要特别注意的是,不要在第三级"目"之下,使用以下编号体系。

(1)不要使用数字加点,如 1., 2., 3.……如果这样编号,和"章"号冲突。

(2)不要使用汉字编号,如一、二、三……这样的编号在报告中类似"章"一级的编号,在教科书中类似"节"的编号。

(3)不要使用汉字加括号,如(一)、(二)、(三)……这样的编号是教科书中类似"目"的编号。

(4)不要使用英文字母,如 A、B、C……a)、b)、c)……学位论文是不允许使用英文编号的。

(5)不要使用 Word 中的项目符号,如■、★、△、※、⊙等。同样,学位论文不允许用项目符号来编号。

(6)在带括号的编号后面,不能使用"."、"、"号。例如,"(1)、"是错误的。

8.3.3 图表

对于论文中出现的图、表、公式等,我们一律用阿拉伯数字分章依序进行连续编码。标注形式也应便于相互区别，例如，图 1-1（第 1 章的第一个图）、图 2-2（第二章的第二个图）；表 3-2（第三章的第二个表）等。图表的标注应该简明，图表号和图表的标注之间空 1 个字符，居中放置。图的编号必须放在图形下面，表的编号放在表的上面。如果是自己制作的图表，可以不标明来源。如果引用他人的图和表，必须注意注明出处，且穿插在文字中。另外，标注必须用"宋体、五号、加黑、居中"。

图的名称和图组成统一体，原则上尽量放在一页中；同样，表的名称和表组成统一体，必须放在一页上。如果一个表的长度不足一页，不要分开放到两页中，可以通过移动部分文字，让完整的表留在一页上；如果表格太大超过一页，需要在前一页的末尾注明"待续"，下一页上方注明"续表"，表头也应重复排出。如果图表过宽或者适合横排，可以将图表所在页面设置成"横排"，或者用非标准的纸张单独打印，统一编页码，装订时注意放到相应位置。

图表的作用是帮助正文说明问题，因此在正文中需要用文字引出。一般地，我们先用一段文字阐述观点，然后引出该图表的编号。给出图表之后，我们再根据图表提供的内容，用文字进一步说明。下面我们将分别举例说明在引用他人的图和表时应该注意的标注。

1. 图的标注和引用

随着 3G 时代的来临，产业价值链的竞争逐渐成为竞争的焦点。谁的产业价值链能够不断延伸，谁就能够构造具有特色的产业价值链，实现产业价值链的差异化，谁就能在产业价值链中获取收益，谁就取得了竞争的优势，如图 2 所示。

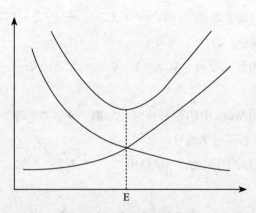

图 2　多元化经营风险曲线

资料来源：李娜. 如何有效地实施 MRP 系统 [J]. 冶金管理，2002，9.

从上图可以看出,产业相关性越高,市场风险越大,而运作风险越小。当相关性处于点 E 时,多元化风险最小。

2. 表的标注和引用

我们对表格适当改造,可以得到更加直观的结果,见下例。

2013 年,销售增幅首次出现个位数,是百强统计以来销售增幅最低的一年,但与前两年相比,回落幅度缩小,行业进入整体放缓但相对稳定的发展阶段。2010～2013 年连锁百强、快消品百强经营情况如表 3-1 所示,门店数如表 3-2 所示。

表 3-1　2010～2013 年中国连锁百强、快消品百强经营情况表

(单位:万亿元)

名称	2010 年	2011 年	2012 年	2013 年
连锁百强	1.66	1.65	1.87	2.04
快消品百强	0.69	0.77	0.84	0.99

资料来源:中国连锁经营协会 2010～2013 年"中国连锁百强"报告。

表 3-2　2010～2013 年中国连锁百强、快消品百强门店情况表

(单位:个)

名称	2010 年	2011 年	2012 年	2013 年
连锁百强	150 211	55 407	93 983	94 591
快消品百强	38 578	55 407	79 538	92 642

资料来源:中国连锁经营协会 2010～2013 年"中国连锁百强"报告。

在图表的使用中,还需要注意以下几个问题。

(1)在图表中,要特别注意数据计量单位的标注。

(2)同样的信息不需要重复用表和图来表示。有些同学为了版面好看,在列出一个数据表之后,再把表格内容转化成圆饼图、折线图之类的图,如果表格和图的信息量完全一样,就只需要保留一个。

(3)图表中的文字,应用简体中文,除非其中的外文有特别的意义。为了达到特别的效果,可使用外文、繁体字。

(4)有些图表是通过照片、扫描等渠道获得的,模糊不清,需要重新画出清晰的图表。

(5)有些图(例如圆饼图)使用彩色,从电脑上看效果很好,但打印成黑白稿之后,色差小,不能很好地表达信息。这样的图需要重新制作。

（6）有时候表格的各个格子宽度不一、空白分布不均、文字放置位置不好，要精心调整，尽量让表格美观一些。

8.3.4 引文

在引用他人的观点时，要尽量用专家、学者的观点，注意原作者观点出现的环境和前提，不能断章取义；要尽量避免引用记者等的观点，因为他们不是通过研究得出的结论，主观随意性较大，其观点也不能经受时间的考验。

如果论文中有成段的引文，应该用不同的字体和格式区分，两端缩进、字体变化以示区别；在引用结束时，再恢复到原来的格式。

近年来，学术不端的问题日益突出。按照学术界通常的看法，连续引用别人成果 3 行以上而又不加标注的，视为抄袭。从抄袭的形式上看，有原封不动或者基本原封不动地复制他人作品的行为，也有经改头换面后将他人受著作权保护的独创成分窃为己有的行为。前者在著作权执法领域中被称为低级抄袭，后者被称为高级抄袭。目前，已经开发了一种查询论文重复率的软件，可以初步判断重复的比例，但该软件性能还很有限，作为研究生，最好的做法是坚持原创，主观上杜绝抄袭行为。

8.3.5 参考文献

根据中华人民共和国国家标准《文后参考文献著录规则》（GB7714—2005）中对连续出版物中的析出文献、专著、论文集或其他专著中的析出文献、专利文献、学位论文等著录的具体规定，参考学术论文中对参考文献的要求，我们对专业学位论文的参考文献建议如下：参考文献应主要是同论文内容密切相关的最新的期刊论文，所附文献应在论文中得到正确的标注引用；有的学校还规定，参考文献综述不能少于 20 篇，其中英文文献不能少于 4 篇，书籍占 30%～40%，学术论文占 40%～50%，参考资料（包括各种报告、统计调查表等）占 20%～30%，参考网站可少量列于其中等。

参考文献要反应最新的研究成果，和论文内容密切相关。有些同学列出的参考文献，很少有近几年的书籍和论文，资料过旧，不能反映最新成果。有些同学列出的参考文献和论文没有多少关系，这些都是需要避免的。

对于文献的标注问题，有些学校对 MBA、MPA 等论文没有非常明确的标注要求。如果需要标注，通常有以下两种方式。

（1）在正文引用文献处用上标标注参考文献编号，例如：

目前，国际上已经有很多应急物流和应急预案方面的研究，研究内容主要有应急资源的布局及调配、应急物流预案的编制等，如基于特定条件的库存模型[1]、针对紧急需求条件的快速反应的应急物资的调配[2]和应急物流预案[3]。

文后对应的参考文献格式如下：

[1] Vlachos D, Tagaras G. An Inventory System with Two Supply Modes and Capacity Constraints. International Journal of Production Economics[J]. 2001,(6), Vol. 72.

[2] Jiuh-Biing Sheu. An Emergency Logistics Distribution Approach for Quick Response to Urgent Relief Demand in Disasters [J]. Transportation Research Part E, 2007, 43: 687-709.

[3] Linet Özdamar et al. Emergency Logistics Planning in Natural Disasters[J]. Annals of Operations Research, 2004, 129: 217–245.

（2）先在正文引用文献处标注著者姓名与出版年份，再在文后的参考文献表中标注参考文献的详细信息。例如：

工作流技术发展到今天，随着实际应用需求的不断深入，人们对其提出了更高的要求，其中一个主要的问题就是工作流的灵活性和动态性，即系统的柔性（Mangan P., 2002）。

文后对应的参考文献：

Peter Mangan, Shazia Sadiq. A Constraint Specification Approach to Building Flexible Workflows [J]. Journal of Research and Practice in Information Technology, 2002.

不同的文献有不同的文献类型及其标识，用英文单个字母大写并用方括号括起来表示：专著 [M]、论文集 [C]、报纸文章 [N]、期刊文章 [J]、学位论文 [D]、报告 [R]、标准 [S]、专利 [P]、析出文献（主要来自专著、论文集）[A]、未定义文集（资料、语录、文件汇编、古籍等）[Z]。

此外，这里还简单列举了几种主要的文后参考文献的规范格式。

[1] 章三. 战略管理 [M]. 北京: 人民出版社 [M]. 2001.

[2] 王雨青, 陶炜. 网络经济下的供应链管理及其发展 [J]. 商业研究, 2004 (14).

[3] Carr D, Johansson H. Best Practice in Reengineering[M]. New York: McGraw-Hill, 1995.

[4] 东方公司. 东方公司计划部. 2004 年度经营计划 [Z], 2009.

8.3.6　个人简介和致谢

个人简介主要介绍自己过去的学习和工作经历，尽量用叙述性的文字，突出个人的特色，不要只是列出笼统的提纲。

致谢主要是对给论文写作给予各类资助、指导和协助完成研究工作以及提供各种对论文工作有利条件的单位及个人表示感谢。致谢应该本着实事求是的态度，切忌浮夸与庸俗之词。

8.4　善用 Word、Excel 提高写作效率

论文写作通常都是在 Word 中进行的。Word 文字处理系统具有很强大的功能，我们利用得好，可以大大提高效率。本节针对论文的排版，将介绍一些 Word 的使用技巧。

8.4.1　长篇文章的写作控制

学位论文通常都会有几十页，这样在翻看的时候可能会不方便，为了快速找到需要查看的地方，可以对文章分章保存，或者利用 Word 的目录生成功能，自动链接到你想找到的地方。

分章保存即在每一章完成之后保存为一个".doc"文件，放到同一个文件夹下面，这样会很容易查看每一章内容。

利用目录自动链接查找位置也是十分方便的，可以按"Ctrl"键点击需要查看的章节即可，如图 8-5 所示。

8.4.2　目录的自动生成

目录最好是自动生成，而不是手工输入，自动生成的目录十分整齐、美观，并且可以自动更新。具体实现方法如图 8-6 所示，可以把章节标题定义成"标题 1、标题 2、标题 3"。然后点击"插入"→"引用"→"索引和目录"，如

图 8-7 所示。

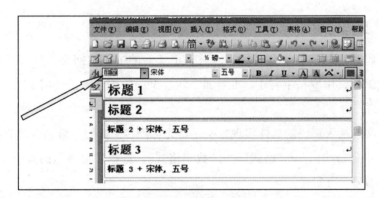

图 8-5

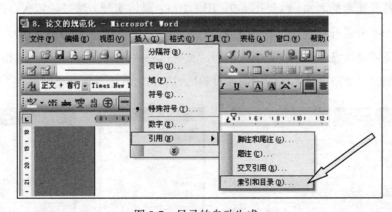

图 8-6 定义章节标题

图 8-7 目录的自动生成

目录的自动更新。在目录的范围内点击右键，选择"更新域"，弹出"更新目录"对话框,选择"只更新页码",即可对页码进行更新;选择"更新整个目录",即可对目录进行全部更新,如图 8-8 所示。

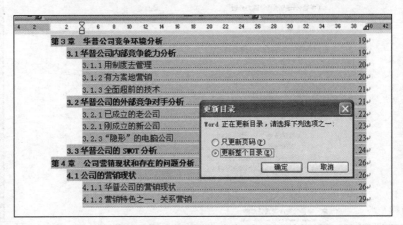

图 8-8　目录的自动更新

8.4.3　页码的编排

页码通常要求位于页底居中,对于正文前的中英文摘要、目录、图序需要单独编号,用罗马字符Ⅰ、Ⅱ、Ⅲ、Ⅳ、Ⅴ……编号。正文用 1、2、3……编号。

正文前插入页码的具体实现方法是:光标停在"摘要"第一页,依次点击"插入"→"页码"→"格式"→"数字格式",选择需要显示的页码Ⅰ、Ⅱ、Ⅲ……编号就可实现。

正文中用 1、2、3……重新开始编号,则需要另起一页在正文前插入一个分隔符,重新插入页码(见图 8-9、图 8-10)。具体实现方法是:依次点击"插入"→"分隔符"→"分节符类型:下一页"(见图 8-11),然后重新插入页码,但这里需要注意一点:在"插入"→"页码"→"格式"选择页码显示格式后,还要选择"页码编排"中的"起始页码",从"1"开始重新编排页码。

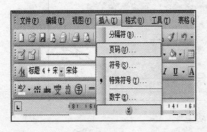  

　　图 8-9　　　　　　　　　图 8-10　　　　　　　图 8-11

8.4.4 用 Excel 协助处理图表

1. 用 Excel 处理计算问题

Excel 具有很强的数据计算功能，但是排版很不方便。如果有很多数据需要计算，可以先用 Excel 算出来，再把结果复制到 Word 中，如图 8-12 所示。

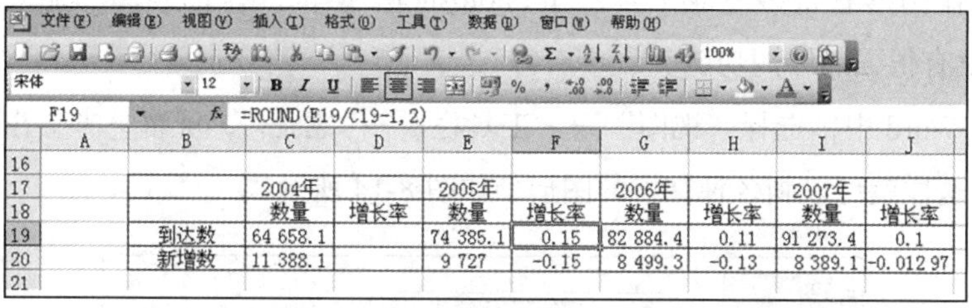

图 8-12 利用 Excel 的计算功能

然后，对需要复制到 Word 中的数据，定义"格式"→"单元格"→"边框"，再选择"复制"，直接把复制的内容"粘贴"到 Word 需要的位置，适当调整一下即可。在定义边框时，有很多线形、线条宽可以选择，你甚至可以定义表格两端没有线条。当表格粘贴到 Word 时，可以完全保留 Excel 中的格式。

2. 用 Excel 生成图形

在 Excel 中给出数据表，可以自动生成漂亮的图形。操作方法是：选中数据表，"插入"→"图表"，选择图形形式、参数等，系统自动生成图形，再把图形复制到 Word 中即可，如图 8-13 所示。

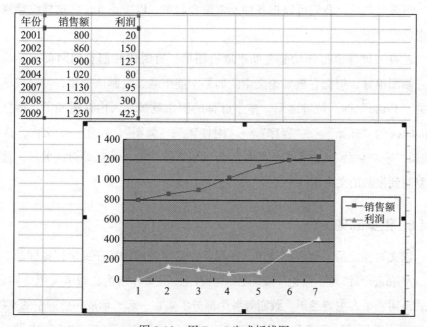

图 8-13 用 Excel 生成折线图

对于这些应用，我们不再一一列举，只要你不断尝试，就会有很多意外的惊喜。

8.4.5 用 Word 绘图

制作图形有很多专业工具，如 Photoshop、Windows 的画图功能等。其实 Word 就有很强的绘图功能。

在 Word 中，选择"视图"→"工具栏"→"绘图"，屏幕下方会出现绘图工具，这样就可以画各种基本的图形，如图 8-14 所示。

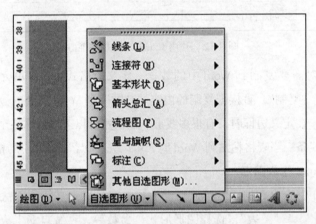

图 8-14 Word 绘图工具

图画好之后，我们可以把各种元素组合起来，以防止变形，这样编辑修改起来也很方便。

还有一种屏幕打印功能有助于取得图形。有时候我们看到网页或屏幕上的一幅图很好，想把它放到论文中。如果不能下载、复制该图片，可以按键盘上的"PrtSc"键。按键之后，整个屏幕的图像就被存入内存缓冲了。再打开 Windows 的"开始"→"程序"→"附件"→"画图"，新建一个文件，选择"编辑"→"粘贴"，内存中的图片就会出现在图板上，适当编辑或剪裁，就可以复制到你的论文中了。

8.4.6 汇集成文

论文写完之后，要根据规定，按照学位论文的结构顺序要求，将标题、摘要、Abstract、目录、绪论（或综述、引言）、正文、结论、参考文献、附录、正式证明、个人主要经历、致谢等各个部分汇集在一起，形成一份完整的文档。这里要注意目录的更新和页码的编排。对于目录的更新在第 8.4.2 节中做了介绍；对于页码的编排在第 8.4.3 节中做了介绍，这里不再赘述。

依照各学校的要求，在论文的前面需要使用统一的封面和扉页，上面填写论文题目、作者姓名、导师姓名、学科(专业)以及论文完成时间。论文题目采用黑体 26 磅加粗居中，其他文字采用宋体 16 磅居中。

这样，一份完整的论文就撰写完成了，之后需要对论文进行装订：书脊用黑体 12 磅，上面写论文题目，下面写研究生的姓名、年份，可到学校统一指定的地点装订成册。

第9章 论文答辩与价值发掘

本章导读

论文写作完成、通过送审之后,就要进入最后一道程序——答辩。本章将介绍论文答辩的特点、目的、程序、PPT准备与论文答辩的技巧,以及如何发掘专业学位论文的价值。

9.1 论文的答辩

毕业论文答辩时答辩委员会成员(即答辩老师)和撰写毕业论文的学生是面对面的,由答辩老师就论义提出有关问题,让学生当面回答。答辩有"问"有"答",还可以有"辩"。

9.1.1 论文答辩的特点

答辩是辩论的一种形式,辩论按形式的不同,可分为竞赛式辩论、对话式辩论和问答式辩论,答辩就是问答式辩论的简称。论文答辩具有以下几个特点。

1. 明显的不平等性

答辩委员会由教师或外聘专家组成,人数有三人或三人以上。答辩委员会始终处在主动的、审查的地位,而论文作者则始终处在被动的、被审查的地位,并且双方的知识、阅历、资历、经验等方面都相差悬殊。

2. 准备工作要充分

在答辩会上,老师的提问是根据论文拟就的,所要答辩的题目不是一个,一般是三个或三个以上,而且作者事先不知道有哪些问题。答辩老师提出问题后,一般有两种情况:一种情况是让学生独立准备一段时间(一般是半小时以内）后再当场回答；另一种情况是不给学生准备时间，答辩老师提出问题后，学生就要当即做出回答。因此，为了顺利通过答辩，作者在答辩前需要做好充分的准备。

3. 表达方式以问答为主，辩论为辅

论文答辩一般是以问答的形式进行，由答辩委员会成员提出问题，论文作者做出回答。在一问一答的过程中，有时也会出现作者与答辩委员会成员的观点相左的情况，这时一般会而且也应该进行辩论。但从总体上说，论文答辩是以问答的形式为主，以不同观点的辩论为辅。

9.1.2　论文答辩的目的

对于组织者和答辩者，毕业论文答辩的目的是不同的。

1. 校方的目的

校方组织毕业论文答辩的目的是进一步审查论文，即进一步考查和验证毕业论文作者对所著论文论述的论题的认识程度和当场论证论题的能力、毕业论文作者对专业知识掌握的深度和广度，以及审查毕业论文是否由学生自己独立完成的等情况。

2. 论文作者的目的

对于答辩者（毕业论文作者）来说，答辩的目的是通过，按时毕业，取得毕业证书。学生要顺利通过毕业论文答辩，就必须了解学校组织毕业论文答辩的目的，然后有针对性地做好准备，继续对论文中的有关问题做进一步的推敲和研究，把论文中提到的基本材料了解透彻，彻底理解论文中有关的基本理论和文章的基本观点。

9.1.3　论文答辩的一般程序

学生在向学位评定委员会申请论文答辩前，必须完成培养计划规定的任务，或者完成课程学习和必修环节，成绩合格，并完成学位论文的研究工作。毕业论文答辩的一般程序如下。

（1）学生必须在论文答辩会举行之前，将审定过的学位论文等提交给答辩委员会。

（2）在答辩会上，学生要用10～20分钟概述论文选题背景和论文的主要论点、论据和结论。对于学生阐述的时间，各校有不同的规定。

（3）答辩老师提问。答辩老师所提的问题有些是与论文直接相关的，有些超出了论文的范围。老师提问完后，有的学校规定，可以让学生独立准备 30 分钟后再来回答。此外，答辩也可以是对话式的，即答辩老师提出问题后，学生听清楚后，立即做出回答。根据学生回答的具体情况，主答辩老师和其他答辩老师可以随时插问。

（4）学生逐一回答完所有问题后退场，答辩委员会集体根据论文质量和答辩情况，商定通过还是不通过，并拟定成绩和评语。

（5）召回学生，由主答辩老师当面向学生就论文和答辩过程中的情况进行总结，肯定其优点和长处，指出其错误或不足之处，并进行必要的补充和指点，同时当面向学生宣布答辩结果（通过或不通过）。至于论文的成绩，一般不当场宣布。

9.1.4 答辩幻灯片的制作技巧

毕业答辩的幻灯片不同于一般的幻灯片。做好幻灯片是学生答辩成功的一个重要环节。下面将具体谈谈毕业答辩幻灯片的主要内容及制作中需要注意的问题。

1. 答辩报告的内容

答辩报告中需包含的内容一般包括以下几个方面。

（1）封面（首页）：包括论文标题、答辩人、指导教师、课题的归属、致谢等。有的学校规定不能列出指导教师、学生姓名，对此需要特别注意。

（2）选题背景和意义：包括选题背景、研究目的、创新性、应用价值等。

（3）论文结构：一般要用一页列出章节目录，但学生讲解的时候，不需要一一读出。

（4）研究内容：简明扼要地说明理论概况、环境分析、现状、存在的问题、解决方案、实施组织等，每部分做一两张 PPT 即可。建议用提纲列出主要观点的关键词，最好用图形表达，文字不能太多，不需要逐章节介绍。

（5）参考文献：一般用一页列出，不需要读出。

（6）个人简介：学习和工作经历，注意反映作者的特点。

（7）致谢：向导师、同学和评委致谢。

2. 答辩幻灯片的制作技巧

（1）答辩幻灯片的篇幅。由于演讲时间为 10～15 分钟，所以答辩幻灯片一般在 20 张以内，除去封面、篇章标题页和致谢等无内容页面，真正需要讲解的幻灯片为 15 张左右。幻灯片中只需列出要点、关键词，不应有大篇幅的文字。

（2）封面和封底。幻灯片的封面要求简洁大方，可选择有象征性的图片，如校园风景照，不要太花哨，以免干扰主题。

（3）模板。由于科学研究的严肃性，幻灯片模板配色不宜太过花哨，文字或图片的颜色不能过于接近底色，要有一定的对比度。Office 里附带的母版较少且过于单调，学生可以自己设计或从互联网上下载。幻灯片里不应该只有文字，可适当加入模式图或流程图，也可加装饰的花边，在标题和正文之间加一条线，或插入学校的 Logo 等，为幻灯片增加色彩。

对于初次做幻灯片的学生，这里推荐使用以下三种配色方式。

1）白底：可以选择黑字、红字和蓝字。如果觉得不够丰富，可改变局部的底色。

2）蓝底：深蓝色更好一点，可配以白字或黄字（浅黄和橘黄），但应避免选择暗红色。这是最常用、最稳妥，也是最简单的配色方案。

3）黑底：配以白字和黄字（橘黄比浅黄好）。

（4）正文。标题页的内容包括课题名称、研究生和导师姓名等，也可加上课题资助项目来源。由于是学术性幻灯片，字体和编排均应适当严肃，因此避免花哨。由于正文文字是幻灯片的主体，因此对其的表达和处理显得非常重要，文字的总体处理原则如下。

1）文字不能太多，切忌将 Word 文档中的整段文字粘贴到幻灯片中。

2）文本框的内容，一般不必用完整的句子表达，尽量用提示性文字，避免造成大量文字的堆砌，要让评委在很短的时间内看完，且不觉得吃力。

3）文字在一张幻灯片内要比例适宜，避免压缩在半张幻灯片中，也不要"顶天立地"，不留边界。

4）每一张幻灯，一般都有标题和正文，特别是正文内容较多时，如果没有标题，评委很难一眼看到重点，也没有时间逐行寻找。

以上是幻灯片文字处理的总体原则，在细节处理上，我们还应该注意以下几点。

（1）字体大小：PowerPoint 默认的文字大小为常用选择，一般标题用 44 号或 40 号；正文用 32 号，一般不要小于 24 号，更不能小于 20 号。字体尽量大一些，因为很多教授年龄大，字体小了他们看不清楚。

（2）行、段间距：正文内的文字排列，一般一行的字数为 20～25 个，不要超过 6～7 行。行与行之间、段与段之间要有一定的间距，标题之间的距离（段间距）要大于行间距。

（3）字体选择：作为论文答辩幻灯片，推荐中文字体用宋体，英文字体用 Times New Romans，中文字体建议加粗。我们也可选择其他字体，但应避免不常用字体，这是因为如果答辩使用的电脑没有这种字体，既影响答辩者情绪，也影响幻灯片质量。

（4）字体颜色：字体颜色的选择和模板相关，一般字体颜色不要超过 3 种。我们应选择与背景色有显著差别的颜色，但不要以为红色的就是鲜艳的，同时也不宜选择相近的颜色（在前面的模板颜色搭配中有阐述）。标题字体的颜色要和文本字体相区别，同一级别的标题要用相同的字体颜色和大小。一个句子尽量使用同一种颜色，如果使用两种颜色，则要在整个幻灯片内统一使用。

（5）层次分明：内容顺序为题目→大纲→内容→结束（致谢）。每页内容又分为几个小点时，最好有个小标题；如果这几个小点的内容较多，需要分几页来表示时，第一页的大标题可设置为动画，后几页复制此页再做修改，后几页中的大标题不做动画，这样放映时会让人感觉大标题没有动，只是在换下面的内容。

（6）加入标注：如果你担心答辩时忘词，那么可以在框图中加入标注，即在绘图栏的自选图形中选择标注，同时可以为标注增加效果，在下面的三角箭头中选择效果选项，将"动画播放后"改为"下次点击后隐藏"。

（7）当这页内容条数很多但又很短时，不应一条一条地弹出，因为答辩时你可能会紧张而失手出差错，应该同时弹出，再一条一条地讲。

（8）其他文字的配置：对于幻灯片内的脚注、引用的参考文献（一般要求在幻灯片内列出本张幻灯片引用的参考文献）、准备一句话带过的材料或在前面幻灯片内多次重复的内容，字体颜色要选择和底色较为相近的颜色，不宜太醒目，避免喧宾夺主。

9.1.5 答辩技巧

成功的演讲是自信和技巧的结合，扎实的专业知识和细致周到的答辩准备工作是成功的前提。在答辩过程中使用一些答辩技巧是必要的，这样可以充分展示整理的研究材料、研究成果的能力，让别人知道你都做了什么。

1. 答辩前的准备

答辩前的准备包括答辩内容的准备和物质准备。在反复阅读、审查自己论文的基础上，你要写好 10～20 分钟的答辩报告，并反复练习。在答辩前尚需注意以下细节：事前亲临现场，熟悉现场布置，测试设备（如存放答辩幻灯片的 U 盘 / 移动硬盘在答辩时使用的电脑上能否正常播放以及 PowerPoint 版本兼容问题等）；熟悉讲稿；练习如何表达，尤其要着重于开场白和结束部分。另外，在答辩前，你还需准备好所需品，比如论文的底稿、说明提要、主要参考资料，画出必要的图表及公式，必要时还要准备相关幻灯片以备答辩委员会提问。

2. 良好的开场白

开场白是整个论文答辩的正式开始，它可以吸引注意力、建立可信性、预告答辩的意图和主要内容。良好的开端是成功的一半，开场白应包括：引言、连接语、过渡语。良好的开场白应做到：切合主题、符合答辩基调、运用适当的语言。我们应避免以负面信息作为开头，如自我辩解等（如"我今天来得匆忙，没有好好准备……"），因为以负面信息开头既不能体现对答辩委员会专家的尊重，也是个人自信不足的表现，并且会使答辩者在各位专家的第一印象中大打折扣。牢记谦虚谨慎是我国的传统美德，但是谦虚并非不自信，同时也要避免过分的自我表现，扬扬得意，寻求赞赏。过度的表现，会引起答辩委员会专家的反感。

3. 报告的中心内容

报告的中心内容包括：论文内容、目的和意义，所采用的原始资料，论文的基本内容及科研实验的主要方法，成果、结论和对自己完成任务的评价。答辩报告要围绕以上中心内容进行，层次分明。对此，答辩者在准备报告时要具体做到：突出选题的重要性和意义，介绍论文的主要观点与结构安排，强调论文的创新之处与贡献，说明做了哪些必要的工作。

对于讲稿，一般采用幻灯片的方式展示，做到主题明确，一目了然；精选文字，突出重点，简明扼要；适当美化视觉效果，加深印象。答辩时，应注意掌握时间，扼要介绍，认真答辩。为此，答辩者须做到以下几点。

（1）不必紧张，要以必胜的信心、饱满的热情参加答辩。

（2）仪容整洁、行动自然、姿态端正。答辩开始时，要向专家问好；答辩结束时，要向专家道谢，体现出良好的修养。

（3）沉着冷静，要用肯定的语言，是即是，非即非，不能模棱两可。

（4）内容上紧扣主题，表达上口齿清楚、流利，声音大小要适中，富于感染力，可使用适当的手势，以取得答辩的最佳效果。

4. 答辩委员会专家可能提出的问题

学生报告结束后，答辩委员会专家会提出问题，进行答辩，时间为10～15分钟。所提问题一般包括：需要进一步说明的问题，论文所涉及的有关基本理论、知识和技能以及考查学生综合素质的有关问题。评委可能提出的问题一般源于以下几个方面。

（1）答辩委员的研究方向及其擅长的领域。

（2）可能来自相关课题的问题：是否确实切合本研究涉及的学术问题（包括选题意义、重要观点及概念、课题新意、课题细节、课题薄弱环节、建议可行性以及对自己所做工作的提问）。

（3）来自论文的问题：论文书写的规范性、数据来源、论文中提到的重要参考文献和有争议的某些观察标准等。

（4）来自幻灯片的问题：某些图片或图表，需要进一步解释。

（5）不大容易估计到的问题：和论文完全不相关的问题。答辩委员会专家所提问题似乎与论文相关，但是答辩者根本未做过，也不是论文涉及的问题，比如答辩者没有做过，但是评委提到的问题，答辩者进一步打算怎么做。

5. 如何回答答辩委员会专家提出的问题

答辩者要背熟讲稿，准备多媒体，调整心态，做好提问准备，并进行预答辩。在随后的汇报中，答辩者要突出重点，抓住兴趣，留下伏笔。忌讳漫无边际地讨论，这是因为课题是答辩者自己的强项，讨论时毫无收敛、漫无边际，往往会使内容复杂化，过多地暴露疑点、难点，会给提问部分留下把柄。一个聪明的答辩者应该"就事论事"，仅围绕自己的结果进行简单讨论，这样专家的提问往往更为简单，回答更为顺畅。到了提问环节，不管专家的提问妥当与否，答辩者都要耐心倾听，不要随便打断别人的问话。

对专家提出的问题，当回答完整、自我感觉良好时，答辩者不要流露出骄傲的情绪。如果确实不知道如何回答，答辩者应直接向专家说明，不要答非所问。对没有把握的问题，答辩者不要强词夺理，实事求是地表明自己对这个问题还没弄清楚，今后一定要认真研究这个问题。

总之，答辩中应实事求是，不卑不亢，有礼有节，时刻表现出对专家的尊重和感谢。注意，答辩不是纯粹的学术答辩，非学术成分大约占一半，要显示出自己各方面的素养，要证明自己有了学术研究的能力。

6. 结束语和致谢

报告结束前一定要进行致谢。导师为研究生的成长付出了很多心血，在答辩这种关键时刻，对导师表示正式而真诚的感谢，体现了对导师的尊重，这是做人的基本道理。建议答辩者念出对导师致谢的段落，其他的致谢段落可以简略一些，同时应当说明汇报结束，欢迎各位专家的提问，使答辩工作顺利进入下一环节。

9.2 专业学位论文的价值发掘

专业学位论文的价值体现在揭示经济生活和管理过程中的规律，寻找解决问题的途径与对策，提升企业的能力，促进企业发展，对企业的管理和决策具有很好的指导意义。专业学位论文的成果可以应用于企业，改编成案例，专业学位论文中的问题可以引发科学研究。下面我们就从三个方面对专业学位论文的价值进行发掘。

9.2.1 专业学位论文成果应用于企事业单位实际

专业学位论文中的问题源于企事业单位，作者若是深入研究后，提出了很好的解决方案，则对于改进本单位管理大有裨益。

1. 专业学位论文成果应用于实际的可能性

专业学位论文大多涉及企业迫切需要解决的问题，具有很强的务实性和针对性，学生大多又是公司的中高层管理者，对本行业有很深的理解，这些条件为专业学位论文成果应用到企业创造了良好的前提条件。

例如，一位同学的专业学位论文题目是"奥西宽幅打印设备营销策略的改进研究"，其论文结构如下：

第 1 章　光电宽幅打印产品介绍及市场概述
第 2 章　安图公司企业状况及奥西产品营销现状
第 3 章　安图公司奥西产品市场营销策略的改进研究
第 4 章　营销改进方案设计
第 5 章　营销改进方案的实施
总结

专业学位论文的主体部分分别从大客户营销、客户满意度、价格和渠道营销四个方面对奥西宽幅打印设备营销策略进行了详细的分析和策略改进研究，针对性很强，对安图公司的营销策略决策和管理具有很好的指导意义。

2. 专业学位论文成果应用于实际的形式

专业学位论文大多具有很强的针对性和实用性，往往针对某一具体问题提出了解决方法，给领导层的决策提供了参考。专业学位论文应用于实际的形式大体包括如下两个方面。

（1）专业学位论文成果转化为具体项目，进行项目的实施。例如，一位同学的学位论文题目是"合肥骆岗机场营销策略研究"。该论文对骆岗机场未来的航空业务量进行了预测，预测结果表明，在 2020 年前合肥骆岗机场的旅客吞吐量将保持较高速度的增长；应用市场营销理论，对合肥骆岗机场的外部环境和内部条件进行了深入细致的分析研究，确定骆岗机场应该选择增长型战略；在分析研究的基础上确定了近期、中期和长期营销目标，提出了航空公司服务营销、航线营销、定价组合、机场促销组合等策略。

专业学位论文对骆岗机场的营销具有很好的指导性。2006 年，该论文的同名课题通过了中国民航总局软科学项目立项，这样专业学位论文转化为了企业项目，体现了专业学位论文进一步利用的价值。

（2）专业学位论文成果为日常管理和科学决策提供依据。利用专业学位论文对某一业务提供的数据和分析，可以加强业务工作的监督和管理，便于领导及时、准确地掌握实际状况，科学地预测市场的发展趋势，为领导制定政策和发展战略提供决策依据。

9.2.2　将专业学位论文改编成案例

目前，国内专业学位教学中使用的案例有很大一部分是过时的，还有一大部分采用的是国外的案例，反映的是国外企业的情况，远不能满足国内案例教学的需要。因此，对专业学位论文的案例价值进行发掘，将其改编成案例，应用到教学中就显得很有意义。

1. 哪些专业学位论文适合改编成案例

专业学位论文一般包括专题研究型论文、企业诊断型论文、调查报告型论文和案例型论文四种。根据这四类论文的特点，案例型论文和企业诊断型论文容易改编成案例，其他两类论文改编成案例相对比较困难。

（1）案例型论文。案例型论文本来就是以案例的要求来撰写的论文，所以我们将案例型论文改编成教学案例，只需对案例型论文在选题背景、案例内容侧重点和教学案例使用说明方面做适当的修改即可。

（2）企业诊断型论文。企业诊断型论文是指针对企业实际经营状况，运用科学的方法进行客观诊断，发现存在的问题，并提出改善建议。这类论文有客观调查的实际数据，能为案例的撰写提供可靠的素材。因此，企业诊断型论文适合改编成教学案例。

以上两种文体都以企业的经营问题为研究对象，论文中会提供企业详细的资料，这就为案例改编提供了可靠的素材，有利于案例的改编。

2. 如何将专业学位论文改编成案例

案例改编一般包括案例改编计划、案例素材收集、案例撰写和案例检查四个核心环节。下面我们就从案例改编的这四个核心环节入手,讨论案例改编的具体方法。

(1)案例改编计划。要保证案例质量,周密的案例改编计划是必不可少的。在案例改编计划中,我们要明确案例的目的和用途,即案例是为哪门课程设计的。做好完备的案例改编计划,案例素材收集阶段才能做到有的放矢。

(2)案例素材收集。案例素材收集阶段的主要任务是:通过充分的文献调研,收集与案例目的和用途相关的论文。在论文写作中,我们通常以一个具体企业(或事业单位)的经营问题为研究对象,运用所学知识解决企业现实问题,涉及大量企业背景和管理情景、问题等方面的素材,因此,对其进行充分的文献调研,查询和阅读相关资料掌握相关信息,能获得很多有价值的素材。当在文献调研中查找不到一些案例的关键材料时,我们可以采用以文献调研为主,企业调研为辅的方法,通过必要的企业调研了解企业更详细的信息。

(3)案例撰写。收集好了案例素材,即选择好了合适的论文,就可以进行案例的改编了。案例改编的步骤如下。

1)提炼标题。论文一般围绕一个具体问题展开,所以我们可以以论文研究的问题提炼出案例的标题。同时,我们要注意,案例的标题是中性的,不能带有结论性暗示和掺杂作者的感情色彩。

2)首页注释。首页注释通常置于案例首页下端,用横线与正文隔开。注释通常包括三个方面:注明案例性质(不具备评价性,仅供教学讨论)、案例的真实性(人名、地名、公司名称、数据是否经过掩饰处理,但不要影响基本事实及关系的真实性)、版权说明(有时还有出版、印刷情况)。

3)撰写正文。正文是案例的主体。这部分主要来自论文对企业内外界环境和企业经营问题的表述。在改编过程中,我们要注意案例与论文的区别:论文是以说理为目的,以论证为主的,而案例则以记录为目的,以记叙为主。我们要选取特定的管理情景,设定决策人物,构建矛盾冲突,突出企业经营问题,将论文中说理性的文字改编成讲故事的形式。一般案例的正文应包括以下几个部分,我们可以从论文中提取。

- 行业背景介绍。
- 公司背景介绍。
- 主要决策者。论文大多论述企业的经营问题,不会涉及企业决策者,而案例中一般会设定决策者，以便于学生进入"角色"，进行决策分析。因此，从论文改编成案例，要注意设定合适的决策者。这个决策者一般是对企业经营问题负责的管理者。

- 案例的表述。通过讲述故事的方式我们把事情的来龙去脉讲清楚，把待决策的问题从故事的发展中引出来。我们要注意，案例描述的情节必须能使人进入"角色"，案例提供的特写情景要能够使"角色"进入"现场"，进行决策分析。在叙述过程中，我们一般应该就事实而描述事实，尽量使用中性的语言，不应写入带主观色彩的评价。

4）附件。一般来说，凡是在正文中难以描述或放在正文中会影响案例情景结构等的资料或素材，往往又是案例分析所必要的参考资料，均能够以附件形式列于正文之后。

5）案例使用说明。案例使用说明又称案例教学注释，是供教师备课时参考的资料。案例使用说明应该包括下列几项内容。

（1）教学目的与用途。案例适用于哪门课程或哪些专题领域，适用于哪些（类）学生，并设置3~5道思考题等。

（2）分析路径。建议遵循怎样的逻辑分析此案例，指明案例主要焦点及要注意的问题等。

（3）关键要点。要从案例中概括出一定的一般性规律，强调该案例最重要的方面，并给出对它的分析和解决办法，供教师进行案例讨论总结时参考。对于这部分的分析，我们可以从论文中关于企业经营问题的分析和作者提供的解决方案部分提炼。

（4）参考文献。它是指要完成案例分析所应该参考的有关资料，让学生在课前或课后，根据案例阅读相关教材、参考书及文章等。

（4）案例检查。案例写作完成后，要对其进行系统的检查，从案例的知识性、逻辑性、规范性等角度，发现案例中可能存在的问题并予以纠正。

3. 案例改编应注意的问题

案例以描述性的文字为主，而论文以说理性的文字为主，因此，我们在进行论文提炼和改编时，要遵循以下几个原则，保证案例改编的质量。

（1）明确案例教学用途。这是指明确案例是为哪门课程设计的，要讨论的是什么管理问题，是生产运作管理、人力资源管理还是市场营销学。这是案例改编前首先要确定的内容。

（2）明确理论背景和理论框架。编写案例的目的是让使用者从案例的学习中掌握知识、提高分析和决策的能力。因此，案例改编者必须弄清楚自己所论问题的理论背景和理论逻辑。案例改编者要在一定理的论框架的基础上，讲述案例故事。

（3）真实描述原则。案例改编者应围绕所需分析的问题对有关情况做真实的描述，不要把自己的观点和议论夹放到案例中。

（4）抓住关键环节。通常一个案例主要用于说明某个特定的决策问题，比如人力资源管理、生产运作管理或项目管理等。我们在案例改编时要注意在问题的关键环节做出详细的描述和分析，将事件关键环节的近期、中期、远期联系起来做适当展开，尽量避免面面俱到，平均使用力量。

（5）注意人物刻画。决策的主体是人而不是某个部门和单位，因此在案例改编中我们要注意对决策人物的塑造。通常决策人物的决策会对整个企业产生至关重要的影响，对其进行刻画有利于案例问题的深度分析。但是案例的真实性特点要求我们在刻画决策人物时，不要添加作者的任何感情色彩。

（6）保密性。为了保密，有些企业会要求对案例的信息进行掩饰处理，比如更换案例企业名称、改变其中的关键数据等。

9.2.3 专业学位论文中的问题引发科学研究

专业学位论文的价值还体现在从中可以提炼科研课题，并进行进一步的科学研究。

论文中蕴含的科研课题十分丰富，但真正发现和选择一个好的课题并非易事，这需要发掘者具有一定的知识水平、分析能力、敏锐的洞察力。科研人员必须善于发现和选择课题，下面我们将介绍几种常用方法。

1. 问题筛选

这是研究者常用的方法。论文中涉及大量实践问题，所以我们可以通过对这些问题归类整理，再分析其重要性程度和研究这些问题的意义，确定其研究价值，并广泛听取意见，从中选取价值明显且适合自己研究水平和能力的问题作为课题。

2. 经验提炼

一般学生在自己的实践中都积累了不少管理经验，但如何把这些经验总结出来，并将其上升到理论的高度，其中必然要回答一系列的问题，这样研究的课题就一个个出现了。比如，许多管理者在人力资源管理中积累了许多经验，诸如"感情投资""员工幸福度"和"公平感"等。

3. 资料寻疑

古人云："尽信书不如无书。"论文资料中往往隐含着大量的科研课题。资料寻疑，即通过对有关资料的分析，比较不同的观点，诘问前人的结论，揭露理论与实践的差异等，从中产生研究课题。

4. 变换情景

变换情景就是指变换环境条件。每一种事物都存在于特定的环境条件之中，每一项工作都在特定的环境条件下进行。客观的环境条件是经常变化的。专业学位论文中提出的问题都是在一定的条件下发生的，一旦环境条件变化了，将会导致另一种结果。事物总是要发展前进的，所以在思考问题时，我们可以大胆假设，当某一情况发生后，其发展趋势会怎么样，这样也有可能促使新观念、新设想、新创造的产生。

5. 学科交叉

科研选题要树立科学的整体观念，寻找管理学科与其他学科相交叉的领域，如管理学与计算机科学、管理学与数学以及管理学与控制论等，研究边缘学科、交叉学科，找出学科结合部，尝试用别的学科理论和方法去研究管理学，运用多学科理论和方法来研究管理学。

专业学位论文最常见的十大问题

1. 没有套路

专业学位论文的特点是：运用理论分析、解决实际问题。因此，论文应该包括理论介绍、宏观环境分析、现状和对存在问题的分析、提出方案、组织实施。很多论文缺乏完整的内容，或者写得不深入。特别是，论文要有需要解决的问题，这是贯穿全文的主线。前面的内容是为了引出问题，后面的内容是为了解决问题。检查一下，你的论文提出问题没有，后面的方案能否解决这些问题。

2. 格式不规范

格式是学术界交流的通行法则，专业学位论文很重要的一点就是格式。学校对内容、提纲、字体、标点符号、标注等都有详细的规定，特别是在参考文献、关键词、图表的标注方法上，很多人会出错。要认真对照每一条的规定，这样论文在形式上才像论文。格式规范反映的不是水平问题，而是作者的认真程度。

3. 结构不合理

一篇好的文章，就像一座建筑，从外表看是均衡的。论文一般有四五章，每章三四节（8～10页），每节三四个小节（3页左右）。各级标题文字应是学术性的，不应该是口号式、报告式、口语化的，标题中不能有标点符号。很多论文有些章节很长，有些只有几行字，这就需要对结构进行调整。

4. 缺乏衔接

专业学位论文是一个完整的整体，章节之间要有过渡、衔接。一般地，我们应在每章结束时总结本章内容；在每章、每节开始时，用一段文字概括，和上一章呼应，简单介绍本章节的内容，让读者明白自己的写作意图。

5. 缺少图表

论文观点需要数据支撑，一般需要10～20个图表。图的名称放在图的下面，表的名称放在表的上面，名称、图表都要居中。对于重要的图表需要说明来源。

6. 和实际结合不足

和实际结合不足主要表现在：现状介绍得很少，直接得出结论；提出的方案，看不出本单位的特点，放在任何单位都能用（要明确本单位具体做什么）；实施方案脱离本单位实际。特别是将某种体系应用于本单位时（比如 ERP 项目实施、项目管理、ISO9000 认证等），容易全盘照搬体系内容，没有明确本单位如何结合实际应用该体系。

7. 文不对题，语言空洞

章节题目是一回事，内容又是另外一回事。内容大多都是介绍概念、意义、必要性等，没有实质性内容。

8. 缺乏学术语言

学术语言的特点是：概念明确、客观公正、用专业术语而非大众词语，经得起推敲。一般而言，每段的第一句话是本段要点，然后围绕要点，用若干素材提供支持。有些段落很长，让人找不到要点，不知所云。

9. 概念介绍过多

一些专业学位论文在新思想、新理论、新概念的介绍上费了很多笔墨。其实论文的读者都是专家，不需要了解这些基础性的内容。专家看你的论文，关键是看你自己原创的内容。

10. 特别容易出错的地方

摘要就是"摘要"，不要写成"内容摘要""中文摘要""内容提要"。在英文翻译方面，很多论文翻译得很差，建议请专业人士帮忙翻译。

关键词：一些常规词语，如研究、对策、方法、管理，不能单独做关键词，但可以和限定词组成关键词，如"财务管理"。除了可以从标题中析出关键词外，我们还可以把文中采用的主要方法、主要成果作为关键词，如"波士顿矩阵"。

导师看论文，先看目录，再看摘要、关键词、参考文献是否规范，然后看现状、问题是什么，方案是否科学，实施组织是否得当。如果有时间，再细看。写论文就是要解决导师的疑惑，让他看得明白！

导师和学生之间相互感到郁闷的十大问题

在专业学位论文的写作过程中，导师和学生应该教学相长，进行良好的沟通，以便让学生顺利完成论文。在这一过程中，导师也可以了解实际，积累素材。然而，在论文写作阶段，由于理解的差异，师生之间往往不能进行良好的沟通，有时一方做的事会令另一方感到很郁闷。根据本人经历以及对其他导师和同学的调查，这里列出双方感到郁闷的十大问题，供大家参考。有些问题本是小问题，如果处理不好，就可能变成大问题。

以下是"学生让导师感到最郁闷的十大问题"。

1. 不看书，勉强写论文

如果我们没有足够的知识储备，是不可能写出好文章的。有些同学什么准备工作都没做，就去问导师如何写论文，导师也不知道要从何处讲起。这里建议学生至少要先看 3～5 本相关的书、50～100 篇论文，把基本概念、理论框架梳理清楚，再构思论文。

2. 两手空空见导师

有些同学摆上酒席，请导师喝酒谈论文，导师碍于情面又不好推辞，但指导效率很低，效果当然很差。建议和导师见面之前，最好准备好题目、提纲及必要的资料，打印出来，提高当面交流的效率。

3. 最后一刻交论文

学校规定的提交论文的期限马上就要到了，但有些学生的论文还没成型。学生将论文交到导师手里，就想立刻得到指导。如果碰巧那几天导师特别忙，学生就会急得团团转。建议早准备，提前把论文整理好，才不至于临时抱佛脚。

4. 内容东拼西凑

导师最怕这样的论文：没有进行实际调查，通篇都是从网上抄袭而来的，前后内容脱节，不知所云。建议学生和导师讨论后先写好提纲、每节的要点，再深入调查获取第一手资料，围绕论文的中心思想用自己的语言表达。

5. 做事不认真

对于错别字、标点符号、格式、图表的标注、参考文献等项目，每个学校在论文规范中都有详细规定。但很多学生不看网上通知，不认真阅读规范，也不核对数据，会犯许多低级错误。建议学生在将论文提交给导师之前，认真检查这些小问题，给导师留下一个好印象。

6. 什么问题都问导师

按照学校论文的程序，导师只负责给论文的质量把关。除此之外的工作，如什么时间交论文、需要提交哪些材料、如何送审等，是MBA、MPA、EMBA中心教学办（或学位办）组织的，对于这些程序导师未必清楚。建议同学们相互合作，派一个同学彻底弄清楚流程，再告诉其他同学。

7. 中午打电话

导师一般有中午午休、晚上熬夜的习惯，上课时间也不便接听电话，所以学生最好选择导师方便的时候打电话，或者发邮件到导师信箱，再短信告知。有的同学一连打十几个电话给导师，导师都没有接，该学生还在不停地打。这时候我们要想到，导师可能有事不方便接电话，不妨改发短信，换一种方式和导师交流。用导师喜欢的方式联系，比单纯地打电话更好。

8. 发邮件不留名

有些学生发短信、发邮件不留姓名，以为导师知道自己是谁。更让人难受的是，有些学生在QQ上留言只说一半，如"老师您好""在吗""可以问您问题吗"等套话。我们建议学生说话要直截了当，说明自己是谁（因为导师从网上的昵称看不出来你是谁），把想问的问题和盘托出，让导师回答，以节省双方的交流时间。发邮件时，学生最好把电话号码附在后面，这样导师很容易联系到你。

9. 对于反馈意见，不认真修改

导师下午提出了修改意见，有的学生晚上就修改好了，其实修改的只是少数文字，没有理解老师的要求。特别是在网上交流时，导师的打字速度往往较慢，提出的修改意见不够具体。针对这个问题，你一定要找时间和导师当面交流，通过现场讨论，弄清导师的意图，再认真地做实质性的修改。

10. 找关系让论文通过

有些学生的论文质量不过硬，就把商业公关的方法用上，找领导打招呼，找老师说情，花在找关系上的时间超过写论文的时间，这让导师很反感。论文写作是专业学位研究生培养的重要环节，要求学生独立完成，并达到一定水平。

早日着手、扎实研究、认真撰写，才是正道。

下面我们将列出"导师让学生郁闷的十大问题"。

1. 不知道如何同导师交流

导师对于论文的开题、写作、格式等一系列问题，没有系统的指导方案，学生又不好意思在每次遇到细节问题时都麻烦导师，耽误很多时间。学生总觉得导师很忙，自己又没有想清楚问题到底出在哪里，不知道怎么和导师沟通。

2. 总是约不上时间

有的学生约了导师很长时间，都不能见面，感觉导师太忙。其实导师再忙，花半个小时见你的时间总是有的。一般来说，提前预约不要超过两天。约好之后，提前一点到约定的地点。如果确定导师上午去办公室，那么你在 8：30 之前赶到他的办公室门口，总能遇到他。还有一种办法可以提高效率：事先发材料给同学，把需要指导的同学集中起来交流。

3. 回答问题不耐烦

一些导师摆出一副高高在上的姿态，对学生提出的问题不能耐心指导，尤其是学生提的问题多了、细了，让人感觉几句话就想把学生打发走。其实学生的水平总是比导师差一些，否则不会找导师指导。因此，导师要抽出一定的时间耐心地回答学生的问题，如果当时很忙，可以说明一下情况，另外约时间。

4. 提出的建议过于笼统

针对学生论文中的问题，有些导师只是给出"思路不清晰""逻辑不通""结构混乱""语言表达差"等建议，这种建议过于笼统，使学生不知道如何修改。这种情况很多时候是在网络交流时发生的，可能是导师打字慢，也可能是问题太多，导师不好一一指出。建议导师通知学生当面交流，当然学生也应该主动找导师沟通。

5. 很长时间不反馈意见

学生将开题报告或者论文发给导师后，很长时间得不到反馈。这种情况往往有几种可能：导师太忙，需要修改的问题太多而导师来不及一一指出，时间太久忘记了。导师应抽时间尽快在网上给学生反馈，或者通知学生来找自己交流。学生给导师发邮件后，最好再发短消息提醒一下导师；如果导师久未反馈，学生不妨再发一遍，防止导师找不到你以前发的材料，同时也有催促导师的意思。

6. 打电话不接

学生多次拨打导师的电话，导师就是不接，好像故意不理你。其实，导师不接电话往往是因为上课、开会、出差等，有些导师认为手机会干扰正常工作，经常不带手机。此时，学生不妨换发短信、发邮件、上门去找等方式沟通。

7. 请吃饭不来

有些学生为了表达对老师的尊敬，很想请导师吃饭，深入交流，但多次邀请导师，导师都不愿意参加。虽然有些导师可能喜欢吃喝，但大部分导师都不喜欢参加酒席，认为一顿饭花三四个小时，耗费的时间太多。此时建议学生改变方式，比如请导师喝茶、打球、爬山等，锻炼身体的同时也能更好地进行交流。

8. 放任不管

有些导师虽然答应指导同学（有时候是被动答应的或别人说情答应的），但由于工作实在太忙，或者对指导学生没兴趣，对学生提出的任何问题都表示"同意"，没有任何建议，只管签字。出现这种情况，一方面说明导师责任心不够；另一方面学生也有责任，当初就不应该勉强选这样的导师。此时，学生也只有自己想办法完成论文了。

9. 一味批评

有些导师见到学生就开始批评：时间拖拉，选题不对，结构有问题，数据错误……好像学生的论文没有任何可取之处。当然，我们首先要承认，导师说的大部分内容都是对的。但换一个角度，学生也需要鼓励。导师在发表意见之前，不妨先表扬一下论文中的可取之处或改进之处，再指出其不足，以增强学生的信心。

10. 不写评语

有些导师指导的论文太多，让学生自己写评语，这是很不负责任的行为。一方面，在学生心目中，导师为人师表，兢兢业业，不写评语会损害导师的形象；另一方面，学生不知道该如何写评语，写出来的东西放在档案里，也会影响老师的声誉。

总之，在论文写作过程中，沟通是最重要的问题。师生双方进行良好的沟通，密切合作，在完成论文的同时建立长期友谊。

学术论文简介

附录C

有些学生说，自己写的论文是学术论文，但我们认真一读，很难从中找到学术理论。这从一个侧面反映出，很多 MBA、MPA、工程硕士学生，并不知道什么是学术论文。因此，我们有必要对此做一个辨析。

什么是学术论文

所谓学术，是指较为专门、系统的学问。一门学科从产生到发展、完善，最终会形成学科体系。学术大厦的建立，凝结着一代代专家、学者的贡献。简单来说，专门从事学术研究的人在专业刊物上发表的、对该学科知识体系有贡献的文章，才是学术论文。学术论文具有学术性、科学性、创造性和理论性四大特点。从语言表达来看，学术论文是写给同行看的，所以作者不在乎其他人是否看得懂，往往会使用很多专业术语。

在学术研究方面，还有人文学科与自然科学之分。人文学科的主要研究方式为考证、推理、思辨，其"理论"有一定的局限性。自然科学研究自然界的规律，例如，牛顿通过大量实验和推理，提出了三大力学定律，至今这些定律还在起作用。因此，自然科学研究的成果是客观的、可以重复检验的。如果不能重复检验，就不能称为科学。自然科学方面的学术论文也称为科学论文。

科学论文源于科学研究，是指按照一定的规范，记载研究过程，展示研究成果。为了共享人类的知识，在长期科学探索过程中，逐渐形成了科学论文世界通用的规范。只有符合这些规范的论文，才能发表。我们国家的大量论文都不符合国际规范，因此难于在国际刊物上发表、被全世界科学家接受。

管理学科包含科学和艺术（人文）双重特性，管理作为一门科学，是在 20 世纪 50 年代以后兴起的。因此，研究自然科学的人至今还不怎么承认管理是科学。专业学位研究生都是应用型人才，不是专门做研究的，因此没有必要，也没有能力写出学术性论文。如果你的论文不是按世界通行的格式写的，不能重复检验，就不能被称为"学术论文"！

学术论文的研究思路

科学研究有一套成熟的办法，全世界的科学家都是按照这样的思路进行研究的，其研究思路如图 C-1 所示。

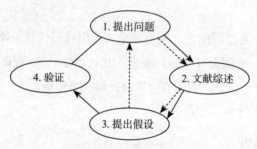

图 C-1　科学研究的思路

首先，他们通过观察实际，提出需要解决的问题；再检索文献，看看前人在这个问题上有哪些研究成果；然后提出自己的假设（构建模型）；最后通过理论推导和实际，检验假设是否成立。如果成立，他们提出的理论就可以解决前面提出的问题。当然，研究过程不是沿着一个方向走下去的，往往在下一步发现前面有问题，再返回前面，不断修正。优秀论文的每个环节都是严谨的、富有创新性的，得到的结论要经得起长期的检验。例如，约翰·纳什于 1950 年和 1951 年发表的两篇关于非合作博弈论的论文，证明了非合作博弈及其均衡解，并证明了均衡解的存在性，彻底改变了人们对竞争和市场的看法。他于 1994 年获得诺贝尔奖，这说明 40 多年前纳什证明的问题经得起时间的检验。国内很多论文缺乏验证，只有假设没有验证，论文的价值当然要大打折扣。

需要注意的是，科学研究的"问题"，不是我们日常管理中诸如"员工积极性不高""成本难以控制""销售业绩不佳"之类的定性问题，而是学术上的"变量"，也就是一个有明确定义、可以测量的量。变量又分为自变量、因变量、条件变量和控制变量。科学研究就是找出一个个变量之间的关系。例如，牛顿第二定律告诉我们：物体的加速度（a）与物体所受的合外力（F）成正比，与物体的质量（m）成反比，加速度的方向跟合外力的方向相同。其中 F、m 是自变量，a 是因变量。

专业学位论文研究的是企业现实问题，研究成果主要体现在解决方案上，主要依靠管理知识进行逻辑推理，没有多少可以度量的变量，所提出的解决方案也难以进行试验验证，因此不能被称为学术论文。

学术论文的结构

大部分学术论文的结构几乎千篇一律。

题名
作者
摘要
关键词
0. 引言
1. 文献回顾
2. 假设和模型建立
3. 模型求解
4. 验证或算例
5. 结论
参考文献

学术型研究生的学位论文和上述结构基本相似，只需将"引言"换成"绪论"，以及需要在文献回顾之后增加一些知识概括的内容。上述结构看似很简单，但每一步都要尽量是客观的、实际的、可信的、可以检验的，还要有创新性，这和专业学位研究生的论文要求有很大的差别。管理科学专业的学术论文还有案例型等其他形式，结构另有很严格的规范，这里就不介绍了。

对于专业学位学生所谓的"学术论文"剖析

有 MBA、MPA 学生经常咨询我，自己的论文是不是学术论文？我到目前都没有看到他们写的一篇学术论文。总结起来，这些学生对学术论文大抵有以下几类误解。

1. 将新名词当理论

有的学生发明了一些新名词，通过网络检索，发现没有人用过这些名词，于是认为自己有创新，提出了新的思想。

2. 将公式当理论

有的学生在论文中列出了一些公式，看上去挺有学术性的，因此就认为自己提出了一个理论。要知道再复杂的公式，不过是研究的工具，如果这些公式不是围绕变量关系进行的研究，就都是没有价值的。

3. 将框图当理论

有些学生在论文中画了一些逻辑框图，表达事物之间的逻辑关系。他们没有见过类似的框图，就认为自己提出了新理论或者新模型。例如，有一位学生画了一幅"知识共享模型"的框图，就在论文中评价自己"提出了知识共享模型"。

4. 将观点当理论

有些学生在论文写作中突发奇思，提出了与众不同的观点，他就认为自己提出了新理论。任何观点如果没有科学的论证过程，都是不可信的，当然也不能被称为理论。

总之，如果你不是按照科学研究的方法，从提出问题、检索文献、提出假设、进行检验到解决问题展开研究过程的，那么你所提出的名词、观点、框图等，都不是学术成果，也不能被称为理论。

附录 D 管理类专业学位硕士论文规范性问题自查表

适合 MBA、EMBA、MPA、MPM、MLE、MF 等

论文部分	子项	要求	常见问题和修改建议
总体要求		硕士学位论文要求一般不少于 3 万字。写作时要注意论文具有正确的政治、思想导向，一定的知识性、科学性以及原创性，论文的内容、体例与文字等符合现行规范	3 万字是指从第 1 章开始到最后一章的内容，不包括图表、参考文献、致谢等的内容 不要涉及政治问题，不要引用领导人的讲话
排版		• 总体上按照学校给出的要求，对每页页、标题、内容等进行排版 • 一般原则为：二级以上标题居中，三级标题左顶格，正文缩进 2 字	
封面	总体	每篇论文都需要封面，英文封面的内容和中文一致	缺少封面，中英文不一致
	标题	中文标题少于 25 个字，一般包含两三个词组，不能以领域作为标题 学位论文不允许采用副标题	• 错误的例子：××公司营销管理研究 • 不要用探索、浅谈等非学术语言
	专业领域	工商管理硕士（MBA）、项目管理硕士（PMP）等	
	导师姓名	教授或副教授，发外审时不能出现导师姓名；有些学校规定讲师可以出现	英文姓在前，名字中的几个字的拼音连放在后面，中间有一个空格
	完成时间	提交论文之前的时间	
	英文封面	A Dissertation for Master's Degree	误用 Paper 代替 Dissertation
声明页		需要论文原创性声明和授权使用声明	手工签名，不要打印名字
摘要		• 摘取论文精要。一般包括研究背景、目的、方法、内容和主要结论，400 字左右 • 用第三人称写，摘要中应尽量避免采用图、表、化学结构式，以及非公知公用的符号和术语	• 不能写成中文摘要、内容摘要、内容提要等 • 不能包含实质性信息，如某公司的年销售额增长 25% 等

(续)

论文部分	子项	要求	常见问题和修改建议
	关键词	一般有三四个，取自论文中研究的领域、方法等放在摘要页的最底端（可增加空行），关键词之间用空格隔开	不能把策略、研究、标准、改进方案等一般性概念当作关键词
	Abstract	内容和摘要完全一致	翻译质量差
	Keywords	内容和关键词完全一致，放在 Abstract 页的最底端（可增加空行），关键词之间用逗号或分号隔开	
引言		在学位论文中，不能出现引言。论文从第 1 章绪论开始	
页码		• 从封面到目录部分，用罗马字编页码 I、II、III、IV、V······ • 从第 1 章开始到论文结束，用阿拉伯数字编页码	从第 1 页开始就用阿拉伯数字编页码
目录	章节编号	一般要列出三级目录（章、节、目） 第 1 章 绪论 　1.1 研究背景与研究目的 　　1.1.1 研究背景 　　1.1.2 研究目的 注意：章号用数字"1"而不是中文"一"，第 1 章三个字之后至少空一格 章节目编号和题目之间，用一个空格隔开。中间不能有"、"等符号 二级、三级目录要分别缩进 2 个空格	建议把章、节、目的题目，定义成标题 1、标题 2、标题 3，使用自动目录编制 尽量不要使用以下编目方式： 第一章　绪论 　第一节　研究背景和研究目的 　　一、研究背景 　　二、研究目的
	图序表序	论文中如果图表较多，可以分别列出图和表序置于目录之后 图序、图题应有图号、图题和页码；表序应有表号、表题和页码。图序、表序须单独放一页	
	目下编号		• 建议用（1）、（2）、（3） • 不要用 A、B、C • 不要用 Word 中的项目符号如方框、圆点等

类别	项目	说明	举例/备注
	章节标题	各章、节、目的标题，不能和上级标题一样；每章下面至少要有2节，建议3节以上，但不要超过5节；每节下面至少要有2个目以上，建议3个目以上，但不要超过5个目	• 各级标题应该是若干短语，比如，改进配送方式 • 不能使用完整句子，比如，产品质量得到了提高 • 不能有"，"、"。"等标点符号或公式 • 不能用工作报告的语言 • 整篇论文才是一项研究，因此在章、节、目标题中，不能出现"研究"字样
	章节内容	每章一般有5～10页；每节一般有1～2页。如果各章、节、目的篇幅差别过大，建议调整章、节、目划分	第1章内容过少；第2章内容过多
	章节之后的总结	章节结束的时候，可以有总结，但不需要单独作为一节（或一个目）	
	文题相符	每个章、节、目下面的内容，要围绕其上面的标题来写。比如某一章下面三节的内容，都应是该章标题能涵盖的	
	缩略语	论文中的缩略语，应在第一次出现时解释。不能用非公知的缩略语	比如SCM（Supply Chain Management）；避免使用行业内部缩略语，尽量采用大众能理解的定义
绪论		学位论文的第1章，只能叫"绪论"，不能叫引言、前言、导言、导论等	
章开始		• 每章开始要另页排，避免一个地方调整时，造成其他地方的混乱 • 每章开始时，用一段文字承上启下。这段文字是转换性的，一般为3～5行，不能写具体的内容	
图		• 每幅图需要有编号、名称，位于图形的下方。编号规则一般为章号+序号，比如图2-1供应链结构图 • 图和图名、题名，要放在同一页，均居中排版 • 图表中的外文必须翻译成中文，除非翻译之后改变了其含义	从网上下载或模糊不清的照片，打印出来不符合要求，需要重画；图中的文字过大，难看；每个图、表，在正文中至少要有一次引用，比如，如图2-3所示

(续)

论文部分	子项	要求	常见问题和修改建议
表		• 每个表需要有编号、名称，位于表的上方。编号规则一般为章号+序号，比如，表 3-1 公司历年主要经营指标 • 表和表号、题名，要尽量放在同一页，均居中排版	如果表格很长，只能分页，要在上一页结尾处用一行注明"接下页"，在下一页开始处注明"承上页"。超过两页的表，建议作为附录放在致谢的后面
页眉		• 正文中每章上面的页眉不同，需要分别设置	在各个章节的文字都排好后，设置第一章的页眉。然后跳到第一章的末尾，在菜单栏上选"插入|分隔符"，分节符类型选"下一页"，不要选"连续"（除非你想把第二章的标题放在第一章的文字后面而不是另起一页），若是奇偶页排版，要根据情况选"偶数页"或"奇数页"。这样就在光标所在的地方插入了一个分节符，分节符下面的文字另外一节。光标移到第二章，这时可以看到第二章的页眉和第一章是相同的，鼠标双击页眉 Word 会弹出页眉页脚工具栏，工具栏上有一个"同前"按钮（图像按钮，不是文字），这个按钮按下表示本节的页眉与前一节相同，我们需要修改每章的页眉互相独立，因此把这个按钮调整为"弹起"状态，照此修改页眉为第二章的标题。之后，照此制作其余各章的页眉
结语		• 专业学位论文用结语就可以了，不需要完整的总结与展望。结语不需要作为一章，一两页即可 • 结语应精练、完整、准确，着重阐述自己研究的创造性的成果，新的见解、发现和发展，以及在本研究领域中的地位和作用、价值和意义。还可进一步提出需要讨论的问题和建议	

		示例：
参考文献	• 参考文献类型：专著[M]、会议论文集[C]、报纸文章[N]、期刊文章[J]、学位论文[D]、报告[R]、标准[S]、专利[P]、论文集中的析出文献[A] • 参考文献中的每个标点符号（包括最后的.）都是有意义的，不能省略	示例： [1] 何龄修. 读南明史[J]. 中国史研究, 1998,(3):167-173. [2] OU J P, SOONG T T, et al. Recent Advance in Research on Applications of Passive Energy Dissipation Systems[J]. Earthquack Eng, 1997, 38(3):358-361. [3] 钟文发. 非线性规划在可燃毒物配置中的应用[A]. 赵炜. 运筹学的理论与应用——中国运筹学会第五届大会论文集[C]. 西安：西安电子科技大学出版社, 1996: 468. [4] 赵天书. 诺西肽分阶段补料分批发酵过程优化研究[D]. 沈阳：东北大学, 2013. [5] 谢希德. 创造学习的新思路[N]. 人民日报, 1998-12-25(10). [6] 王明亮. 关于中国学术期刊标准化数据库系统工程的进展[EB/OL], 1998-08-16/1998-10-01.
文献引用	正文中引用可采用顺序编码制，或采用著者-出版年制	示例： [1] 何龄修. 读南明史[J]. 中国史研究, 1998, (3): 167-173. 何龄修（1998）. 读南明史[J]. 中国史研究, (3): 167-173.
附录	附录放在致谢的后面，可用附录1、附录2……表示，也要编入目录 论文中的调查表（原表），一般放在附录中	

参 考 文 献

[1] 李怀祖. 管理研究方法论 [M]. 3 版. 西安：西安交通大学出版社，2017.
[2] 贾怀勤. 管理研究方法 [M]. 北京：机械工业出版社，2006.
[3] 马士华，陈荣秋. 生产运作管理 [M]. 4 版. 北京：机械工业出版社，2017.
[4] 陈振明. 公共政策分析 [M]. 北京：中国人民大学出版社，2008.
[5] 森尼尔·乔普瑞，彼得·梅因德尔. 供应链管理：战略、规划与运营（原书第 2 版）[M]. 李丽萍，等译. 北京：社会科学文献出版社，2003.
[6] 菲利普·科特勒，加里·阿姆斯特朗，洪瑞云. 市场营销原理（亚洲版)[M]. 李季，赵占波，译. 北京：机械工业出版社，2013.

推荐阅读

中文书名	作者	书号	定价
公司理财（原书第11版）	斯蒂芬 A. 罗斯（Stephen A. Ross）等	978-7-111-57415-6	119.00
财务管理（原书第14版）	尤金 F. 布里格姆（Eugene F. Brigham）等	978-7-111-58891-7	139.00
财务报表分析与证券估值（原书第5版）	斯蒂芬·佩因曼（Stephen Penman）等	978-7-111-55288-8	129.00
会计学：企业决策的基础（财务会计分册）（原书第17版）	简 R. 威廉姆斯（Jan R. Williams）等	978-7-111-56867-4	75.00
会计学：企业决策的基础（管理会计分册）（原书第17版）	简 R. 威廉姆斯（Jan R. Williams）等	978-7-111-57040-0	59.00
营销管理（原书第2版）	格雷格 W. 马歇尔（Greg W. Marshall）等	978-7-111-56906-0	89.00
市场营销学（原书第12版）	加里·阿姆斯特朗（Gary Armstrong），菲利普·科特勒（Philip Kotler）等	978-7-111-53640-6	79.00
运营管理（原书第12版）	威廉·史蒂文森（William J. Stevens）等	978-7-111-51636-1	69.00
运营管理（原书第14版）	理查德 B. 蔡斯（Richard B. Chase）等	978-7-111-49299-3	90.00
管理经济学（原书第12版）	S. 查尔斯·莫瑞斯（S. Charles Maurice）等	978-7-111-58696-8	89.00
战略管理：竞争与全球化（原书第12版）	迈克尔 A. 希特（Michael A. Hitt）等	978-7-111-61134-9	79.00
战略管理：概念与案例（原书第10版）	查尔斯 W. L. 希尔（Charles W. L. Hill）等	978-7-111-56580-2	79.00
组织行为学（原书第7版）	史蒂文 L. 麦克沙恩（Steven L. McShane）等	978-7-111-58271-7	65.00
组织行为学精要（原书第13版）	斯蒂芬 P. 罗宾斯（Stephen P. Robbins）等	978-7-111-55359-5	50.00
人力资源管理（原书第12版）（中国版）	约翰 M. 伊万切维奇（John M. Ivancevich）等	978-7-111-52023-8	55.00
人力资源管理（亚洲版·原书第2版）	加里·德斯勒（Gary Dessler）等	978-7-111-40189-6	65.00
数据、模型与决策（原书第14版）	戴维 R. 安德森（David R. Anderson）等	978-7-111-59356-0	109.00
数据、模型与决策：基于电子表格的建模和案例研究方法（原书第5版）	弗雷德里克 S. 希利尔（Frederick S. Hillier）等	978-7-111-49612-0	99.00
管理信息系统（原书第15版）	肯尼斯 C. 劳顿（Kenneth C. Laudon）等	978-7-111-60835-6	79.00
信息时代的管理信息系统（原书第9版）	斯蒂芬·哈格（Stephen Haag）等	978-7-111-55438-7	69.00
创业管理：成功创建新企业（原书第5版）	布鲁斯 R. 巴林格（Bruce R. Barringer）等	978-7-111-57109-4	79.00
创业学（原书第9版）	罗伯特 D. 赫里斯（Robert D. Hisrich）等	978-7-111-55405-9	59.00
领导学：在实践中提升领导力（原书第8版）	理查德·哈格斯（Richard L. Hughes）等	978-7-111-52837-1	69.00
企业伦理学（中国版）（原书第3版）	劳拉 P. 哈特曼（Laura P. Hartman）等	978-7-111-51101-4	45.00
公司治理	马克·格尔根（Marc Goergen）	978-7-111-45431-1	49.00
国际企业管理：文化、战略与行为（原书第8版）	弗雷德·卢森斯（Fred Luthans）等	978-7-111-48684-8	75.00
商务与管理沟通（原书第10版）	基蒂 O. 洛克（Kitty O. Locker）等	978-7-111-43944-8	75.00
管理学（原书第2版）	兰杰·古拉蒂（Ranjay Gulati）等	978-7-111-59524-3	79.00
管理学：原理与实践（原书第9版）	斯蒂芬 P. 罗宾斯（Stephen P. Robbins）等	978-7-111-50388-0	59.00
管理学原理（原书第10版）	理查德 L. 达夫特（Richard L. Daft）等	978-7-111-59992-0	79.00

推荐阅读

中文书名	作者	书号	定价
创业管理（第4版）（"十二五"普通高等教育本科国家级规划教材）	张玉利等	978-7-111-54099-1	39.00
创业八讲	朱恒源	978-7-111-53665-9	35.00
创业画布	刘志阳	978-7-111-58892-4	59.00
创新管理：获得竞争优势的三维空间	李宇	978-7-111-59742-1	50.00
商业计划书：原理、演示与案例（第2版）	邓立治	978-7-111-60456-3	39.00
生产运作管理（第5版）	陈荣秋，马士华	978-7-111-56474-4	50.00
生产与运作管理（第3版）	陈志祥	978-7-111-57407-1	39.00
运营管理（第4版）（"十二五"普通高等教育本科国家级规划教材）	马风才	978-7-111-57951-9	45.00
战略管理	魏江等	978-7-111-58915-0	45.00
战略管理：思维与要径（第3版）（"十二五"普通高等教育本科国家级规划教材）	黄旭	978-7-111-51141-0	39.00
管理学原理（第2版）	陈传明等	978-7-111-37505-0	36.00
管理学（第2版）	郝云宏	978-7-111-60890-5	45.00
管理学高级教程	高良谋	978-7-111-49041-8	65.00
组织行为学（第3版）	陈春花等	978-7-111-52580-6	39.00
组织理论与设计	武立东	978-7-111-48263-5	39.00
人力资源管理	刘善仕等	978-7-111-52193-8	39.00
战略人力资源管理	唐贵瑶等	978-7-111-60595-9	45.00
市场营销管理：需求的创造与传递（第4版）（"十二五"普通高等教育本科国家级规划教材）	钱旭潮	978-7-111-54277-3	40.00
管理经济学（"十二五"普通高等教育本科国家级规划教材）	毛蕴诗	978-7-111-39608-6	45.00
基础会计学（第2版）	潘爱玲	978-7-111-57991-5	39.00
公司财务管理：理论与案例（第2版）	马忠	978-7-111-48670-1	65.00
财务管理	刘淑莲	978-7-111-50691-1	39.00
企业财务分析（第3版）	袁天荣	978-7-111-60517-1	49.00
数据、模型与决策	梁樑等	978-7-111-55534-6	45.00
管理伦理学	苏勇	978-7-111-56437-9	35.00
商业伦理学	刘爱军	978-7-111-53556-0	39.00
领导学：方法与艺术（第2版）	仵凤清	978-7-111-47932-1	39.00
管理沟通：成功管理的基石（第3版）	魏江等	978-7-111-46992-6	39.00
管理沟通：理念、方法与技能	张振刚等	978-7-111-48351-9	39.00
国际企业管理	乐国林	978-7-111-56562-8	45.00
国际商务（第2版）	王炜瀚	978-7-111-51265-3	40.00
项目管理（第2版）（"十二五"普通高等教育本科国家级规划教材）	孙新波	978-7-111-52554-7	45.00
供应链管理（第5版）	马士华等	978-7-111-55301-4	39.00
企业文化（第3版）（"十二五"普通高等教育本科国家级规划教材）	陈春花等	978-7-111-58713-2	45.00
管理哲学	孙新波	978-7-111-61009-0	49.00
论语的管理精义	张钢	978-7-111-48449-3	59.00
大学·中庸的管理释义	张钢	978-7-111-56248-1	40.00